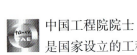 中国工程院院士
是国家设立的工程科学技术方面的最高学术称号,为终身荣誉。

张锦秋传：路上的风景

中国工程院院士传记

王国平 著

中国建筑工业出版社
人民出版社

图书在版编目（CIP）数据

张锦秋传：路上的风景／王国平著. —北京：中国建筑工业出版社，2020.4
（中国工程院院士传记）
ISBN 978-7-112-24926-8

Ⅰ.①张… Ⅱ.①王… Ⅲ.①张锦秋－传记 Ⅳ.①K826.16

中国版本图书馆CIP数据核字（2020）第036712号

责任编辑：费海玲　张幼平
版式设计：锋尚设计
责任校对：赵　菲
图片提供：张锦秋

中国工程院院士传记
张锦秋传：路上的风景
王国平　著

*

中国建筑工业出版社出版、发行（北京海淀三里河路9号）
各地新华书店、建筑书店经销
北京锋尚制版有限公司制版
北京富诚彩色印刷有限公司印刷

*

开本：787×1092毫米　1/16　印张：22½　字数：350千字
2020年8月第一版　2020年8月第一次印刷
定价：180.00元
ISBN 978-7-112-24926-8
（35409）

版权所有　翻印必究
如有印装质量问题，可寄本社退换
（邮政编码100037）

中国工程院院士传记系列丛书

领导小组
　顾　　问：宋　健　徐匡迪　周　济
　组　　长：李晓红
　副组长：陈左宁　蒋茂凝　邓秀新　辛广伟
　成　　员：陈建峰　宋德雄　任　超　沈水荣　于　青
　　　　　　徐　进　梁晓捷　唐海英　安耀辉

编审委员会
　主　　任：陈左宁　蒋茂凝　邓秀新
　副主任：陈鹏鸣　徐　进　宋德雄
　成　　员：葛能全　唐海英　吴晓东　黎青山　侯俊智
　　　　　　赵　千　张　健　侯　春　陈姝婷

编撰出版办公室
　主　　任：赵　千　张　健　侯俊智
　成　　员：侯　春　徐　晖　陈佳冉　汪　逸　吴广庆
　　　　　　郭　娜　郑召霞　姬　学　黄海涛　王爱红
　　　　　　宗玉生　张　松　王小文　张秉瑜　张文韬
　　　　　　聂淑琴

总　　序

　　20世纪是中华民族千载难逢的伟大时代。千百万先烈前贤用鲜血和生命争得了百年巨变、民族复兴，推翻了帝制，击败了外侮，建立了新中国，独立于世界，赢得了尊严，不再受辱。改革开放，经济腾飞，科教兴国，生产力大发展，告别了饥寒，实现了小康。工业化雷鸣电掣，现代化指日可待。巨潮洪流，不容阻抑。

　　忆百年前之清末，从慈禧太后到满朝文武开始感到科学技术的重要，办"洋务"，派留学，改教育。但时机瞬逝，清廷被辛亥革命推翻。五四运动，民情激昂，吁求"德、赛"升堂，民主治国，科教兴邦。接踵而来的，是18年内战、14年抗日和3年解放战争。怀科学救国的青年学子，负笈留学或寒窗苦读，多数未遇机会，辜负了碧血丹心。

　　1928年6月9日，蔡元培主持建立了中国近代第一个国立综合性科研机构——中央研究院，设理化实业研究所、地质研究所、社会科学研究所和观象台4个研究机构，标志着国家建制科研机构的诞生。20年后，1948年3月26日遴选出81位院士（理工53位，人文28位），几乎都是20世纪初留学海外、卓有成就的科学家。

　　中国科技事业的大发展是在新中国成立以后。1949年11月1日成立了中国科学院，郭沫若任院长。1950—1960年有2500多名留学海外的科学家、工程师回到祖国，成为大规模发展中国科技事业的第一批领导骨干。国家按计划向苏联、东欧各国派遣1.8万各类科技人员留学，全都按期回国，成为建立科研和现代工业的骨干力量。高等学校从新中国成立初期的 200 所增加到 600 多所，年招生增至 28 万人。到 21 世纪初，高等学校 2263 所，年招生 600 多万人，科技人力总资源量超过 5000 万人，具有大学本科以上学历的科技人才达 1600 万人，已接近最发达国家水平。

新中国成立 60 多年来，从一穷二白成长为科技大国。年产钢铁从 1949 年的 15 万吨增加到 2011 年的粗钢 6.8 亿吨、钢材 8.8 亿吨，几乎是 8 个最发达国家（G8）总年产量的两倍。20 世纪 50 年代钢铁超英赶美的梦想终于成真。水泥年产 20 亿吨，超过全世界其他国家总产量。中国已是粮、棉、肉、蛋、水产、化肥等世界第一生产大国，保障了 13 亿人口的食品和穿衣安全。制造业、土木、水利、电力、交通、运输、电子通信、超级计算机等领域正迅速逼近世界前沿。"两弹一星"、高峡平湖、南水北调、高公高铁、航空航天等伟大工程的成功实施，无可争议地表明了中国科技事业的进步。

党的十一届三中全会以后，改革开放，全国工作转向以经济建设为中心。加速实现工业化是当务之急。大规模社会性基础设施建设，大科学工程、国防工程等是工业化社会的命脉，是数十年、上百年才能完成的任务。中国科学院张光斗、王大珩、师昌绪、张维、侯祥麟、罗沛霖等学部委员（院士）认为，为了顺利完成中华民族这项历史性任务，必须提高工程科学的地位，加速培养更多的工程科技人才。中国科学院原设的技术科学部已不能满足工程科学发展的时代需要。他们于 1992 年致书党中央、国务院，建议建立"中国工程科学技术院"，选举那些在工程科学中做出重大创造性成就和贡献、热爱祖国、学风正派的科学家和工程师为院士，授予终身荣誉，赋予科研和建设任务，指导学科发展，培养人才，对国家重大工程科学问题提出咨询建议。中央接受了他们的建议，于 1993 年决定建立中国工程院，聘请 30 名中国科学院院士和遴选 66 名院士共 96 名为中国工程院首批院士。于 1994 年 6 月 3 日，召开了中国工程院成立大会,选举朱光亚院士为首任院长。中国工程院成立后,全体院士紧密团结全国工程科技界共同奋斗,在各条战线上都发挥了重要作用,做出了新的贡献。

中国的现代科技事业起步比欧美落后了200年。虽然在20世纪有了巨大进步,但与发达国家相比,还有较大差距。祖国的工业化、现代化建设,任重道远,还需要数代人的持续奋斗才能完成。况且,世界在进步,科学无止境,社会无终态。欲把中国建设成科技强国,屹立于世界,必须持续培养造就数代以千万计的优秀科学家和工程师,服膺接力,担当使命,开拓创新,更立新功。

中国工程院决定组织出版《中国工程院院士传记》丛书,以记录他们对祖国和社会的丰功伟绩,传承他们治学为人的高尚品德、开拓创新的科学精神。他们是科技战线的功臣,民族振兴的脊梁。我们相信,这套传记的出版,能为史书增添新章,成为史乘中宝贵的科学财富,俾后人传承前贤筚路蓝缕的创业勇气、魄力和为国家、人民舍身奋斗的奉献精神。这就是中国前进的路。

目　　录

总序 / V

引子　星星在闪耀 …………………………………………（001）

第一章　出发的起点 …………………………………………（009）

    第一节　成长在迁徙路上 …………………………………（010）

    第二节　引路人 ……………………………………………（022）

    第三节　探路前行 …………………………………………（051）

第二章　醒目的路标 …………………………………………（077）

    第一节　20世纪70年代：准备期 …………………………（078）

    第二节　20世纪八九十年代：爆发期 ……………………（085）

    第三节　21世纪：辉煌期 …………………………………（138）

第三章　走一条固本之路 ……………………………………（183）

    第一节　民族传统之本：传统之美，美不胜收 …………（184）

    第二节　地域特色之本：西安！西安！ …………………（223）

    第三节　建筑之本：因地、因题、因时制宜 ……………（243）

    第四节　建筑师之本：人永远是建筑的服务对象 ………（254）

第四章　走一条融通之路 ……………………………………（279）

    第一节　继承创新，传统与现代有机结合 ………………（280）

第二节　文理兼备，艺术与科学深情相拥 …………………（298）

第三节　知行合一，理论与实践相辅相成 …………………（309）

尾声　新的征途 …………………………………………（333）
张锦秋年表 ………………………………………………（335）
张锦秋建筑设计经历 ……………………………………（337）
张锦秋获奖作品 …………………………………………（341）

引子 星星在闪耀

2015年5月8日,古城西安,一如往日,平静地诉说着不朽的辉煌。

就在这一天,一个人物,一场活动,为这座伟大城池的历史画上重重的一笔。

她叫张锦秋,中国工程院院士,中国建筑西北设计研究院总建筑师。这场活动,就是"张锦秋星"命名仪式暨学术报告会。

2007年9月11日,中国科学院紫金山天文台发现了一颗小行星,编号为210232。2015年1月5日,国际小行星组织发布公告,这颗小行星正式命名为"张锦秋星"。

2015年张锦秋在小行星命名仪式上

立足于三秦大地的张锦秋,头顶永远有一颗专属的星星为她闪耀。

一

小行星命名是一件严肃的事。

就全球而言,每年新发现的小行星在5万至10万颗之间。国际天文学联合会为此成立小天体提名委员会。委员来自世界各地,他们的一个任务是就新发现的小行星的命名进行商议。新发现的小行星中,只有一小部分可以获得永久编号，更少的一部分可以获得命名。

也就是说，发现了小行星，并不一定可以获得永久编号。即便获得了永久编号，也不一定意味着就可以被命名。小行星的命名，慎之又慎。

哪些小行星可以拥有自己的名字？条件是至少在三个不同年代里都能观测到，并能够计算出精确、可靠的轨道，得到国际永久编号。

命名的程序，也是有严密规则的。比如，长度不能超过16个英文字母，不能用宠物的名字，必须能够发音，不能让人感到不适等。而且，明确不得采用政治家、军事家或政治、军事事件的名字命名小行星，除非这些人士逝世或事件发生过去至少一百年。

小行星的发现者拟定了名字，需要附上为什么要取这个名字的简短说明，报送国际天文学联合会小天体提名委员会。委员通过网上投票，作出"同意"或"反对"的判断。超过半数"同意"，这个名字就正式通过，并刊载在国际小行星通报上，通知全世界各天文台，这个名字成为这颗小行星的永久名字，列入每年出版的小行星星历表上，永载天文史册。

为何要把一颗星星命名为"张锦秋星"？

在"张锦秋星"国际命名公报上，有一句关键性的评语：

She has been recognized by the industry as a leader in applying Chinese traditional architectural design to contemporary architecture.

翻译过来，即"她是建筑业中将中国传统建筑艺术应用于当代建筑的领军人物"。

这句高度浓缩的评语，传递的信息至少包括如下这些内容：

张锦秋是中国传统建筑艺术的传承者、捍卫者，致力于将中国传统建筑艺术之美、文化之美发扬光大。

张锦秋又将中国传统建筑艺术与现代思潮、当代实际结合起来，在继承的基础上追求创新，与时代的特点和风格进行有效对接，在建筑领域实现传统文化的创造性转化与创新性发展。

在建筑领域，能够通过理论和实践把这个问题有效推进的，张锦秋是佼佼者，正所谓"领军人物"。

可以设想，当国际天文学联合会小天体提名委员会的委员们看到这样的评述文字时，他们深知这名建筑设计师的地位、分量和价值，从而毫不犹豫地给"张锦秋星"这个命名以"同意"的表决。

二

在命名仪式现场，激动的声音不时响起。与会者调动各自的语言储备，从内心深处抒发自己的原生性情感，向这位建筑设计师表达真诚的敬意。

出席活动的陕西省领导称赞张锦秋的建筑作品"达到了一个崭新的科学和艺术高峰"，张锦秋和她所在的中国建筑西北设计研究院，为陕西经济社会与文化品质的提升，作出了卓越贡献。"张锦秋星"的命名不仅是国际社会对张锦秋所获成就的肯定，也是广大建筑师的一份殊荣，对于提高建筑文化自信与文化自觉，提高建筑师影响力具有重要意义，是建筑设计界的骄傲，更是陕西的骄傲。

不是陕西人的张锦秋，已经成为一个真正的陕西人。她是陕西的一张王牌，陕西也是她念兹在兹的故乡。

中国建筑西北设计研究院院长熊中元说，张锦秋把自己一生的杰出才华献给了西北院和西安这座古老而又充满活力的城市，是"引领中建西北院不断前进的一面旗帜"，西北院的发展有着张锦秋院士的卓越贡献和光辉篇章。"张锦秋星"是对西北院人和建筑设计行业的极大激励。

张锦秋是一面旗，是一个单位和部门的引擎，也是一个行业的引领。

"一是惊天动地，二是实至名归，三是熠熠生辉。"对于"张锦秋星"的命名，原建设部副部长宋春华如是说。

他评价道，张锦秋院士是新中国自己培养出来的优秀建筑师的代表，她立足于西安，扎根西北院，潜心从事建筑理论研究和建筑设计实践，探索如何彰显东方之都的灵魂和特色，一面勇于吸收国际的先进技术，一面善于继承和发扬本民族的优秀建筑文化传统，突出本土文化的特色，努力通过科学和艺术的统一、传统与现代的结合、建筑与城市的融合，创造出具有中国文化特色和时代风貌的和谐建筑，开创了"延续盛唐文化、重振东方之都"的"新唐风"之路。

"这一命名，应当惊动天上的星辰，让地球上的中国人，特别是中国广大的建筑师为之雀跃。"宋春华的话语之间，蓄满了喜悦与豪情。

同为女性建筑师杰出代表的上海现代建筑设计（集团）有限公司资深总建筑师唐玉恩说，这是一个不同寻常的荣耀，是对中国建筑界，包括中国女建筑师终生荣誉的肯定。建筑师通常获得的是工程奖、科技进步奖，属于行业奖，如今终于有国际行星命名组织这样一个组织的认同，意义不同寻常。

"'张锦秋星'的命名，既是张先生个人的荣誉，也是中国建筑界的光荣！张先生以对中国建筑传承与创新的杰出贡献为当代中国建筑学人树立起一面旗帜，勉励我们在任何时候都不能忘记中国建筑文化的根基，任何情况下都应坚持根植于中国文化的现代创新！"西安建筑科技大学副校长王树声教授说。

时任故宫博物院院长单霁翔，依然"金句"迭出。他感慨道，没有脚踏实地站在祖国的大地上耕耘，就不可能光耀星空。

是的。"张锦秋星"命名的背后，是汗水的挥洒，是意志的锻打，是头脑的风暴，是智慧的碰撞，是无数个日夜的不懈奔走，是无数次口干舌燥的沟通与协商，是眼看着就要放弃又不顾

2016年聆听吴良镛先生教诲

一切扛起来的激情与毅力。

在场的声音值得细细聆听，不在场的声音具有同等的重量。

张锦秋为何会成为"张锦秋"？或许老师的回答最有分量。

早在 1992 年 1 月，她的师长、中国科学院院士吴良镛在为她的新书撰写序言时说："锦秋在校时常与我论学，毕业后往来西安北京，对她工作时有了解，不免有所感怀。一个人取得成就殊非易易，才能、抱负、学品、基本功的修养、勤奋、责任感、机遇等因素很多。以锦秋为例，如果她没有在校学习的基本功的基础，即使一时的机遇，未必能有如此成功。她的成就，还在于积极进取，勤于钻研。我观察，她从不放弃机会，多方面虚心求教；她不固执己见，但非没有主见；她潜心创造，对设计精益求精。足见，是社会选择人。人首先以其才能和饱满的创造热情，并以工作贡献逐渐为社会所认识，亦为社会所培养，因此不断作出更多的贡献。"[1]

张锦秋为何会成为"张锦秋"？或许世界知名建筑师的回答最有权威。

为了"张锦秋星"命名仪式，美国建筑师罗伯特·文丘里和同为建筑师的夫人布朗女士专门发来贺信。

罗伯特·文丘里何许人也？

他有一个响当当的名号："后现代主义建筑设计之父"，1991 年被授予有"建筑诺贝尔奖"之誉的普利兹克奖。

2006 年在西安美术学院与文丘里夫妇交谈

---

[1] 吴良镛：《序》，张锦秋：《从传统走向未来——一个建筑师的探索》，中国建筑工业出版社，2016 年。

"以文丘里为代表的新一代建筑师对现代主义建筑的一些特点提出质疑，这是整个建筑思想的一种大转换。表现为对工业产品的摈弃以及对建筑与环境、单体建筑与城市景观的关系诸问题的关注。"1991年第7期《建筑学报》，刊发张百平的署名文章《一个建筑师的路——普利兹克建筑奖获得者罗伯特·文丘里》，这般介绍罗伯特·文丘里建筑思想与建筑实践上的成就。

就是这样一位人物，受邀参加"张锦秋星"命名仪式。但由于年事已高，旅行不便，无法出席，他和妻子只好以信函的方式表达敬意。在信中，他们恳请张锦秋"接受我们来自费城的最热烈的祝福"，并感慨道，一位女建筑师的成就被认可，而且是用如此不寻常的方式，是多么神奇呀！

一个在全球有广泛影响力的建筑设计师，以诚挚的礼节向一位东方女建筑设计师致敬。

这封贺信，在清华大学建筑学院院长庄惟敏看来，意义不一般："作为后现代建筑大师能够远隔万里发来贺信，而且贺信里面讲的这些话，让我觉得这是一个西方的、具有代表性的建筑文化人物对中国建筑文化的一个肯定，我觉得这件事情上升到这个高度非常重要。应该说全球对中国当代的文化，包括建筑文化在内，越来越有了新的认识，这是一个非常重要的事件，这个事件将成为在西方对中国建筑、中国文化逐渐认识的过程中的一个非常重要的记载。"[①]

立足西安的张锦秋，有着国际性的影响力。

美国南加州大学首位华人院长、马达思班建筑设计事务所创始人马清运说，张锦秋鲜在国际名人建筑圈儿显现，却被国际大师如此看重。从哈佛大学建筑学院院长彼得·罗著书称"锦秋为中国第三代建筑师领军人物"，到何梁何利基金会授予终身成就奖，国际小行星命名更是一个高潮，后现代大师文丘里夫妇发来贺电是那高潮中亮丽的浪花，这些

[①] 赵元超编著、金磊策划：《天地之间——张锦秋建筑思想集成研究》，中国建筑工业出版社，2016年，30页。

发生在 20 世纪末、21 世纪初中国建筑界的历史事件有着深厚的历史文化背景。

"中国在国际地位上的晋升，中国建筑业在世界上的力量，中国古都文化对全球的影响，自有评说。我只是从一个建筑师的角度观察思索：要理解国际大师对张锦秋的如此关注，就不能不看到世纪之交世界设计主流思潮的发展变化。张锦秋坚持的建筑创作之路及其成就与国际设计主流思想徘徊后的回归，不能不是一个重要的原因，须知像彼得·罗、文丘里这个等级的大师是不会在专业问题上说客气话的，他们看到了平行世界的意义。"马清运说。

在他看来，20 世纪设计思潮汹涌澎湃，千头万绪。简言之，在 20 世纪 60 年代之后，后现代主义设计思潮逐渐成为设计的主潮，设计不但扩展了自己涉及的范围，更重要的是设计观念重大变革，设计主旨重大变化。区域性的设计乃至社会性的设计日显重要，而生态问题可持续发展观念则使设计从过去造物的圈子里走出来，被纳入一个包容自然和人类社会的整体世界中。在这个阶段艺术和科学的统一被赋予了更多的内涵，已经超越了 1919 年包豪斯学派所赋予的意义。

"如果我们在这样一个大背景下来观察，张锦秋的创作思想与实践是不是更能开阔我们的视野来了解建筑的精髓。内容是新经济的核心动力。张锦秋从历史、城市、自然中提炼的建筑的社会内容，对今天我们的设计实践、教育、管理都是意义重大的。"马清运这般阐述张锦秋的时代价值。

而属于她的那颗"张锦秋星"，在浩瀚星空，绽放着永恒的光芒。

三

"张锦秋星"处在火星和木星轨道之间，到太阳的平均距离为 4.01 亿公里，绕太阳一周需要 4.36 年。

"张锦秋星"到地球的距离最远可达 6.46 亿公里，最近时有 1.55 亿公里。

不过，这颗小行星自行的运行速度很快，平均每日以 1.58 万公里的速度前进。

"张锦秋星"在广袤天空高速运行，张锦秋这个人始终在苍茫大地稳步前行。

"我从未盼望在宇宙中翱翔，因为我的工作必须根植于大地；我从未幻想自己会发出光芒，因为我一直在阳光的照耀下才得以成长。天上的星辰对我来说遥不可及。今天太空中有了一颗'张锦秋星'，这于我已经远远超出了奖励、光荣的意义，而使我的精神得到了一次升华：我，一名中国建筑师将与宇宙同存，永远眺望着中华大地繁荣昌盛演进着人类文明。这种感觉真是前所未有。"在命名仪式上，张锦秋难掩激动的心情，致辞时几度哽咽，她的内心波澜起伏，又坚韧如初。

在张锦秋心目中，到底应该如何看待和定义"张锦秋星"？她给出了自己的思考：苍穹中一颗星辰以中国建筑师命名，这份光荣属于中国的建筑界，属于古老而新生的陕西，属于焕发青春的古都西安，属于正在"一带一路"奋斗的西部建筑工作者。

"半世坚守一路行，犹获殊荣喜命名。且让浮云轻轻过，今夜向北望锦星。"上海现代建筑设计（集团）有限公司资深总建筑师、全国工程勘察设计大师唐玉恩在出差途中听闻"张锦秋星"命名的消息，欣然命笔，写下几行句子，抒发自己的心怀。

星星点灯，照亮前行的路。

这条路，是民族的路，是人文的路，是精神的路，是"我们"的路，也是"我"的路。

第一章
出发的起点

每一条路都是有起点的。起点在哪里，有怎样的引路人，决定了一个人的人生方向与质量。

张锦秋的人生之路，是在不断行走的途中开启的。在她的童年，这个世界展现出令人心颤的残酷。但是，这份残酷被搁置在背景的深处，被无限后退、隐藏。她跟随父母，在持续动荡的间隙，寻觅着属于童年的烂漫与美好。到了上大学的年纪，她顺利进入清华园，在学术的海洋里涵咏，接受着学术大家的知识滋养与人格熏陶。她的天空扬起一面面精神的旗帜，引领着她朝着正确、科学的方向前行。当时机来临，可以将自己的所学所思付诸实践，她勇敢地迈出步伐，去迎接风雨，面对挑战，为自己辉煌的人生之路奠定坚实的路基。

第一节　成长在迁徙路上

一、犀浦：沉浸在《增广贤文》的世界里

张锦秋，这个名字里边藏着属于她自己的"秘密"。

锦，指代的是"地点"。也就是锦官城，四川成都，她的出生地。

秋，说的是"时间"。她出生于1936年10月，正值秋季，丰收在望，一片可人景象。

多年以后，通过勤奋与努力，张锦秋让自己成为一个"人物"。

时间、地点、人物，就在她的这个名字里得以和谐、圆满。

张锦秋出生之时，她的父亲张竞成在四川省公路局任职。日本发动全面侵华战争，大后方成都也遭遇了大轰炸。政府部门被迫疏散到农村办公。张竞成携妻带子，来到成都郊区的犀浦。

犀浦，得名源于李冰治水。史料记载："犀浦县，本成都县之

1939年在成都郊区犀浦上幼儿园

1940年在成都犀浦耿家院子竹林小路上

第一章 出发的起点

界,垂拱二年分置犀浦县,昔蜀守李冰造五石犀沉之于水以压怪,因取其事为名。"浦是水滨的意思,故将沉石犀之浦名为犀浦,沿用至今。

当时,四川省公路局的职工,大多居住在犀浦镇一个叫耿家大院的地方。"我们住进去以后,就在院子的空地上搭建了两座茅草顶的房子,下面用木地板架空。因为四川非常潮湿,民居都采取这种形式。"多年以后,回忆起这个时期的生活,张锦秋专门谈及了他们家庭的住所格局。一个建筑师对过往的回忆,是通过住房来切入的,正所谓"在建筑言建筑"。

国难之际,在成都近郊村庄里不断成长的张锦秋,美丽的犀浦将战争的威胁挡在了她的视野之外。如今,她还保存着自己在犀浦上幼儿园的照片。那时她三岁,圆圆的脸蛋,流露出几分憨态,背着双手,直视镜头,小大人的模样,脸上甚至有一点儿刚毅的神色,有着与年龄不太相符的成熟与稳健。

"每天去幼儿园上学,我们都要先走上田埂,穿过成片的稻田,来到河边,小心翼翼走过木桥,桥下河水哗哗作响。这样一种宁静的生活,给我留下了美好的记忆,直到现在,一闭上眼睛,那样的场景犹历历在目。"①张锦秋回忆道。可以说,从幼年开始,对于居住环境的美好,她就表现出一个职业性的敏感。

除了居住环境,人文教育的启蒙也在张锦秋的脑海中刻下印迹。她还记得学龄前诵读《增广贤文》的情景。通过背诵,关于人生、社会、人情世故的一些至理名言,就烙在了心底。随着年龄的不断增长,随着在社会上经受的历练不断增多,《增广贤文》中的一些句子,不经意间从脑海里冒出来,成为人生经历的见证,甚至成为面对困难、提升自身的指引。

"昔时贤文,诲汝谆谆,集韵增广,多见多闻,观今宜鉴古,无古不成今。"《增广贤文》的开篇,张锦秋还记得准确、清晰。"知己知彼,将心比心。""莫道君行早,更有早行人。""易涨易退山溪水,易反易覆小人心。"这些句子,还在张锦秋的脑海里盘旋。

《增广贤文》的好,由内而外。张锦秋发现,现在的儿童读物里也有《增广贤文》,但明显不如自己学的那个版本,有好多话都变了,"我觉得现在这个版本,文学水平比我们原来学的那个差了很多"。

张锦秋念念不忘"文学水平",其实蕴含着她对美的欣赏与期待。

二、遂宁:"川剧的文学水平很高啊"

随着父亲工作的调动,张锦秋来到四川遂宁生活。

东晋大将桓温平蜀后,有"平息战乱,遂得安宁"的想法。这方水土也就有了"遂宁"的称谓。"前不见古人,后不见来者。念天地之悠悠,独怆然而涕下。"写出千古名篇《登幽州台歌》的陈子昂,就是遂宁射洪县人。

这时的四川公路局,已经改称川陕公路局,职工住在一个叫九皇宫的道观里,这里所有的房子都拿来当了宿舍。

"遂宁是一个非常优美的县城,现在想来,也是非常有文化底蕴

---

① 本社编:《建筑院士访谈录——张锦秋》,中国建筑工业出版社,2014年,12页。

的，生活与乡村田园截然不同。我们住的地方，旁边就是城墙、城门楼，那是遂宁的西门。城内比较安静，城外是比较宽的马路，路上汽车不少，倒也很热闹。"①张锦秋回忆道。

而且，这所道观东边，有一个川剧剧场。每个周末，张竞成都要陪着家人去看川剧。这是孩子们的文化节日。

川剧是张锦秋的传统戏剧启蒙。在她的记忆中，唱腔、唱词和扮相都极其优美，尤其是集体的伴唱，很能烘托气氛。王宝钏、薛平贵的故事，《打渔杀家》《白蛇传》，这些传统剧目的内容，对尚处于成长阶段的张锦秋，产生了多重的影响，留给她最深的印象是，"川剧的文学水平很高啊"。于是，她在川剧的熏陶下，文学的悟性慢慢勃发起来。

到了20世纪50年代，川戏经常进京演出。张锦秋记得当时有一个剧目叫《秋江》，多次进京演出，讲的是一个渔翁在江上怎么摆渡的事。剧情简单，但对表演艺术有全方位的要求。

张竞成特别重视对子女的文学教育。酷爱文学的他让儿子，也就是张锦秋的兄长背诵《古文观止》。"山不在高，有仙则名。水不在深，有龙则灵。"听着哥哥抑扬顿挫地朗读着这些美妙的句子，聪慧的张锦秋在一旁默默记下，回味着此间的余韵。父亲看着闺女这么有灵性，心生欢喜，就让她跟着背诵唐诗，一天一首，还给孩子们讲解自己对这些古典名篇的感受。也就在这样的氛围中，张锦秋的文学爱好又近了一步。

在遂宁，张锦秋进入小学就读。四川的冬天，是个寒冷的季节。时代的因素，环境的制约，保暖设施自然不完备。张锦秋记得下课时，同学们就排队贴在教室的外墙边，努力往前挤，前面的人尽力维持排头的位置，后面的人使尽力气把前面的人挤出行列，被挤出来就要重新排到最后，再往前挤。说白了，大家找个合适机会，卖力气来暖和身子。

遂宁的广德寺和灵泉寺，张锦秋的脑海中还存有刻痕。在她的印象中，广德寺离县城近一点，灵泉寺要从涪江上摆渡过去。遂宁就在

---

① 本社编：《建筑院士访谈录——张锦秋》，中国建筑工业出版社，2014年，14页。

1944年在四川遂宁（8岁生日）　　1947年在镇江省立实验小学

涪江边上，然后还要上山。拾级上岸，走上曲曲弯弯的山路，拐弯路过一些石头牌坊，再走一阵山路，又过一道牌坊，这时候才到寺里。

"曲折变化，山穷路复，自然觉得很有意思。后来学建筑时，讲空间层次要有节点，要有转折，以及风景如何安排，等等，我就会联想到这些儿时玩过的地方。"在张锦秋这里，每一段经历，都是一笔财富，都要在人生的关键时刻发出亮光。

在遂宁，张锦秋度过了自己的8岁生日。照片上的她，显得清秀而庄重，眉目之间有一股英气。这个小姑娘，正在巴蜀大地上呼吸着泥土的浑厚气息，正在壮大自己对于民族传统文脉的感受力与吸纳力。

三、镇江："这个书架归你了"

抗战胜利之际，张锦秋全家来到江苏镇江。父亲张竞成还在公路局上班，只不过是任职于江苏省公路局。当时的镇江是江苏省省会，是一个有着丰厚文化底蕴的城市。

张锦秋还留有自己1947年在镇江省立实验小学就读期间拍摄的照片。这时的她，已经是一个大姑娘了。尽管只是一张标准的证件照，但依然可以见出她的清秀与成熟。

在镇江，张锦秋进入小学高年级学习。她在镇江就读的是省立实验小学，是当时镇江最好的小学。至今她记得校门外有一片荷塘，校内有一座山，叫笪家山。孩子们都有点调皮，不想上课，就逃到山上去玩。山上都是花草树木，他们就躺在草坡上，大家讲故事。突然听见放学的铃声，大家赶紧起身，互相催促着回家。

"我还记得校园里边有一块碑，上面写着'十年树木，百年树人'，我们老师说，这是学校哪一届毕业生送给母校的，意思是学校是培养人的地方，培养一个人可比种一棵树难得多，勉励我们要好好学习。"[1] 这些点滴往事，至今还印刻在张锦秋的脑海里。

这段时间，每逢星期日，张竞成都会给她一点零花钱，让她到书店去挑一本自己喜欢的书回来。他指着一个小柜子，跟女儿说："这个书柜归你了。"张锦秋有了自己的藏书天地。

"所以我从小就喜欢把自己买来的书看完后，整整齐齐地放在柜子里，高兴的时候瞅一眼，觉得这是我的家当，满心欢喜。"一个小小的书柜，在十来岁的张锦秋心里，激起层层涟漪。这个书柜，也成为激起张锦秋阅读兴趣的一个触点。在镇江生活、学习期间，她读了《三国演义》《水浒传》，觉得这些古典文学作品里边讲述的智谋力取、英雄侠义的故事很有意思。相比之下，她就不太喜欢看《红楼梦》了，因为谈情说爱的故事，小孩子还一时理解不了。

由于阅读面广，有良好的知识储备，这个阶段的张锦秋，作文水平大有起色。有一次她买了一本科技书，内容是讲能发光的菌子，她就根据这个内容，写了一篇作文，"连老师都夸我写得好，其实那个内容就是看来的，不过自己写了一下而已"。

也是在镇江，张锦秋体会到，山川、河流、大地也是一种教育。

在她的记忆中，镇江有很多的名胜古迹，比如说，焦山、金山、

---

[1] 本社编：《建筑院士访谈录——张锦秋》，中国建筑工业出版社，2014年，22—23页。

甘露寺，还有南郊竹林寺，等等。她说自己当时不太喜欢金山，因为金山寺到处都是庙，都是房子。她喜欢的是焦山。焦山在长江江心的一个山岛上，要坐摆渡船过去。当时的船还是帆船，靠风力行船。坐帆船到了焦山岛，要爬一阵子的山路，那个庙就在山里边。

"后来学了建筑才知道，原来金山是寺包山，焦山是山包寺，都是搞专业的人总结出来的。我们小时候就觉得爱玩焦山，要过江，要上山，曲径通幽，进到庙里一上楼突然视野开阔，眼前是茫茫大江，当时就觉得喜欢、好玩，实际上就是艺术感染力比较强。我们出去玩，哪儿好哪儿不好，还是经常会作出判断和评论。"张锦秋说道。

也就是在这样的天然氛围中，她不经意间感受到了自然与环境的精妙之处。这些感受沉淀在她的内心深处，在未来的日子，她在重新认识环境甚至改造环境时，这些美妙的感受就不时泛起，成为她心中的参照系，甚至是度量衡。

四、上海：就像游泳，"想怎么游就怎么游"

上海，是张锦秋人生旅程中的一个重要站点。在上海，她见证了一个时代翻开新的一页，她的世界也投射进了新的空气、新的阳光。

在这里，她感知到文化积淀的重量。1948年，张锦秋开始在上海市立务本女中（即如今的上海市第二中学）就读。这是一所有担当、有骨气的学校。一百多年前，中华民族遭受列强的凌辱，面临亡国的危险。一批仁人志士以舍家爱国的激情，于1902年创办了中国人自己开办的一所女子中学——务本女塾。建校舍，改学制，首先设置音乐、体育课程，让妇女走出家门踏进社会……显示了创办者勇于创造、敢于探索的勇气。学校以"务做人之本"为宗旨，以"勤朴勇诚"为校训，以"教育和劳动相结合"为实践路径，开辟了新的办学空间。

在上海，张锦秋见证了一个时代波澜壮阔的进程。1949年5月，学校住进了很多国民党军伤兵。大家明白，解放军正在解放上海。上海解放前后那几天，学校也停课了。当时张锦秋住在淮海路的一座公寓里，有一天晚上听见街上传来阵阵枪声。第二天早晨从窗户往下看，发现有穿浅黄军服的军人在街道上行走，大人说这就是解放军。回到学校的时候，国民党军伤兵已经撤走了。用张锦秋的话说，"上海的天空顿时清朗起来"。学校组织学生扭秧歌、打腰鼓，欢迎解放军，张锦秋就是腰鼓队的一名成员。

1951年在上海务本女中

张锦秋记得，当时学校经常组织联谊活动，演出一些小话剧。大家凑在一起，写剧本，演话剧，排舞蹈。有的同学社交广泛，跟社会上的舞蹈团体建立了联系，就领着大家学俄罗斯舞。这时服装成了一个问题。大家慢慢琢磨出了办法，就是把旧衣服、旧床单再利用，几剪刀下去，玩一下无规则"混搭"，哪知道效果竟然也出来了。春节期间，每一个班都有晚会，自己布置教室，到处张灯结彩，大家从家里带来美味的食品，喜气洋洋。平常放学了，大家不离校，有的打篮球，有的打乒乓球。张锦秋喜欢玩乒乓球，放学以后就"噼里啪啦"打乒乓球，天擦黑，才想起要回家了。

看1951年张锦秋在上海读书期间的留影，可以发现，她的目光里更有内涵，有着急切拥抱生活的热情，少年的蓬勃之气在升腾，藏也藏不住。

在上海，张锦秋的阅读视野不断拓宽，目光也看得更远。放学回到家，晚饭前的间隙，张锦秋都用来阅读文学作品。那是一段纯净的阅读时光。她开始接触西方文学，特别是俄国文学，一片新天地在她的面前徐徐铺开。高尔基、托尔斯泰、陀思妥耶夫斯基、普希金……

1953年、1956年、1963年分别摄于普希金纪念碑前

这些名字不断地闯入她的脑海,他们的作品成为新的精神资源。

张锦秋对普希金情有独钟。"我每天从家到学校,都要经过一个三岔路口,那里有一座普希金像,是俄国侨民在法租界竖立的,我觉得特别美好。直到现在,我每到上海出差,时间允许的话,我都要到那里摄影留念。"张锦秋说,用时髦的话讲,自己就是普希金的"粉丝"。

1953 年,17 岁,她在普希金像前留影。塑像远远的,她背着双手,在镜头前开心地笑着。1956 年,暑期她从北京回到上海,专门到普希金像前留影。这时她站到了塑像脚下,仰拍镜头,塑像显得挺拔、庄严,20 岁的张锦秋,梳着两个辫子,神情肃穆。1963 年,依然是暑期,张锦秋再度从北京回到上海,一个"规定动作",还是到普希金像前向他致敬。这一次,留着短发的张锦秋捧着一本书,想必是普希金的作品吧,她让自己的目光和普希金的目光方向一致,看着镜头。动人的静默。

这三张照片,人的容颜、神情在变,对一位文学大家的敬仰与爱戴也在变,越来越深情,越来越清澈。

除了普希金,张锦秋还读了巴尔扎克、狄更斯,还有罗曼·罗兰的《约翰·克利斯朵夫》,"这些文学作品向我展示了五彩斑斓的世界和人生的广度与深度。后来的作家梦,既有小时候生活环境和家庭的影响,也有这种不断阅读、不断探索的兴趣"。[①]

经典作品的滋润与熏陶,让张锦秋越来越关注那个广袤、深远的艺术世界。

学校里有个图书馆,藏有不少的文学书籍,俄国、英国、法国的作品都有收藏。张锦秋是这里的常客,一本接着一本地借阅。有一天,图书馆管理员、那位在张锦秋印象中"胖胖的"王老师,对张锦秋说,我们图书馆里的这些文学图书你都看完了,你就到市图书馆去办个证吧,那里可以借更多的书。张锦秋听从了老师的建议,来到市图书馆,办理了借书证。这一下子,张锦秋眼前的天地

---

① 本社编:《建筑院士访谈录——张锦秋》,中国建筑工业出版社,2014 年,18—19 页。

就更宽阔了。

1951年,"加强国际和平"斯大林国际奖金委员会作出如下决定:鉴于中国人民救济总会主席宋庆龄在维护和巩固的斗争中有卓越的贡献,特授予"加强国际和平奖"斯大林奖金。斯大林奖金委员会特派两位世界著名作家专程到中国颁奖,一位是诺贝尔文学奖获得者、智利诗人聂鲁达,一位是苏联作家爱伦堡。爱伦堡在上海时,受邀到上海市图书馆做了一次演讲。爱伦堡写过一部作品叫《暴风雨》,是一部英雄史诗,记录了苏联儿女抵抗纳粹侵略的故事。他在上海的演讲就是围绕这部作品展开的。张锦秋参加了这场报告会,在现场聆听了爱伦堡介绍这部作品的创作过程。

高三时获得上海俄语广播学校毕业证书

在上海,张锦秋沉浸在自由的朝气与活力之中。

她获知巴金这个笔名中的"金"字来自于克鲁泡特金,这是一位无政府主义者。张锦秋不太理解,巴金怎么可以崇拜这么一个人呢?她提笔给巴金写信,诉说自己的困惑。在热切的盼望之中,又出乎意料,巴金回信了。现在信件已经遗失,但张锦秋还记得巴金给出的解释:"人在不同的时间段会有不同的追求和崇拜的目标。"

除了文学,她还热爱美术。她喜欢自己设计图案,画一朵花,或者画一个街景,陶醉其中。当时经常有一些电影或纪录片,在上映前登报征集放映纪念章方案。张锦秋得知消息,就积极参加,按照要求设计方案,再邮寄到征集单位,竟然还获过奖,这下信心爆棚,用她自己的话说,"劲头很大"。

外语是另外一个爱好。张锦秋参加了上海中苏友好协会办的俄语广播学校。当时在上海,会英文的人很多,俄语教师却很少。凭着俄语广播学校的毕业证,可以在上海当俄语教师。张锦秋和几个好朋友，一起报了俄语广播学校。每天早上5点起床，一个小时的时间，就着教材，听广播学习。还要参加考试，取得了俄语广播学校毕业证书。因为有了这样一段经历，在清华大学就读期间，张锦秋的俄语免修。好学的她还是报了学校的俄语高级班。

在上海学习期间，她觉得自己的语文、外语、数理化老师，个个都是高水平。他们教学思路清晰，教学重点把握精准，不搞"题海战术"，让学生可以轻松上阵。老师鼓励学生当"小老师"，互相帮助。考试前夕，语文学得特别好的，就重点准备语文，负责讲解复习要点；数学学得特别好的，就重点准备数学，负责讲解复习要点。张锦秋就讲过几何。

1954年高中毕业前在上海西郊公园

"学习是自己的事"，这个理念，犹如一粒种子，那个时代就在张锦秋的心里生根发芽。不像现在的学生，过于依赖"教辅书"，属于被动学习，老师和家长推着往前走。

回望自己的中学生活，张锦秋觉得像是在游泳，"想怎么游就怎么游"，面前的世界广阔无垠，敞开怀抱接纳自己。"抗美援朝，参军参干，我也报名。学校说，你们这一伙儿还年纪太小，不够格。这就是年轻人，一听保家卫国，就有一股子热情。我参军报的是海军，想要到海上去。年轻的时候，朝气蓬勃，当然是不够成熟，但总是向往一种很美好的未来。"[①]

美好的未来，徐徐铺开。

[①] 本社编：《建筑院士访谈录——张锦秋》，中国建筑工业出版社，2014年，27页。

第二节 引路人

一、父母：永远的"人生导师"

出生于动荡年代的张锦秋，人生的初年享受着难得的宁静和温馨，这得益于父母的艰辛付出，他们将岁月的苦与痛偷偷咽下，尽心地为儿女撑起一片晴朗的天空。

张锦秋现在还保存着一张家庭合影，拍摄于1938年8月，地点在成都玉泉街寓所。不到两岁的张锦秋，还是一个"小不点"，双手握在一起，放于胸前，怯怯地而又庄重地看着镜头。身后的父亲笔挺地立着，带着笑意，袖子都挽了起来，意气风发的模样。身旁的母亲，一袭长裙，笑容平和，温婉而贤淑。

对于母亲唐淑仪的印象，张锦秋定格在成都犀浦时期。在这里的偏远农村，处于幼童阶段的张锦秋，过着田园式的生活。她记得住房的左边，有大片翠绿的竹林，右边有一条幽美的潺潺小溪，院子周围是一圈竹篱，外边是一望无际的富庶稻田。美丽的成都平原展露出动人的风姿。这时，母亲出场了。唐淑仪领着孩子们在稻田的田埂上走，她跟他们说：稻叶上的露珠最干净了，你们可以吸吸这些露珠哦！

妈妈的话，充满了动人的童趣。张锦秋弯下腰来，吸了吸露珠，"那些晶莹剔透的水珠吸到嘴里清新的感受，我至今难忘"。为何难忘？因为童年的美好，因为自然的美好，因为妈妈的美好。

后来，张锦秋读到过这么一句话，"世上每一片树叶，都有一滴露珠养着"。她就想，其实自己就是一片树叶，而父母就是一滴滴露珠，润物细无声般地滋养着自己的成长。

和天底下的很多父母一样，张竞成和唐淑仪都尽可能地希望孩子能享受到更好的教育。平常日子，到了晚上，一家四口就着一张方桌吃完晚饭，桌子一擦干净就变成了书桌。张锦秋兄妹俩做功课，父亲在一旁看报,母亲做针线活,由于她有眼疾,年轻时就离开了专业岗位,成为专职的慈母,"那个时候没有电灯,只有电石灯,就是电石一加水,生出乙炔,在管子口一点发出照明的火苗。一家四口就是这样过着平常而有序的生活"。①

张竞成是四川荣县人,这里吴玉章的家乡。荣县离乐山大佛不远,现在属于自贡市。在当地,张家是书香门第。张锦秋回忆,父亲跟她说起过自己的家族历史。张竞成的祖父与黄姓人家关系要好,两家的妻子都怀孕了,他们指腹为婚,说好如果两家生的是一男一女,就配成夫妻。后

1938年8月全家摄于成都玉泉街寓所

1940年全家合影

第一章 出发的起点

① 本社编:《建筑院士访谈录——张锦秋》,中国建筑工业出版社,2014年,20页。

来张家生了一个儿子,也就是张锦秋的祖父,黄家正好生了一个闺女。两个孩子经常在一起玩耍,算是青梅竹马。但是后来,张家逐渐败落,黄家越来越兴旺,就想着还是悔婚吧。这个时候,黄家闺女身上"川妹子"的火辣个性开始发力。对于父辈提出的悔婚建议,她投了反对票,毅然嫁到了张家。

到了张家,张锦秋祖母就在当地办了一个女子中学,自任校长,她的祖父出任女子中学教员。他们生育了四个孩子,三个男孩,一个女孩。不幸的是,孩子们的父亲在30多岁时,患上痨病,与世长辞。张锦秋祖母一个人支撑着这座女子中学,40多岁时也去世了。

张竞成是老大。长兄如父。他承担起照顾弟弟、妹妹成人的责任。根据当时的社会背景和家庭环境,有亲戚朋友推荐张竞成去重庆学商,因为首要的问题是解决经济问题。但是张竞成有自己的"算盘",他不想成为商人,而是想从事实业,于是就报考了唐山交通大学。这所高校当年可是响当当的,被誉为"中国近代土木工程、矿冶工程、交通工程教育的发祥地"。张竞成就读的正好是土木工程专业。

毕业时,张竞成选择到南京工作,并且把弟弟妹妹们都带出了四川。"当时我父亲就要做弟弟妹妹们的经济后盾,不仅让他们的生活没有问题,还要供他们上学。"[①]张锦秋从父亲身上看出了一个人对家庭的责任和担当。

在张锦秋的心目中,父亲的形象总是高大、伟岸的。他重视孩子的身体健康,教一双儿女练八段锦,还要求胳膊天天转,动起来。在关键时刻,他总是能适时出现,给孩子们以指引和方向。

张锦秋对文学一直情有独钟,有一个深邃的文学梦。那时作文成绩评分有甲乙丙三类,她的作文总是"甲类"。

初中毕业之际,她面临着人生道路的一个重大选择。当时她报考了四个学校。一个是上海行知艺术学校,开设的专业有绘画、雕塑、

[①] 本社编:《建筑院士访谈录——张锦秋》,中国建筑工业出版社,2014年,17页。

音乐、舞蹈。她选择的是绘画专业。一个是国立高等机械学校，主要培养技术工人。在20世纪50年代，这个学校是很红火的，毕业的学生在上海成为"抢手货"。一个是南洋模范，是一个有名的私立中学，她的哥哥、表哥、表妹都在这里就读，就她在公立的第二女中上学。尽管第二女中也是一流的，但张锦秋心里憋着一股劲，心里琢磨：南洋模范有什么了不起，自己也可以考上！还有一个就是本校，初中升高中，也是需要考试的。

怀着考试跟玩儿一样的心态，"学霸"张锦秋同时收到了四个学校的录取通知。到底上哪个学校，是一道跟试卷上的选择题不太一样的人生选择题。这个时候，张镜成说话了，"我父亲说，你还是老老实实在第二女中上学吧。你现在应该接受完中学的教育，成熟一点后再考虑专业。我听从了父亲的指导"。[①]

又是一番畅读，临近高中毕业，后边的路应该怎么走？年轻的张锦秋面临新的抉择。她心里惦念着文学，那是一个梦幻世界，她想深入这个世界，尽情邀游。

不过，她也有犹豫。20世纪50年代中期是一个激情的年代，中华人民共和国刚成立，社会建设事业如火如荼地进行着。身处其中，张锦秋的心态有了一定的变化。还有一个情况是，她身边亲人的工作都跟建筑行业有关。比如大舅父唐英，早年留学德国学习建筑，曾先后担任过昆明市和南京市的城建局局长，后来在同济大学建筑系担任教授。每次见面，他总是妙语连珠地谈论建筑与城市的相关话题，诙谐、幽默的话语让张锦秋印象深刻。他在留学时手绘过不少建筑表现图，工整严谨，张锦秋看了惊讶不已。母亲唐淑仪也是学建筑出身的，是中央大学早期的建筑系学生。她的姑姑也是建筑设计师，把自己设计的建筑工程图片挂在家里，张锦秋见了，颇有几分心动。

到底是选择"文学"还是"建筑"？这是一个问题。此时，"人

[①] 本社编：《建筑院士访谈录——张锦秋》，中国建筑工业出版社，2014年，26页。

生导师"张竞成又出现在了女儿身边。

父女俩有一次深谈。当时张锦秋的兄长已经考入上海交通大学造船系学习。作为父亲,一儿一女,在心中有着同等的重量。他跟女儿说,自己希望兄妹俩将来一个设计建造海上的建筑,一个设计建造陆上的建筑。张锦秋再度听从了父亲的建议,"他这番充满诗意的话语,使我毅然决然在第一志愿上填写了'建筑学'"。①

她人生棋盘中的一枚关键性棋子,就这么落定了。

张锦秋说,父母对自己的影响,除了毫无保留的爱,还有就是在做人上的方向性指引。比如说要诚实,不能说谎,为人要正直,要品德高尚,要做一个对社会有用的人。特别是要自立,不要依靠别人、依附别人。"怎么立?必须要有一技之长,要给社会作贡献,我父亲就是要做对社会有用的人,才选择了工程技术专业。那个时候还没有提为人民服务,我父亲只是叮嘱我们要好好学习,如果什么都不会,你在社会上就什么都干不了。"②

什么是家风?这就是家风。多年以后,张锦秋回望成长历程,发现自己的身上浸染着这个家庭的风气。她说:"从我祖父辈到我父亲辈,我总觉得这个家庭有一种性格或者有一种基因,就是为人正直、坚韧不拔。这种精神,我想可能是我们张家的传统。"③

1991年在上海龙华公墓为父亲灵位献花

---

① 本社编:《建筑院士访谈录——张锦秋》,中国建筑工业出版社,2014年,31页。
② 同上书,19页。
③ 同上书,17页。

张玉泉热情邀请兄长全家到自己家里居住。从此两个小家庭就一起合住，直至1955年张玉泉举家迁往北京。张锦秋还记得，当时姑姑把自己的大卧室让了出来，理由是"长兄如父，长嫂如母"。

1950年8月，为响应政府"公私合营"号召，大地建筑事务所宣告停业。张玉泉临时受聘于上海人民政府任建筑师。1952年，她受委派到北京为一机部华东土建设计公司寻找建院新址。她获知北京东郊将来是工业区，西郊是文化区，就选定西郊阜外甘家口黄瓜园作为迁京新院的院址。

1954年4月，一机部华东土建设计公司迁到北京，改名为一机部第一设计院，张玉泉出任建筑室的主任建筑师，评为四级高级工程师。从1954年至1976年的20余年间，张玉泉主要负责几十个大中型厂矿的全套设计。她的工作能力和专业水准，从原机械部设计院高级建筑师汪明清撰写的《怀念五十年代的张玉泉建筑师》的文章中可见端倪。他写道："张工明确提出德阳重机厂的建筑理念是工业建筑个性有别于民用建筑，有别于欧美、俄罗斯风格，不能穿靴戴帽搞古典，也有别于因陋就简的干打垒……还提出了一系列政策式的条例：该高则高，该低则低，区别对待，重点突出，主次分明……"最终确定的方案朴素大方，尺寸合适，虚实相间，比例配合适当，明快端庄，没有多余的虚饰、线角，在当时的建筑材料和施工水平条件下，发挥了建筑设计所能做到的极致。[①]

在退休之前，张玉泉还主编了《单层厂房建筑设计》。书稿于1978年出版，在当时填补了工业建筑设计资料的空白。1984年她又编写了《中国大百科全书》机械制造厂建筑的条目，并参加审查其他有关工业建筑条目的工作。

工作再忙，成就再大，亲情始终在那里，散发着温暖、和煦的光亮。在张锦秋看来，姑姑对自己有如母亲一样。她在清华大学学习期

---

① 杉森：《菊残犹有傲霜枝——中国第一代女建筑师张玉泉印象》，《中国建设报》，2006年10月27日第8版。

出差北京时看望姑母

祝贺姑母90寿辰

间,张玉泉经常要她星期日到家里,做一顿好吃的,改善伙食,补补身子。张锦秋偶尔生病,张玉泉用心照料,"慈母般照顾我直到康复返校"。1965年暑假,张锦秋办了结婚证。适逢张玉泉出差,就把自己的住处借给张锦秋两口当新房。后来,张锦秋前往西安工作,每次到北京出差,都要去看望姑姑,有时还住在姑姑家里,"就和回家看父母一样"。

闯出故里求学、青年殇夫、独立执业、抚养儿女、胃溃重病、参加华东设计院、服从调动离沪赴京、频繁出差建设工业基地、"文化大革命"下放合肥、回京没有住房……回望姑姑走过的路,张锦秋感慨她的一生过得太不容易了。

不过,尽管命运的考验一个接一个,但生活还是需要有情致、有朝气,需要保持积极、乐观的生活态度。她喜欢书画,斗室中的书桌就是她营造精神世界的小天地。她为自己的斗室取名"听候雨斋",自己还写就一副楹联:"老去闻风休怅惘,夜来听雨且微吟。"她自己还学会刻石章,刻了一些闲章以自娱。她还经常以诗抒怀,将一腔心事付诸字里行间。特别是在晚年,她经常写下一些句子,表达她开朗、豁达的心境。比如这首《韵老篇》就颇有韵味:[①]

---

① 费麟:《怀念妈妈 温故知新》,《建筑学报》,2004年第8期,53页。

不知老瞬至，花开又一年，
儿孙皆长大，亲友半长眠。
身瘦腰围减，发白两鬓先，
眼明聊自慰，胸阔且恰然。
盆花勤浇灌，书画供精研，
平生无媚骨，处世有贞坚。
老来逢盛世，生活赛神仙，
社会主义好，感此赋新篇。

张锦秋说，读这样的诗句，亲切、自然，感觉姑姑的心胸如海洋般宽广。在《我的孃孃》的结尾处，她写道："孃孃永远是我亲近而钦敬的长辈。她的微笑永远在我心中。"

三、恩师梁思成："现代中国建筑思想的启蒙者"

1954年7月，全国高考录取名单在报纸上公布。张锦秋被清华大学土木建筑专业录取。当年9月，17岁的张锦秋首次独自离家远行，告别生活了六年的上海，乘车北上奔赴首都。美好的大学时光开始了。

张锦秋还保留着当初入学时的一张照片。她梳着两个辫子，笑得灿烂，有着一股青春的朝气和活力。可以看出，她对生活怀着美好的憧憬和向往，而命运也确实为她开启了动人的华章。张锦秋漫长而辉煌的建筑生涯从这里正式开始启程。

当时的清华大学建筑系，梁思成是灵魂人物，是精神领袖。多年以后，当有人请教如何评价梁思成

1954年秋，清华建筑系一年级新生

在中国现代建筑史上的地位时,张锦秋回复道:"他留学回国,跋山涉水进行古建筑考察,'二战'期间更是含辛茹苦带领营造学社同仁考察不辍、研究不止,为中国建筑史研究的科学化奠定了基石,树立了榜样。20世纪50年代初,在清华建筑系办学时从美国带回了现代建筑的许多实例图片和现代建筑理论。对诸如空间(space)、思维(thought)、质感(texture)、色彩(color)等的概念都有一些新的解释,对后来影响很大。这些新的现代建筑思想都贯穿到当时清华建筑历史和建筑设计的教学中了。可见他是一位开拓性的大师。"[①]

刚刚步入清华大学校门的张锦秋,早就从各个渠道听说过梁思成这个名字。本科学习阶段,因为梁思成是建筑系的负责人,工作忙碌,事务繁重,张锦秋只能偶尔见到他的身影,只能怀着崇敬的目光,远远地仰视,没有直接接触与了解的机会。

大学毕业,张锦秋被分配到清华建筑历史与理论教研组当研究生。"整风反右"以后国家取消了研究生制度,到20世纪60年代初才又恢复培养研究生。清华大学建筑系恢复研究生制度后的首批研究生都是分配的。1961年,张锦秋就被分配跟随梁思成学习。在张锦秋看来,这是一件人生幸事。

20世纪60年代初期,清华园里弥漫着一种暴风雨过后的清新空气。梁思成的书房,成为张锦秋经常聆听教诲的地方。在回忆文章《在梁公的书桌旁》,张锦秋写道,梁思成的书房朝南,有两个大窗,十分敞亮。房间东端当空布置着梁思成的书桌。书桌对面的西墙排满了书架。书桌右前侧是一条长沙发。左前侧是木茶几和靠背椅。小屋子简朴舒适,紧凑而不拥挤。冬春之交,梁思成喜欢在书桌右角摆一盆"仙客来",挺秀的朵朵红花显得生机盎然。这个书房成为师生之间的一个课堂。梁思成经常坐在圈椅上侃侃而谈,张锦秋总是拉一把木椅坐在书桌前认真地听、认真地记,偶尔插话提个小问题。这样的

[①] 本社编:《建筑院士访谈录——张锦秋》,中国建筑工业出版社,2014年,47页。

梁思成先生经常坐在这里给学生讲解

场景温馨而动人。①

梁思成的书房是向学生开放的。他社会活动多,出差前常关照张锦秋和同学到他的书房学习。理由是这里书多又安静,比学生宿舍条件好。

梁思成的才华,张锦秋是见识过的。1963年,他从广西考察回来,对"真武阁"那座古建筑十分赞赏,打算写篇文章,让张锦秋去作记录。在张锦秋的记忆中,那是个上午,大晴天。梁思成的精神不错,在书房里迈着方步,一句一句地讲,偶尔停下来推敲一下个别词句,又继续说下去。张锦秋一字一字地在稿纸上记。大约一堂课稍多的时间,梁思成讲完了,张锦秋记好了,文章也就成了。几乎没有什么改动,全文就刊登在当时的《建筑学报》上。

"过去我听系里的老师说梁公如何才华横溢,这次亲眼见他出口

---

① 张锦秋:《在梁公的书桌旁》,《从传统走向未来——一个建筑师的探索》,中国建筑工业出版社,2016年,2页。

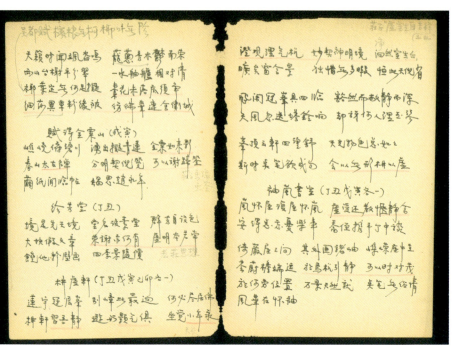

1964年梁思成先生就乾隆诗进行讲解

成章、倚马可得,真是大开眼界。"张锦秋不禁感慨道。[1]

大开眼界的地方还有不少。张锦秋在进行颐和园后山研究时,她拿着乾隆关于后山西区风景点的十一首诗向梁思成请教。她把这些诗句抄在几张小纸片上,在不懂的地方画上横道。梁思成很高兴,把这十一首诗逐字逐句地讲解开来。乾隆诗中涉及大量典故,有些近于冷僻,让人摸不着头脑。让张锦秋诧异不已的是,梁思成竟然不需要查阅什么资料,随口就能说出出处。比如说,"椰叶定无何足拟"这句中的"椰叶"的出处,他立时随口说这是从《吴都赋》"槟榔无柯、椰叶无阴"中来的。"可以谢蹄筌"那句他又讲是出自《庄子》"马蹄鱼筌"。在解释"看云起时"这个景点名字时,梁思成说,这是选自

---

[1] 张锦秋:《在梁公的书桌旁》,《从传统走向未来——一个建筑师的探索》,中国建筑工业出版社,2016年,3页。

王维的诗句，"行到水穷处，坐看云起时"。

具体的诗句讲解完毕，梁思成歇了一会儿，又对张锦秋说，"中国园林不能只看空间形体而忽视了意境和情怀。中国园林是一个特殊的领域，凝固了中国绘画和文学。园林中的诗词，往往倒是这方面集中的体现。从你注意问题来看，现在你的学习又进了一步"。[1]他从"技"的层面提升至"道"的层面，把一个问题看深了、看透了。

这让张锦秋明白，建筑师不能仅仅就建筑学建筑，就建筑谈建筑，而是要有广阔的知识储备和思想蕴藏。

张锦秋印象中的梁思成还很健谈，经常妙语连珠，有时也抒发一点人生感慨。有一回，谈到书画作品，他说作品的气质与作者的爱好并不总是一致的。比如他就很喜欢那种豪放的、有"帅"劲的风格，但是他自己的字和画比较工整，"帅"味不足。他说这是自己一生的遗憾。张锦秋就设法安慰他说，您的罗马斗兽场那幅水彩不就挺"帅"的吗？梁思成摇摇头，表示自己并不满意，理由是虽然这幅画表达了斗兽场的古朴与坚实，但笔触和色彩还不够洒脱，没有充分表现出宏伟感与历史感。话语之间，张锦秋读出老师的为人谦逊，严于律己。

接着，梁思成从案头上顺手拿过一份他的手稿给张锦秋看。并且说道，看到自己"帅"不起来，所以就一笔一画、工工整整地写字，最起码要让人家看得清楚。张锦秋说，这句话对她的影响很大，让她再也不敢像以前那样伸胳膊伸腿地乱写"自由体"了，而是尽量把字写得工整一些。清晰一些。

在跟随梁思成学习的过程中，张锦秋深刻认识到，这是一个对民族形式很有感情的人。所以对那些生搬硬套、穿靴戴帽的"半吊子"建筑总是很恼火。有时还用十足的"京片子"挖苦几句。梁思成对民族宫和美术馆情有独钟。张锦秋觉得民族宫、美术馆就像在《祖国建筑》书中

---

[1] 张锦秋：《在梁公的书桌旁》，《从传统走向未来——一个建筑师的探索》，中国建筑工业出版社，2016年，4页。

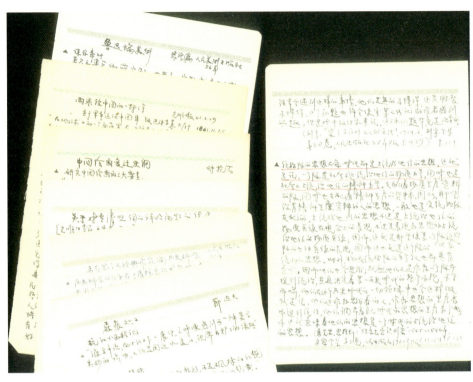

20世纪60年代初的一些读书笔记

那幅《想象中的建筑图》。梁思成接过话头,说:"实物比想象的更美。"

尽管师生之间保持着良好的沟通,梁思成对张锦秋也是照顾有加,但是1962年在确定研究生课题方向时,张锦秋却没有听从梁思成的意见,有点"自作主张"。

当时,清华建筑系历史教研组在中国古代建筑史方面有两个重大课题,一个是梁思成的《营造法式》研究,一个是莫宗江的颐和园研究。1925年,梁启超赠送留学中的梁思成一本宋代的《营造法式》,这是我国古代最完整的建筑技术书籍。这给梁思成很大的触动,矢志要把中国古建筑研究个透彻。他打算让张锦秋参与这项工作,还通过系领导征求她的意见。张锦秋却另有想法。

这之前,她参加了教研组组织的古建筑考察活动,由梁思成的得力助手莫宗江带队。大家一起去了承德避暑山庄,又到了无锡、苏州、杭州、扬州、上海考察了古典园林。中国园林的魅力,让张锦秋为之倾倒,觉得中国古典园林太有味道了,是取之不尽的宝藏。她想主攻这个领域,当即决定论文要围绕古典园林选题。系领导来征求意见,张锦秋明确作了答复。

事情慢慢就有不少人知晓了。有老师和同学跟张锦秋说,别人想跟梁先生一起工作都苦于没有机会,你这是怎么了!

张锦秋感觉自己好像犯了什么错误,认为有必要跟梁思成解释一下。那天她怀着忐忑的心情,和往常一样走进他的书房。梁思成笑容可掬地坐在圈椅上,询问她研究学习的情况。张锦秋说已经跟随莫先生多次到颐和园现场考察,研究的具体题目还没有确定,正在思考中。

梁思成说话了。他说:"我虽然喜欢中国园林,但却没有系统地下过功夫。你有志于研究中国园林,这很好。这方面请老莫(即莫宗江教授)指导最合适。他对古典园林研究很深。不但对造型、尺度十

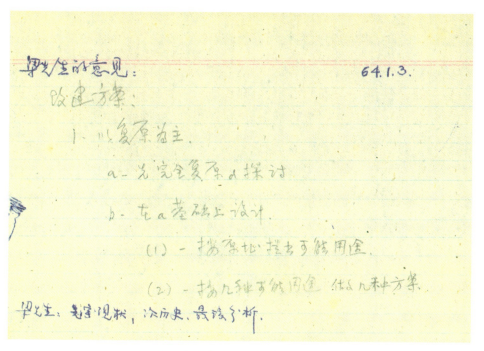

1964年梁思成先生给张锦秋论文的书面指导

1981年张锦秋佛光寺速写

分精到,而且对这种东方美有特殊的感受,对一山一水,一草一木,一亭一阁,一情一景都能讲出许多道理。"① 他又告诉张锦秋,吴良镛教授能从规划格局上着眼,从总体布置上分析,这对于大型皇家园林的研究十分必要。

梁思成要求张锦秋认真向两位老师请教,在深与博两个方面的结合上去探讨研究。张锦秋说,这席亲切的教诲,成为自己研究学习中国园林的指南。

在点滴之间,梁思成以自己的渊博学识和人格魅力,影响着张锦秋的事业走向与人生道路。

---

① 张锦秋:《在梁公的书桌旁》,《从传统走向未来——一个建筑师的探索》,中国建筑工业出版社,2016年,2页。

2001年重上五台山拜读佛光寺大殿

2001年在五台山考察古建筑

随着时间的推移，张锦秋越来越意识到梁思成建筑思想的价值，以及他在社会上的广泛影响力。这让她明白了一个建筑设计师的人生可以走得更深远、更开阔。

1981年5月，为了设计任务的需要，张锦秋带领设计组到山西五台山考察唐代建筑，其中包括梁思成多次讲述过的佛光寺大殿。当时天气先是很干燥，一路的颠簸，尘土飞扬，快到了，竟然又下起了大雨。好不容易终于站在了巍峨的大殿前。

一位法号叫湛瑞的师傅得知来者是梁思成的弟子时，很是高兴。他说自己是梁先生在这里发现唐代建筑的见证人。1936年，他亲眼看到梁先生、林徽因先生还有莫先生骑着毛驴来到佛光寺前。当时他是个小和尚，跑上前去帮忙牵毛驴、卸行李。他领着张锦秋一行参观了三位先生住过的地方，比画着他们当年是怎样爬上爬下工作的。

他说梁先生他们发现并鉴定了佛光寺是唐代建筑，这个功劳了不得。从这时开始，佛光寺越来越受到重视，国内外有人专程来参观。他觉得跟这样的大专家有过接触，感到很自豪。

张锦秋捕捉到，说起这段往事时，"法师苍老瘦削的脸上显露出一种光辉"。此人此事，此情此景，张锦秋生发出一腔动人的感慨：

暮色降临，皓月当空，我独自一人在群山环抱的寺院内徘徊。万籁俱寂，只听见有轻轻的木鱼声和吟诵声。我踏着月光循声走去，但见空荡荡、黑沉沉的文殊殿中闪耀着微弱的烛光，湛瑞法师独自一人正在诵经。据说这是每晚必作的功课。这时我深深感佩法师是个有虔诚信仰的人。一个人有高尚的精神情操，有明确、坚定的目标而又能为之奋斗就是幸福的。这样的人会不畏艰苦、不惧孤寂。当年梁思成先生夫妇二人从大洋彼岸回来，为发掘和总结祖国的传统建筑遗产而奔走于荒山野林不是很神圣、很幸福吗？建造佛光寺大殿的匠师们，如果知道他们的劳动成果在千年后还焕发着强大的吸引力又该如何自豪呢？[1]

"有明确、坚定的目标而又能为之奋斗就是幸福的。"张锦秋幸福观建立的过程，梁思成是重要的参与者和启发者。而全力继承、弘扬恩师的思想资源和学术资源，成为张锦秋的一项人生任务与使命。

对于日本的古建筑，梁思成颇为偏爱。他跟张锦秋说过，日本保存的隋唐时代从中国传去的古建筑，比中国保存的唐代建筑要多，学习研究中国古代建筑不可不去日本。遗憾的是他虽然出生在日本，但这里的不少古建筑他没有参观考察过。另外，梁思成还特别欣赏战后日本的现代建筑，因为这些房子是现代的又有传统，是和风的。

1985年，张锦秋两次出访日本进行建筑考察。当她伫立在一座座先生讲过的古建筑前，感觉他讲得贴切而精准，就像他曾亲眼见到过一样。张锦秋说，那个时刻，她仿佛又回到了20年前的清华园，耳边又想起了梁先生为没有见过这些古建筑而深感遗憾的话语和神情。

当张锦秋向日本京都、奈良文物界、建筑界同仁谈到梁先生对日本古建筑的喜爱时，日本的古建筑权威、京都府埋藏文化财调查研究中心理事长、工学博士福山敏男先生说："梁思成先生是我们日本的大恩人。是他在二次大战中向美国提出了保护奈良和京都的建议，我

---

[1] 张锦秋：《访古拾零》，张镈等著：《建筑师的修养》，中国建筑工业出版社，1992年，109页。

1985年在奈良拜读唐招提寺

1985年在日本考察

们的古都才得以免遭滥炸而保存下来。我们永远不会忘记他。"[1]张锦秋心想，梁先生是一个有国际视野和人类情怀的人。

历史总是有回音的。而且时间越久远，回音越悠长。

2007年10月，日中友好协会名誉会长平山郁夫先生提议，为梁思成在日本奈良树立一尊铜像，以纪念和表彰他的功绩。这个提议得到中日双方有关部门的重视，还成立专门的委员会。当时，张锦秋担任"为梁思成先生在日本奈良树立铜像组织委员会代表团"成员，出访日本奈良。

在会议致辞时，她说，自己从中国古都西安而来。西安、奈良这两座千年古都代表了人类农耕时代两个东方古国的最高文化成就，也体现了中日两国人民深厚的文化渊源和传统友谊。这两座千年古都，也都是梁思成生前极为关怀的城市，不仅心向往之，而且以自己的实际行动和崇高影响为古都的保护作出了历史性的贡献。

"梁思成先生与古都奈良之缘堪称悠远。孩提时代，父亲梁启超曾

---

[1] 张锦秋：《在梁公的书桌旁》，《梁思成先生诞辰八十五周年纪念文集》，清华大学出版社，1986年，194页。

带他去法隆寺，还买了一只乌龟让他放生。当时正在重修法隆寺大殿。父亲便花了一元钱香火费在大殿的一片瓦上刻上了梁思成的名字，以求佛祖保佑。没想到30年后，这座古刹和奈良、京都的众多文化财富一起竟因这个名字而免遭了一场毁灭性的灾难。我想，这就是缘分！梁先生晚年曾回忆说：'我爱美丽的日本和我童年记忆中和蔼可亲的善良的日本人民。'老师、渔人、列车长、小朋友……都给他留下了美好、温馨的童年之忆。日本人民对童年梁思成的呵护，壮年梁思成对日本都城的义举，正是人间最纯真、最高尚情操的典范。"张锦秋动情地说。

对于恩师梁思成，张锦秋一直心怀敬意。她说梁先生是一位卓越的学者，是自己的优秀导师。曾经有记者问张锦秋，梁思成给她留下的最深刻的教诲是什么。张锦秋的回答是："我最佩服梁先生的是，他有一种家国情怀，对中国传统建筑文化的那种热爱，全身心的投入，是源自于他的家国情怀，他的爱国思想，他不仅是一个纯专业领域造诣深厚的专家。……我最钦佩的是他有一种献身的精神，我想这跟他的家学渊源也有关系。他的父亲梁启超就是很有家国情怀的人。"[1]

"他的热情关怀，他的渊博知识，对专业真挚的感情、继承发扬祖国建筑传统的雄心壮志，对于鼓励我们青年一代热爱专业、树立良好的学风和为祖国的建筑事业的献身精神，具有极大的感染力。我有幸年轻时光在清华接受梁公和以他为首的清华建筑系诸位老师的教诲，引导我踏上了继承发扬祖国建筑传统、开创新中国建筑的征途。"[2]

这是从个人成长的角度来阐释梁思成的思想价值和个人魅力。在张锦秋看来，梁思成的建筑理念是一笔公共资源，也是社会资源。通过认真学习、阅读《梁思成全集》，她发现梁思成身上具有巨人的品质，"他是20世纪中国的学术巨人，是近百年来现代中国建筑思想的

---

[1] 孙志：《张锦秋：长安意匠 用建筑写诗》，《东方文化》杂志2019年第2期，13—14页。
[2] 张锦秋：《在梁公的书桌旁》，《梁思成先生诞辰八十五周年纪念文集》，清华大学出版社，1986年，195页。

启蒙者。就历史意义而言,梁思成先生和西方现代建筑思想的启蒙者具有同样的历史地位"。

2019年,在接受中国建筑学会工作人员的访谈时,说及梁思成对自己建筑生涯的影响,张锦秋说:"对梁思成先生的认识我也是经历了一个漫长的过程,甚至是我离开了清华园,在以后不断地学习他的著作,拜读他考察、工作、生活过的遗址,才对他老人家有一些更深的了解。我最钦佩梁先生的是他有一种炽烈的家国情怀。对中国传统建筑文化锲而不舍的考察、研究、传承、发扬的奋斗,都源自他的家国情怀,他的爱国精神。"

张锦秋深知,与西方诸位大师比较,梁思成更侧重于表达地域文化和特征,更强调在学习外来先进文化的同时继承和发扬传统的精华。梁思成引证西方在文艺复兴之后建筑历史及理论的研究,奠定了西方近代建筑创作的基础,使西方的近代建筑既吸取过去的经验又具有新的思想。因而他多次论述中国建筑创作途径时都谈到新中国的建筑必须从实际创作中产生出来,必须经过相当长的摸索过程。

"每一次的尝试可能都还不成熟,有很多缺点,但这条路是一定要走的,方向是对的。环顾今日之中国,建筑创作空前繁荣,外来文化汹涌激荡,沧海横流,更显示出梁先生的建筑创作思想和理论著述具有伟大的现实意义和深远的历史意义。新世纪的中国建筑师要向学术巨人学习,要站在巨人的肩膀上,去迎接新世纪中国建筑科学艺术的伟大复兴。"[①]张锦秋如是说。

四、恩师莫宗江:"是不是简洁明快、充满了现代美?"

在张锦秋心目中,莫宗江是把自己领进中国古典园林大门的恩师。自己数十年的建筑创作,都受到莫宗江的深刻影响。她特别提

[①] 李沉:《弘扬文化传统 拓展城市特色:访梁思成建筑奖获得者、建筑大师张锦秋》,《建筑创作》杂志2004年第3期,103页。

及，莫宗江拥有敏锐的艺术鉴赏力、生动的传授感染力和不断探索的治学精神，让身为学生的她感佩不已，终生难忘。

进入清华大学建筑系，张锦秋就听说莫宗江这位老师具有传奇色彩。他是梁思成的得力助手，他们一起去寻找并发现了一座座国之瑰宝的古建筑，绘制出了一幅幅精美的建筑实测图，文献性价值颇为可观。后来，莫宗江成了清华大学的一位没有大学学历的教授。

有才华，是大家对他的一致评价。张锦秋回忆道，每当莫先生要上中国古代建筑史课时，大家都抢第一排的座位，以便看清他在黑板上飘逸的勾画和用投影仪反射出的一幅幅精选的实例图片。例如，在讲苏州园林时，他就放出一张黑白照片，高高的叠石陡山上矗立着一片雪白的粉墙。他说："中国古典园林中有各种不同的美。你们看这一景，是不是简洁明快、对比强烈，充满了现代美？"这个画面一直刻印在张锦秋的脑际，不可磨灭。

就是这么一位才华横溢的教授，性情闲散，不在乎名利，在张锦秋看来，就是颇具隐士风范。比如，有一次，莫宗江跟学生说，等着下一场大雨，雨后一起去看香山的瀑布。那样的一种美，是他独到的发现。可惜，时光流逝却始终未能成行。虽然是心目中的一个遗憾，但雨后瀑布的壮美画面，不时在张锦秋的脑海里闪现。

莫宗江的隐士、名流风范，在中国工程院院士傅熹年那里也得到了证实。

"莫先生为梁先生做助手，却一直淡泊名利，默默地为建筑史的发展作贡献。《图说中国建筑史》中60%以上的图应该是莫先生绘制的，也为中国营造学社汇刊，为梁思成、林徽因先生的文章、著作绘制过无数的图纸，后来的学子们常将这些图当作经典加以模仿，或作为教材，但他却从不以此炫耀。即便有人当面问他，他也只是说为梁先生绘制的。莫先生先后多次参加全国以及清华建筑系组织的中国建筑史教材的编写工作，是主要撰稿人之一，亲自完成了相当分量的断代和分类的文字，而他的这些图纸和文稿都交给了系里保存，自己没有任何保留。这等不同一般的气度和胸怀,谦逊和无私,非常人能及。"傅熹年说,自己学古建筑的真正启蒙老师就是莫先生。①

一提起莫宗江,都说他是国徽的主要设计者之一,是协助林徽因让景泰蓝工艺重获新生的艺术家,是建筑设计大师梁思成先生的主要助手,都说他一生没有留下几篇论文。事实是,他至少遗失过两部半大的书稿,分别是《王建墓》和《颐和园》。

完成于20世纪60年代的《颐和园》,原本可作为一部集图片、测绘图稿和研究论文于一身的古典园林专著,与著名建筑史学家陈明达所编著的《应县木塔》相辉映,成为建筑界和文物界的双璧。只是,《应县木塔》在"文化大革命"爆发前正式出版了,而莫宗江的《颐和园》以及几十册教案,却在后来的劫难中全部散失。

对于学者来说,丢失书稿是致命的打击。然而,莫宗江似乎不太在意。他常说:"或有一得之见,反正在上课的时候,在与同行们、朋友们交谈的时候,都传播出去了,该记住的自有有心人去记,不出也罢。"

有人跟他说,某某人发表的论文甚至出的专著,都是他课上讲的,有些甚至可能是从丢失的教案中照搬过来的。莫宗江并不介怀:"我的研究心得本来就是要与大家分享的,他用就用了罢。"又说:"我本不擅长写文章,命该'述而不作'。"②

这般豁达的人,是讲求生活品质和生活情趣的。抗战期间,英国学者李约瑟在梁思成那里抽了一支"口感醇厚、韵味悠长"的雪茄,好奇此物出自古巴哪位制烟名手。梁思成哈哈大笑道:"这是老莫卷的,当地土烟叶喷上正宗老白干。"

于是,李约瑟半开玩笑地建议,莫宗江应该到欧洲制作雪茄,收

---

① 刘敏、陈迟:《愿封植兮永固 俾斯人兮不忘——中国古代建筑史学术研讨会暨莫宗江先生诞辰100周年纪念会综述》,《世界建筑》杂志2016年第10期,11页。
② 殷力欣:《魏晋风度:著名建筑历史学家莫宗江先生侧记》,《建筑创作》杂志2006年12期,146页。

入比做研究员还高。梁思成又回应道,还应该介绍老莫去意大利的提琴作坊,他做的小提琴也很棒。可李约瑟颇为怀疑地强调,意大利名琴用的涂料是含火山灰的,有许多气泡,这才是保证声色的关键。

"所以莫调过几次音后,用玻璃片把琴板的光面刮作毛面。当然,他懂雕刻技法,知道如何让毛面美观。"梁思成笑笑说。

这还不够,莫宗江还动手改良了梁思成用的打印机墨水,并热衷于穿着自己缝制的棉袍。①

就是这么一位老师,对生活有着浓浓的挚爱,对美好有着不懈的追求。1961 年,作为研究生,张锦秋参与教研组进行的两次大规模的学术考察活动。第一次是在北方考察历史遗址、古建、园林,第二次在南方,则主要是园林。两次都是莫宗江带队。每到一处都是莫宗江为大家进行"导读"。

"他边走、边看、边讲,揭示了许多我们看不出或不懂的美景和典故,特别是点评规划设计的成败,言简意赅、切中要害、入情入理。他既要对我们这些晚辈进行教学辅导,又要围绕自己的课题抓紧深入研究、实地拍照,所以总是忙得不亦乐乎。那时正值三年自然灾害的困难时期,连香烟也要限量供应,这对劳累不堪而曾是烟不离口的莫公真是够呛。可他却每到一处总是神采奕奕。"②张锦秋说,这两次学术考察使她为中国古典园林倾倒,认为这是一个可以古为今用的广阔领域。

张锦秋确定跟随莫宗江学园林。她发现,莫宗江对清代北方十大皇家园林,特别是对颐和园的来龙去脉、规划布局、景点设计、艺术特色等方面的情况颇为熟悉,深有研究。

张锦秋记得,莫宗江曾经在教研组小范围内系统地讲过《中国古代建筑法式制度》,内容丰富,分了四次才讲完。有一次在测绘古建筑实习之前,莫宗江还专门讲了《清官式的基本作法》。同时,他讲过几

---

① 蒋昕捷:《莫宗江:画笔后的沉默》,《中国青年报》2008 年 11 月 19 日 12 版。
② 本社编:《建筑院士访谈录——张锦秋》,中国建筑工业出版社,2014 年,41 页。

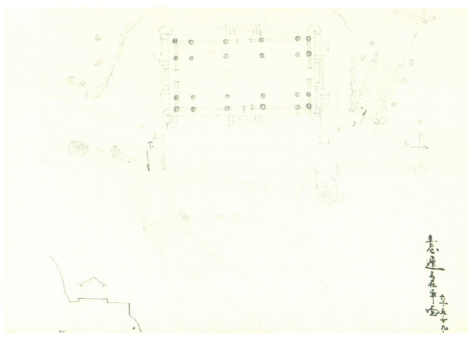

"意迟云在"景点分析(一)

次自己比较拿手的《颐和园研究》。他到颐和园进行现场研究有时还叫上张锦秋随同前往。他不时会提出问题要学生回答,触发独立的思考。

有一次,他让张锦秋分析一下意迟云在、重翠亭和千峰彩翠这处在一条路上的三个建筑的景观特色。张锦秋在这三处转了好几次,画了速写及平面图,后来发现在造景方面除建筑的形式、位置外,道路与建筑的关系起着重要作用。当她把这些图和体会向老师汇报时,莫宗江笑着表示满意。

解决了一个问题,新的问题又来了。他让张锦秋接着做一个课题,就是把昆明湖中的龙王庙这个岛屿作为景点进行研究。对于张锦秋来说,这是一个大课题了。张锦秋遵从老师提倡的工作方法,查阅历史文献资料、弄清沿革,从全园总体布局上进行分析,对岛上建筑群进行测绘并研究,摄影、画图、成文。在这个过程中,莫宗江时不时给予指点和帮助,并且在他的鼓励下,张锦秋将这篇文章送交《建筑历史论文集》发表。

莫宗江深谙循序渐进的工作方式。看着学生学得"有模有样",他进而对张锦秋提出更高的要求,让她把研究生论文题目定为《颐和

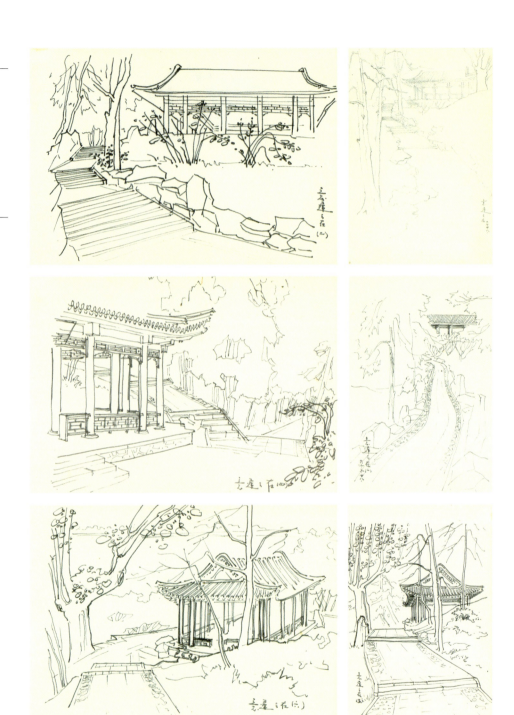

"意迟云在"景点分析(二)

园后山西区若干风景点的园林原状、造景经验与修复改造》。张锦秋说，莫先生就是这样由浅入深、由表及里、由此及彼地一步步引领自己进行学术的攀登。

"颐和园后山西区是我国古典园林中一种类型的优秀作品。它在人工创造大尺度山水环境，发展以自然山水为主、点缀以少量建筑的园林类型方面，创造了许多成功的经验。在浩瀚的中国古典园林艺术的海洋里，它虽然是沧海之一滴，但从这一滴海水之中，我们也能够感受到我国古典园林艺术的高深精湛与夺目光彩，能够学习到许多至今仍有实用价值的宝贵经验，它使我们更加深刻地认识到，重视整理历史遗产工作的重要性。"①《颐和园后山西区的园林原状及造景经验》是张锦秋研究生论文的一部分，

1983年6月参加滕王阁方案研讨会与老师莫宗江教授合影

莫宗江先生80寿辰时学院领导宣读张锦秋贺信

---

① 张锦秋：《颐和园后山西区的园林原状及造景经验》，《从传统走向未来——一个建筑师的探索》，中国建筑工业出版社，2016年，105页。

在结语部分她如此写道。从字里行间可以看出，不到三十岁的张锦秋，已经掌握了古建筑研究的基本方法，观念上与清华传统存在一致性，见出莫宗江对她的学术成长的影响。用她的话说，从莫先生那里得来的关于古建筑的系统知识，自己受用终生，能够成为他的弟子是一生的幸运和光荣。

老师的言传身教让学生收获满满，莫宗江的学生楼庆西也表达过这样的看法。他说，莫先生对学术孜孜以求，从不满足于已有的成就，直至80岁高龄以后，还在家中不断临摹古画，还向学生讲解古代山水画名家那种源于自然又高于自然的创作经验。莫先生不但自身要求严格，也同样要求学生具有严谨学风，评阅学生的作业和作品时经常说的是"微微地加一点""稍稍地减一点"，凭眼力可以觉察出学生在制图上一毫米的误差。无论是学生写的文章、画的图、拍的照片，莫先生很少当面夸奖，但正是这种从不满足已有成绩的精品意识使学生终身受益。①

20世纪80年代初，张锦秋还回到母校专程拜访莫先生，就唐代建筑问题向他请教。莫宗江仍然不厌其烦地向张锦秋讲解传授唐代建筑之要领，这对她在西安设计新唐风建筑是莫大的鼓励与支持。

1991年与老师莫宗江教授手术后在清华园合影

挤出时间探望莫先生，一段时间以来是张锦秋到北京的一项既定议程。1991年7月27日上午，她回清华看望莫先生。当时莫先生刚刚度过75岁生日，经历了一次手术。在清华大学校医院，莫宗江的精神状态不

---

① 楼庆西：《怀念良师莫宗江先生》，《建筑史论文集（第13辑）》，清华大学出版社，2000年，3页。

错,很想出去走走。张锦秋就陪伴他出外散步,并且愉快地摄影留念。最后一次见到莫先生是在1999年11月。他又一次手术后病危住在北大医院,周围的人都知道他的时间不多了。莫先生还是很精神地叫老伴取出他写的书稿详细提纲,很兴奋地告诉张锦秋,他还要写点什么、补充点什么。张锦秋忍着泪水劝他好好休息,等身体康复了再投入工作。这是最后的道别。1999年12月8日,张锦秋在西安获悉莫先生辞世而去。

2016年9月10日,清华大学建筑学院举行莫宗江先生诞辰100周年纪念会。张锦秋与会并发言。她说,莫先生在中国传统建筑方面的学术成就是清华大学建筑系的传家宝之一,他在研究和教学过程当中所发现的古典建筑营造法式与则例所体现的空间意识,以及求实的工匠精神、师傅带徒弟的教学模式等都是值得后人认真回顾、领会、学习并发扬光大的。[①]

"天趣清于水,风采静若兰。"莫宗江书房里悬挂着的这句联语,如今时时在张锦秋的脑海里浮现出来,让她感受到一种深沉的安静。

第三节 探路前行

一、在"国庆工程"中锤炼

在清华大学就读期间,张锦秋还有过一段不寻常的经历,那就是参与"国庆工程"。前几年,有人约请她围绕"建筑师的大学"这个

[①] 刘敏、陈迟:《愿封植兮永固 俾斯人兮不忘——中国古代建筑史学术研讨会暨莫宗江先生诞辰100周年纪念会综述》,《世界建筑》杂志2016年第10期,10页。

主题撰文。她的脑海里立马就想起这件事。因为在她看来，对于一个建筑师来说，没有什么比这段经历更"大学"的。

那是1958年，清华园要开工建设一个露天游泳池。这是由校团委发起组织的义务劳动工程，号召同学们自己动手，建设一个大游泳池，实现全校师生的长久愿望。张锦秋是《新清华》的记者，就被调去负责工地宣传工作，也就是宣传鼓动，发动大家都来参与，出把力。张锦秋每天忙于在劳动现场采写好人好事，通过广播组织劳动竞赛，播放愉悦劳动的音乐。收工时，大喇叭里就响起《莫斯科郊外的晚上》《山楂树》的悠扬乐声。干劲十足之际，张锦秋接到班上通知：立即回系里，参加"国庆工程"中国革命博物馆和历史博物馆方案设计。

作为学生，张锦秋当时对"国庆工程"的情况不太熟悉。后来才知道，为了迎接中华人民共和国成立10周年，国家决定在首都兴建十多个大工程，以中国建筑学会的名义向全国建筑界发出参加设计竞赛的邀请。全国各大设计院与五个知名大学的建筑系都踊跃参加。就中国革命博物馆和历史博物馆而言，是从1958年9月开始设计，10月底动工兴建。建筑学界对这项重大工程提出八十多种设计方案，经过几十次辩论会的热烈讨论，最后选择了北京市规划管理局设计院和清华大学合作的方案，同时吸取各方面的意见，进行补充和改进。

接到转移工作通知的第二天，张锦秋就来到位于"清华学堂"建筑系的中国革命、历史博物馆方案设计组报到。推开门，她被眼前那别开生面的场景所感动。一块比门板大

1958年在清华大学建筑系加工中国革命博物馆、历史博物馆方案图

得多的图板，被架到四五十厘米的高度，上面横裱着中国革命博物馆和历史博物馆的立面图，水彩渲染正在进行。班里的渲染高手刚用大板笔渲完了蓝天，接着就由两位同学用吹风机吹干，然后又开始下一遍渲染。工作紧张而有条不紊地进行着。夜晚时分，大比例的平、立、剖线条图已经完成，但还没有注字，要等人来写工整的仿宋体。这个任务就交给张锦秋这个刚入组的人。当晚，一整套的方案图就完成了。

不久设计组接到通知，由清华建筑系派出一个学生组成的设计团队，到北京市规划管理局设计院报到，在张开济总建筑师主持下开展施工图设计。张锦秋被分到这个团队。她说，自己有幸经历了设计生涯中的第一次洗礼。

张锦秋和同学一共十多个人，被安置到紧临博物馆基地的东郊民巷西头一个老使馆的后院进行现场设计。北京市设计院领导考虑很周到，把他们交给负责中国革命博物馆和历史博物馆的第二设计所进行统筹安排。建筑专业施工图基本上在现场进行，由所里一位主任建筑师黄工辅导。张锦秋听说这位黄工早前在上海的营造厂工作，施工图经验丰富。这是一个热情、负责的师长，操着一口上海普通话，对这些学生有问必答。另外，还专门请了两位建筑工程施工单位的放样师傅，辅导他们进行大样设计。通过放样，张锦秋才知道方案图上画的东西怎样才建得起来，还有画得挺美却为何做不出来。

张锦秋负责画基本图的一二层平面图。这个经历让她明白，方案图与施工图是有很大距离的。功能、流线、服务辅助设施，各专业的关系，直到每一个楼梯、门窗的尺寸定位等，都得考虑周到、交代清楚。当时，我国还没有相应的规范，特别对文物库的技术要求知之甚少。那时中国还没有现代博物馆的专家，于是就请来在苏联留学、工作过的画家罗工柳，给大家讲述他在苏联所了解到的博物馆、美术馆的情况。

完成平面基本图以后，张锦秋被分配进行陈列厅和休息廊的室内设计。墙面、地面相对简单，主要是顶棚和灯具设计。陈列厅内主要是要解决好风口和灯的关系。休息廊空间竖高，张锦秋设计了由荷花形灯罩组成的吊灯。为这套灯具,她还被派去参加了一场订货会议,向生产方交底。张锦秋说,这是自己第一次参与这种场面,心跳不已,怕人家不太重视自己的意见。哪知道,自己提出的要求人家一一接受,张锦秋深深感受到作为一名设计师的"权威"。

张锦秋和同学们的付出也得到了肯定。北京市规划管理局设计院博物馆设计组在对工程进行总结时说,这次设计是一个巨大的集体创作,是全国性的大协作。在设计过程中,举行了无数次的讨论会,讨论的内容从比较方案直到研究施工做法,包括设计工作的各方面与各阶段,参加这些不同内容会议的人员除了有关部门的首长,有建筑界与美术界的专家,还有青年同学,"其中许多同学们,不仅参加了做设计方案,而且还参加了做施工图",特别提及这些青年同学"干劲冲天"。[①]

张锦秋说,形容青年学生是"干劲冲天",一点也不夸张。大家在这个老使馆的辅助后院里,夜以继日地奋战,没有懈怠的想法。工人们提出了豪迈的口号:"晴天干得猛,雨天干得欢。小雨不停,大雨奋战,项项任务都提前,迎接建国十周年。"[②]施工一开始就展开了热火朝天的劳动竞赛,张锦秋和同学们身处其中,自然深受感染。

不过,有人还是提醒大家要根据自己的选择,进行必要的体育锻炼。于是,清晨,张锦秋走出东郊民巷,直抵天安门广场,沿着首都的中轴线跑步前进。这时的天安门广场非常肃静,天安门、人民英雄纪念碑都笼罩在一片淡紫色的晨曦之中,宛如一幅水彩渲染长卷。当初升的太阳把碑顶照亮时,晨练也就结束了。在张锦秋看来,这是一段充满诗意的时光,自己年轻的心似乎要从图板上跳出来,脑海中经常浮现出种种遐想:祖国欣欣向荣的前景、党和人民对青年的殷切期望、为祖国健康工作五十年……在这里,张锦秋对建筑师的职业、人

[①] 北京市规划管理局设计院博物馆设计组:《中国革命和中国历史博物馆》,《建筑学报》1959 年 Z1 期,33 页。

[②] 新华社讯:《中国革命博物馆和历史博物馆建成》,《光明日报》1959 年 9 月 20 日 1 版。

1959年春和中国革命博物馆、中国历史博物馆设计组同学在工地

生的价值有了全新的理解和认识。

现场设计刚结束,大家获悉,"国庆工程"以十个月的周期从设计到施工全部完成,创造了城建史上的"神话"。1959年8月的一个夜晚,国家为参与这一盛举的人们举行庆功宴。张锦秋团队全体受到邀请。黄昏时分,张锦秋和同伴被安排在博物馆边上的一个大工棚里。当时的主会场设在人民大会堂,广播喇叭里传来里边的盛况。大家相互举杯,开怀畅饮,欢聚一堂,沉浸在一片欢乐之中。

此时此刻,纵情欢乐是可以理解的。在他们的身旁,矗立着的建筑物高大、雄伟,意义非凡,"中国革命博物馆、中国历史博物馆,位于北京天安门广场东侧,是建国十周年的十大工程之一。南北长313米,东西长149米,建筑面积65252.05平方米,使用面积51634平方米。室外最高点为35米,中央大厅内净高为13.7米,陈列室净高为7米。陈列展览面积为23472平方米,参观路线长达二公里,可以同时容纳一万人参观。库房面积为6050平方米。它是我国第一座大型博

1976年毛主席纪念堂设计方案研讨会

馆，也是世界上有数的几个大博物馆之一。"①这些数据，显示出这个工程的广博与威严。而能参与其中，对于年轻的张锦秋来说，是一段值得骄傲和细细品味的时光。

"这样的经历不仅仅锤炼了我的身心，提升了我的爱国热情，甚至也为我后来的建筑设计奠定了基础：当西安开始陕西历史博物馆建设的时候，我就因为有参加革命历史博物馆的建设经验，而获得了机会，毫不胆怯。"②这段经历（包括后来参与毛主席纪念堂方案设计），对于张锦秋来说，是一笔厚重而持久的财富，是铺就建筑人生之路的一块重要基石。

二、廊子研究的启示

"1961年秋，于江南园林盘桓一月，感触颇多、受益匪浅。试以

---

① 李保国：《浅谈中国革命博物馆、中国历史博物馆的建筑》，《博物馆》杂志，1984年第1期，23页。
② 本社编：《建筑院士访谈录——张锦秋》，中国建筑工业出版社，2014年，51页。

廊为题小结心得体会,作为学习建筑遗产的第一个习题。"这是论文《廊与空间》的开篇,张锦秋写于1961年秋。

为何要对廊子加以精细分析和审视?张锦秋有自己的思考。她说,当人们在园林中漫步时,往往对多变的空间大有应接不暇之感,只有满眼丰富的具体印象却难以获得整体概念。这时如果打开全园总图,就像是临空俯瞰,建筑群体历历在目。这个时候就能发现,亭、台、楼、阁、厅、堂、榭、轩这些园林建筑都散点坐落在全园各处,它们显然是园林景色的控制点。也正因为它们都是散点式的布局,因而这些建筑之间并未形成完整的空间。这时,廊子的价值开始彰显出来。尽管是"配角",但廊子将建筑相连接,从而构成变化多端的空间组织。

"廊子像脉络似地把全园串联起来,成为有机的整体。同时,我们还会发现:苏州园林空间之所以生动,固然与个体建筑造型的多样化及位置的高低错落有关,但是由于那些个体建筑的体型比较简单,除亭子之外,大都呈矩形,有严整的轴线,因此建筑空间之所以能错落、多姿,相当程度地有赖于廊的运用。所以,想要具体分析苏州园林建筑空间的构图手法,从廊的分析入手不失为一个研究途径。"张锦秋写道。[1]

中国园林的构成丰富而立体,偏偏选择廊子作为研究对象,可以看出年轻的张锦秋拥有敏锐的观察力和洞悉力,拥有另辟蹊径的意识和能力,懂得从复杂的环境中寻找到重要支点,梳理出关键性元素,以独特的视角看待周遭世界。

那么,为何古代造园家在园林中要大量运用廊子呢?此中有何特别的原因?张锦秋试着进行了回答。她说,江南多雨,园林中主要交通线自然应该避雨,廊作为主要通道也具有引导游人观览的性质;园林要求"景多",空间就应该变化丰富。如果完全用房子来围合空间,一则不经济,再则园子有限的面积也不允许。而廊子结构简单经济,平面布

---

[1] 张锦秋:《廊和空间》,《从传统走向未来——一个建筑师的探索》,中国建筑工业出版社,2016年,6页。

置上有极大的灵活性；与用围墙分割空间相比较，廊子在艺术效果上有独特的优越性，廊子是"以空间分隔空间"，隔而不断，层次更丰富。

先是找准研究的对象，明确研究目的，再是自我设问，弄清楚研究对象的功能和价值，然后就是对研究对象进行全方位的审视和解剖，"叩其两端而竭焉"，以求掌握本质性特征。张锦秋有着清晰的研究思路。她通过对拙政园、留园、寄畅园等园林的实地观察，着手分析运用廊子创造园林意境有哪些具体的手法。

首先是廊子的虚和实问题。她说，空间的性格与气氛相当程度取决于其虚实的处理。而廊子的虚实变化是园林建筑空间掩映透漏的主要手段。有一个恰当的例子，就是留园自"古木交柯"至"清风池馆"一段长廊利用虚实掩映创造了独特的艺术效果：按一般概念，临水的廊子总是以开敞为佳，但留园的设计者在这游人初临山池的地方，大胆地将廊子用实墙封住，透过漏窗，园景依稀可见，那漏窗有如纱幕，使主题欲显而不露。窗外射进的阳光更增加了空间的幽秘色彩。

再是廊子的转折起伏问题。她写道，园林空间形态的变化常常有赖于廊子的转折。廊子每当转折处出现一个飞檐翼角，那是丰富空间轮廓的有利因素。这一次，她举的例子是拙政东园。这里的"见山楼"本是一幢四平八稳的建筑，但是由于北面是随山起伏的爬山廊，南面是顺水曲折的"柳荫路曲"，前山后水，面实背虚，两者交汇于"见山楼"，大有纵情挥洒之势，造就了苏州园林中动态最强烈的建筑空间。经过这么一分析，她不禁感慨道："看来转折无常的廊，原来竟有这等妙用！"[①]

还有就是廊子的尺度问题。她发现，尺度运用是苏州园林建筑处理手法上之精华所在，大有经验可循。廊子尺度的运用与空间的性格也颇有关系。僻静的院落多用尺度较小的廊子，而开朗的空间，檐高间阔。当廊子尺度缩小时，与之相匹配的建筑构件也随之缩小。她注

---

① 张锦秋：《廊和空间》，《从传统走向未来——一个建筑师的探索》，中国建筑工业出版社，2016年，10页。

意到，无锡的寄畅园里一个并不引人注目的小庭院，不但院小廊小，还特意在小院内用9厘米×17厘米的小砖铺地，使空间之尺度感觉合宜，匠心之巧实当学习。

最后是廊子与个体建筑的连接问题。她观察到，在苏州园林中，许多建筑空间之趣味，往往产生于廊子与个体建筑连接之处。这说明廊子与个体建筑的连接处是建筑处理的关键部位。比如说，拙政园"见山楼"与爬山廊和"柳荫路曲"的连接是很有味道的。设计者利用一廊滨水、一廊爬山的高差，将它们组合成双层桥廊通往"见山楼"而极富情趣。在关键部位着意处理，一则是为室内创景，一则是通过造景处理来烘托主体建筑，达到吸引游人的目的。

张锦秋以赏读、品鉴的方式，对廊子细细地看。分析完毕，她没有忘记综合。她说："分析对于研究是必不可少的，但是园林设计的要点全在于综合运用、巧妙结合，方能使空间变化无穷。"[1]秉持这样的思路和理念，张锦秋结合苏州留园，从大门经"古木交柯"到"绿荫"这一段落之中廊与空间的变化，谈了自己的看法。

"江南园林之中，廊是如此丰富多彩，变化多端，它不仅有联系交通、遮风避雨的实用功能，同时在构成园林空间与意境创造上，它联系分隔、穿针引线、铺垫衬托，对园林风景的展开和景观序列的层次，起着重要的组织作用，真可称为江南园林中最得力的'配角'。在近代和现代建筑中，廊越来越引起人们的重视，正在各类建筑中被广泛运用。我觉得在江南园林建筑遗产中，仅廊子这个小题目，就值得广为借鉴和深入发掘。"[2]在文末，张锦秋总结道。

这是一篇规整的文章，有问题意识，有现场的调查，有个性化的思考，有逻辑上的自洽，条分缕析，层次分明。张锦秋的文字，不是那种

---

[1] 张锦秋：《廊和空间》，《从传统走向未来——一个建筑师的探索》，中国建筑工业出版社，2016年，12页。

[2] 同上书，19页。

叠床架屋、佶屈聱牙的学术性话语，而是娓娓道来，融入了个人的性情，特别是文学描述的功底。"拙政西园'倒影楼'前的一抹浮廊，起伏委婉，掠波而过，复又飘起，使人联想水波荡漾的形态和节奏。"①这样的句子，是散文的笔调，还有诗意充盈其中。而且，文章配发了大量的建筑绘图，文字与绘图相得益彰，是对廊子的一份图文并茂、富有艺术气息的导览。

写作此文时的张锦秋，还是一个学生，时年25岁。

对廊子的研究，在张锦秋此后的建筑实践中产生了回响。2000年，她主持设计的曲江宾馆建成。这是一组园林化、现代化的公共建筑。廊子的运用，成为这个宾馆的一个显著特色和风格，"楼间有游廊连接，起组织交通和丰富景观的作用"。②

三、颐和园研究渐入佳境

在莫宗江的影响与带动下，尚在学校就读的张锦秋对颐和园潜心研究。

她先是对颐和园龙王庙这个重要风景点进行专项观察。为何要选择正对着万寿山的龙王庙作为研究对象？张锦秋找出明代宋彦《山行杂记》中的一句描述："步西堤右小龙王庙、坐门阑、望湖。湖修三倍于广，庙当其冲，得湖胜最全。"也就是说，因为龙王庙"得湖胜最全"，在清乾隆拓西湖为昆明湖时被保留在湖心，解剖这只"麻雀"，可以收获一些本真性的道理。

龙王庙这个岛屿在颐和园的整个格局中承担着什么样的角色？张锦秋分析，昆明湖上共有六处岛屿。龙王庙正对着万寿山，位于最大的湖面中心，地位格外显要，无论从山巅或湖上，自东堤或西堤，瞭望湖景都能看到这个小岛。所以，龙王庙具有"点景"的作用。不过，

---

① 张锦秋：《廊和空间》，《从传统走向未来——一个建筑师的探索》，中国建筑工业出版社，2016年，10页。

② 赵元超编著、金磊策划：《天地之间——张锦秋建筑思想集成研究》，中国建筑工业出版社，2016年，94页。

如果以为龙王庙只是个"点景",就把问题想简单了。

张锦秋从"丰富地貌、联系湖山,分割湖面、形成景区,尺度对比、扩大空间"三个角度,阐明龙王庙作为风景点在园中"成景"方面所起的作用。"成景"之外,还有"得景"。她说,龙王庙在颐和园也是一个"得景"丰富的观景点。因为它位于主要湖面的中心,能兼得四围景色,又有比较适中的视距,因而为得景提供了得天独厚的条件。她还分析出龙王庙这个岛屿在亭、桥、岛的具体处理上有更细致的经验,在布局上五个院子、五种形式、五种气氛,而且还不是为变化而变化,主要是更好地表现主题或结合功能着意加工。通过细致观察,她还发现龙王庙的环境设计也注重"借景",也就是除了内部本身要有景可看以外还很好地与周围外景相结合。并且总结出一条重要的经验:"成功的'借景'不只是使游人看到别处的景物,更重要的是使游人欣赏到完整美好的画面。这就要求造园者对景物的安排有所经营。'借景'的成败高低关键就在这里。"[1]也就是说,要有一个整体观。

就像精读书本一样,张锦秋在精读建筑。她试图以专业的眼光,发现建筑蕴藏着的秘密,看出此中的门道来。于是,她也寻找到了一些不成功的败笔。

"望蟾阁毁坏后在这里建造一层的涵虚堂,自然就与原来的设计构思不符了。从此,从湖上望去总觉得桥大岛小不甚协调。还有桥与岛的连接从立体上看也感到接头缺乏处理,显得脆弱。又如廊如亭的体量太大,近看时未免呆笨。这些都不能不说是亭、桥、岛组合处理中的败笔。"[2]说得很直接,也很不客气。

针对建筑布局上的不足,也是有话要说:"整个岛上毕竟还是由于建筑太多而失于拥塞。有的地方强作对称也显得不合情理。例如为

---

[1] 张锦秋:《颐和园风景点分析之一——龙王庙》,《建筑史论文集(第一辑)》,清华大学土建系建筑历史教研组编,清华大学印刷厂,1964年,87页。

[2] 同上书,79页。

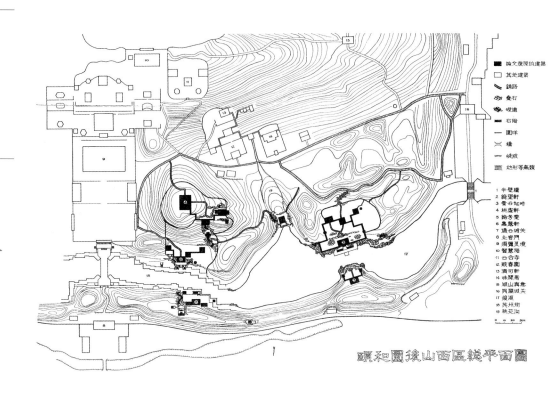

颐和园后山西区总平面图

颐和园绮望轩复原图三

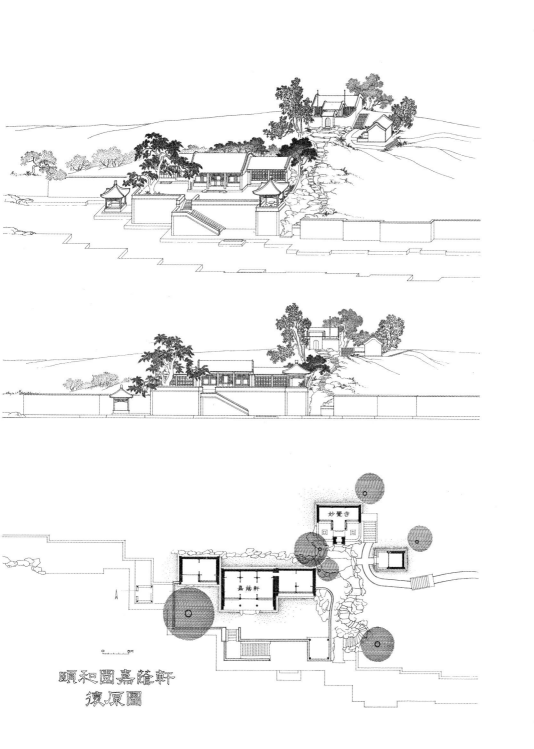

頤和園嘉蔭軒復原圖

第一章　出发的起点

a. 自绘芳堂仰望构虚轩

c. 建筑结合地形进而加强山势

b. 自后山中轴建筑上部俯视构虚轩

了在涵虚堂以南有一对陪衬的楼房，便在广润祠后面硬塞了一幢云香阁，使它与月波楼对称。实际上云香阁与广润祠的关系非常尴尬，难以使用。"① 这段话中，"强作""不合情理""硬塞""非常尴尬"，这些说法是很打眼的，令人"非常尴尬"。

对于建筑设计，28岁的张锦秋心中已经有了属于自己的度量衡。面对颐和园这个"园中之园"，她敢于说出自己的观点，将她认为的遗憾之处公开表达。可以说，专业主义精神在她的脑海里渐渐清晰。

颐和园是一本大书，一时半会儿是读不完的。

在莫宗江的要求和指导下，张锦秋对颐和园展开新的研究。这次，她关注的是颐和园的一个特殊的景区，也就是后山西区。

"那里溪流蜿蜒于山间，林木郁郁葱葱，山路迂回曲折，完全是一片自然风致。如果细心观察就会发现，在绿荫下、荒草中掩映着一组组残缺不全的建筑遗址。作为园林的一部分，后山西区的本来面目是怎样的？这个景区的造景技巧有无可资借鉴之处？它是否需要修复和怎样进行修复？"② 张锦秋要探个究竟。

根据现场踏勘测绘和历史文献的考证，绘制后山西区总图和五个风景点的复原图；在明确造园主导思想和规划意图的基础上，对这一景区的造园技巧作具体分析评价；按照保持原貌、适当改造的原则提出后山西区修复的初步方案。这个课题的初步研究分三步走。

《颐和园后山西区的园林原状及造景经验》是张锦秋研究生论文的一部分。翻读这篇文章，大致有这么几个印象。

张锦秋在文献搜集上是下了硬功夫的。她至少参考了《日下旧闻考》《清漪园后山图》《颐和园地形图》《万寿山后山买卖街添修点景

---

① 张锦秋：《颐和园风景点分析之一——龙王庙》，《建筑史论文集（第一辑）》，清华大学土建系建筑历史教研组编，清华大学印刷厂，1964年，82页。
② 张锦秋：《颐和园后山西区的园林原状及造景经验》，《从传统走向未来——一个建筑师的探索》，中国建筑工业出版社，2016年，36页。

房图》《颐和园内构虚轩全部图样》《清工程做法则例》《帝京景物略》等资料，从中爬梳出后山西区的历史风貌。

再一个，就是张锦秋总是以文学的眼光、艺术的视角来看待建筑遗产。她从园主乾隆皇帝留下的题咏后山西区的诗句，以及他对若干风景点的命名，来分析造园所追求的意境：或是搜寻陶渊明、王维的诗意，与谢朓的江上楼比美；或是以"华连舍卫城""如来影""理气机""神明镜"等辞藻给景物蒙上一层佛学和老庄的神秘色彩。这个区域的建筑题名，如"看云起时"是摘自王维诗句"行到水穷处，坐看云起时"。"停霭楼"则与陶渊明的"停云楼"相唱和。"金粟山""构虚轩""妙觉寺"显然是追求佛道"出世"的意境。

还有，批判的意识始终存在。她读出了优点和特色，也读出了此中存在的问题。她看后山西区的制高点"构虚轩"，发现这个建筑群在根据地形特征进行建筑选点、加强建筑的脉络联系、注意和远景的配合等方面显示了比较丰富的因山构筑的造景技巧。不过问题也是有的，"为了追求急剧的对比变化，袖岚书屋设在这样狭小的山洼里，不免显得过于局促"。① "嘉荫轩"共布置了七个建筑物，以数量而论是全景区之冠。这组建筑以减小尺度的办法，解决了地盘小、建筑多的矛盾，起到了尺度对比的作用。随之问题也来了，"这些过于狭小的建筑完全不能供人在其中休息，确是一个缺陷"。②

更为可喜的是，不到而立之年的张锦秋，对于古典园林的价值有了更为深邃的认知。通过对颐和园的细致观察和学理性研究，她发现，我国古典园林艺术，注重师法自然，创造具有自然风致的各种典型环境，通过环境造成的气氛感染人，通过山水、建筑的形象发人联想。

时光在飞逝，人类也在按照自然规律世代更迭，但大自然的万千景

---

① 张锦秋：《颐和园后山西区的园林原状及造景经验》，《从传统走向未来——一个建筑师的探索》，中国建筑工业出版社，2016年，89页。

② 同上书，92页。

色总是蕴含着取之不尽的内容。张锦秋写道:"各个不同的时代,都曾经在这些山川景色中搜索过,而且现在还在搜索着与这个时代的审美要求相适应的东西。各个时代曾经发现了,而且现在还在继续发现其间的新的方面。相同的自然景致对不同时代、不同世界观的人来说会有截然不同的联想;以表现自然山水为基本特征的中国古典园林创造的美好景色,在人民的世纪依然焕发着夺目光彩。"[1]一座好的建筑,总是给人以新的启发和感知,这是建筑的价值,也是建筑设计师的一项荣耀。

可以说,颐和园的一山一水、一房一瓦,张锦秋都用专业的目光凝聚过,也用温爱的目光抚摸过。年轻时研究颐和园的经历,在特定的时刻有着铿锵的回响,"我们看到大唐芙蓉园的辉煌,实际上是四十年前张锦秋院士的颐和园西山景区分析的习作。我们今天来看张锦秋的这篇硕士论文,它把西区的来龙去脉分析得一清二楚,对现场进行了完整的测绘,是研究颐和园西区的第一手资料。论文不仅有全面的照片资料,而且有她精美的手绘图纸,在没有现代化勘探设备的条件下,几乎全靠脚走出来。颐和园后山西区是张总的试验场和练兵场,为她对传统园林的体验和空间理论打下了坚实基础。她在图与实际的分析中更相信自己的真实眼光"[2]。

颐和园留下了张锦秋作为一个建筑新人迈向更广阔天空的坚实足印,也留下了一段与共和国领导人相遇的佳话。

研究颐和园,自然要在现场勘察、搜集数据。有一次,张锦秋和同伴到颐和园的后湖拍摄资料,由同伴稳住小船,她站在船上拿相机取景拍摄。这时一艘画舫驶来,周总理就坐在靠近她们俩的一侧,陪客人参观游览。两个年轻人欣喜若狂,连忙高喊:周总理好!周总理微笑应答,并和蔼地问道:你们是姐妹吗?张锦秋回答:不是的。周

---

[1] 张锦秋:《颐和园后山西区的园林原状及造景经验》,《从传统走向未来——一个建筑师的探索》,中国建筑工业出版社,2016年,103页。

[2] 赵元超编著、金磊策划:《天地之间——张锦秋建筑思想集成研究》,中国建筑工业出版社,2016年,215页。

总理再问：你们是哪里的？张锦秋回复是清华大学建筑系的研究生，正在研究颐和园后山。周总理说：好嘛，希望你们好好学习研究。

"那次偶然相遇，使我激动了好久好久。总理的游湖与鼓励增添了我学习研究的热情。没有想到的是，在二十余年后，我主持设计的陕西历史博物馆也是周总理要求建设的。实现总理的遗愿，这也是激励我做好这一项目的精神力量。"[①] 张锦秋说。

四、在"三线建设"一线成长

从1952年开始，清华大学建筑系力求建筑教学与中国建设实践紧密结合，推行六年制学制。1954年至1960年，张锦秋在清华大学读了6年本科。由于参加国庆工程，他们1961年毕业分配，张锦秋留校读研究生。当时国家下大力气培养研究生，目标明确，就是要培养师资和科研人员。按理说，张锦秋是要留校的，入职清华建筑历史教研组。但那不是一个"按理说"的年代。原本张锦秋是应该在1965年毕业分配，刚好毕业前一年赶上全国开展社会主义教育运动，研究生必须参加一期，所以1964年夏天就参加了"社教团"，去北京郊区的顺义县马圈公社了。"社教运动"接近尾声之际，恰是"文化大革命"的前夜。

直至1966年春，张锦秋才正式从清华大学建筑系毕业。工作如何安顿？即将落户哪里？这是人生道路的一个重要关口。

"从整个清华来讲，建筑系'应该'是'资本主义思想'最厉害的，而

1966年春清华大学建筑系研究生毕业

---

① 本社编：《建筑院士访谈录——张锦秋》，中国建筑工业出版社，2014年，46—47页。

建筑历史教研组更是'封资修'的'黑窝窝'——西方近现代建筑是资本主义的,苏维埃(苏联)建筑是'修正主义'的,中国古代、西方古代建筑是封建主义的,所以当时教研组不仅不能增加师资,还要裁减人员,这样,我就没有留在清华建筑历史教研组,而是分配到建工部的建研院历史所。"[1]张锦秋的人生之路又拐了一个弯。

哪知道,再过了一阵,建研院也成了"封资修"的"黑窝窝"。张锦秋的工作安排需要重新考虑。当时的"三线建设"急需人才,她就被派往陕西西安这个"三线建设"的重要基地。张锦秋的人生之路拐了一个大弯。

从1964年到1980年,根据党中央作出的战略决策,我国在西南、西北内陆地区进行了规模宏大的备战性质的经济建设,史称"三线建设"。从当时战略需要出发,根据战略位置不同,国家将全国各地区划分为一、二、三线。一线是指东北及沿海地区。三线地区是全国的战略大后方,包括四川、贵州、云南、陕西、甘肃、青海、宁夏的全部或大部分地区,河南、湖北、湖南、山西的西部地区,广东北部、广西西北部地区。二线则是位于一、三线之间的广大地区。可以说,"三线建设"适应了当时战备形势的迫切需要,"改善了国内工业布局,促进了三线地区乃至全国的经济建设,其显著的国防效益和经济效益是不可否认的;三线建设者们的无私奉献精神,也已熔铸成历史的丰碑而光照后人"。[2]

响应号召,听从安排,张锦秋挥别首都,奔赴西安,进驻西北设计院。她至今依然记得,到西安报到的日子是1962年2月28日。当时,主管人事的领导找她谈话,说从北京,还是清华大学来的搞科研的研究生,最好是安心做学问,看看书,写点东西,就到情报室继续搞科研吧,不要搞设计了。

---

[1] 本社编:《建筑院士访谈录——张锦秋》,中国建筑工业出版社,2014年,53页。
[2] 马英民:《当代中国建设史上的创举——三线建设》,《北京党史研究》杂志,1997年第1期,22页。

1965年8月旅游结婚在庐山

这又是一个路口。

张锦秋明白,这是院里照顾自己,但她有自己的主意。她就琢磨:既然到了设计院,自己是来参加"三线建设",就应该到生产一线,去设计所。她坦诚地表达了自己的意见。院领导也同意了。

"三线建设"有个总体原则,简称"山散隐",也就是工厂进山沟、分散布局、隐蔽起来。所以,不能让人看见工厂冒烟。当时所里领导给张锦秋布置任务,让她去把厂子里的烟囱跟山地地形结合起来,做一个放倒烟囱的设计。这成了张锦秋的第一个设计项目。

1965年,张锦秋和同班同学韩骥结婚。他们的孩子出生之际,"文化大革命"开始了。孩子刚满月,张锦秋就上班了,生怕落后。她天天读报,了解最新指示,紧跟形势,关注事态的最新进展,积极参加"大批判"。

不料,后院出事了。张锦秋远在上海的父亲被划为"反动学术权威",家也被抄了。抗战胜利以后,张竞成出任江苏省公路局局长,与国民政府时期在交通部公路总局任职的赵祖康有交情，他们是同学。1948年赵祖康到上海工作，就把张竞成调到了上海城建局。中华人民共和国成立以后，他们俩都是统战对象。张竞成是上海市政协委员，赵祖康长期担任上海市副市长。因为这层关系，还有之前的历史，加上技术人员出身，张竞成被定为上海城建口的"反动学术权威"，家也被抄了。之前张竞成患了癌症，经手术后在家养病。"文化大革命"爆发，红卫兵轮番来抄家，家就不成个样子了，聘用多年的保姆也被迫辞退了。当时，张锦秋在西安工作的兄长两口子，还有张锦秋两口子，只好轮流请假到上海，照顾他们的父亲。

这么来回奔波，不是长久之计。张锦秋就到上海有关部门反映情况，说子女都在外地工作，家里也没人，老人手术后需要人照顾，能不能允许请个保姆。这一下捅了马蜂窝。上海有人当即跟西北设计院联系，说这个叫张锦秋的，是"孝子贤孙"，竟然要为"反动学术权威"翻案。这真是个措手不及。张锦秋一直自认为"挺革命"的，一不小心就成了"孝子贤孙"。西安的一帮人马闻风而动，把张锦秋只有7平方米的家也抄了。幸好军代表及时给张锦秋解了围。

因为是"孝子贤孙"，张锦秋自然也不能参加"大批判"什么的，在政治上成了"逍遥派"。这么一来，空余时间也多了起来。张锦秋是个尊重时间、善于使用时间的人。她把《关中胜迹图志》认认真真看了一遍，还做了不少笔记。

《关中胜迹图志》刊行于乾隆四十一年（1776年），共三十卷，由清代出任过陕西巡抚、陕甘总督的毕沅编纂。有评价说，此书"以郡邑为经，以地理、名山、大川、古迹为纬，荟萃古今记载，订舛厘讹，使归画一"，将陕西的西安、同州、凤翔、汉中、延安、榆林、商州、乾州、邠州、兴安、鄜州、绥德十二州府的地理沿革、文物古迹等，进行了全面考察和记录，每个州府的重要名胜古迹都绘制有图。宋联奎等所作的校后《跋》评价说："书中叙述多本亲历，间有考证，率皆精审，沿革形势，一览了然……诸资实用，正不独为征求古迹渊薮也。"正因为编修者重视实地考察，故此书对研究陕西地方史志具有重要参考价值。①

精读这部陕西志书，张锦秋的想法是了解一下陕西的历史，毕竟自己要在这块土地上工作、生活。客观上，这也是一种有意识的准备，武装自己，形成蓄势，等待时运的变迁和机遇的垂青。

当"逍遥派"的日子没有多长时间，设计院的人员都被下放到西安附近庄里山沟的三线工地。男同志是混凝土工，搅拌混凝土，推混凝土车。张锦秋和其他女同志一道，当上了油漆工。钢屋架的厂房，油漆工都要上去刷油漆，她们就爬上屋架，照干不误，跟工地上的工人一样。

接下来的日子，张锦秋和同事被派到河南"三线建设"工地上，从事现场设计。地点具体来说，就在愚公移山故事提到的王屋山、太行山旁边，是一个大型军工制造厂，属于五机部系统，生产的都是常规武器。当时划分了好几个分部，张锦秋被安排在二分部，担任现场设计组组长。

多年后，回忆这段经历，张锦秋坦陈工程意义和价值已经不重要了，"对于个人来说，更多的是见世面"。

她说，过去在电影、戏剧等文艺作品里看到"逢山开路、遇水架桥"，总想象不出到底是一个什么样的场面。这一回，是见着真场面了，真正感受到了部队工程兵的气概。这个地方属于深山，很封闭，可以说是穷山恶水，老百姓没有见过汽车，见着了还以为是个大怪物。在这样的地方搞建设，难度可想而知。然而，山路也通了，大桥也架起来了，令张锦秋大开眼界，"逢山开路、遇水架桥"这么个说法也真正落地了。

其实，生活是很艰苦的。张锦秋住在农民家里，跟解放军一起吃食堂，工地没有木材就进山砍运。在太行山里，沿陡峭狭窄的羊肠小

---

① 高景明、袁玉生：《毕沅与陕西文物》，《文博》杂志，1992年第1期，47页。

道上山。到山顶时,看见已经有人把木头处理好了,从树桩子到树梢,枝枝杈杈都劈掉了。男男女女就排队过去,一人扛一根木头下山。张锦秋说,这是个"技术活",既要掂量木头的平衡,还要注意拐弯不要碰到旁边的树,而且脚底下还要防滑,咬着牙关,小心翼翼,才可以坚持下来。

走夜路也是一个考验。分部之间有时候要进行沟通交流,聊着聊着天就擦黑了。各分部都分散在各个山沟里,分部和分部之间相距好几里路。张锦秋说,当时倒是没有强盗、流氓,但可能有狼出没。一个女同志,走夜路总是令人不放心。别的分部的同志提出要送送她,张锦秋却不愿麻烦人家,也不甘示弱,就拒绝了。她操起手电筒就上路了。据说狼是怕光、怕灯的,碰见了拿手电晃一晃,就可以赶走。当时防狼也就这么一个法子。这般提心吊胆地摸黑走山路,次数多了,原本胆子就不小的张锦秋,发现自己更胆大了。

具体业务工作也是有的。张锦秋和同伴在那里设计车间、医院、住宅,另外还有干厕所,就是没有自来水的厕所。他们的设计就是要在没有水冲的条件下让厕所文明、方便一点。如宿舍是三四层楼,干厕所也要做到楼上,尽量让它不散发臭味。她和同伴挖空心思,做了很多这样的设计。特别是他们设计的医院标准不低,还很现代化。

"所有这些经历,在这个山沟里面的一切,在锻炼意志和心理的同时,也增长了见识和能力。对于我个人来说,这都是不

1971年春节全家游大雁塔

错的经历。"①张锦秋说道,在"三线建设"的一线,可以感知到什么是中国,什么是人民。

过了一阵子,张锦秋又被召回西安,接到参与设计援外工程的任务。这是令人高兴的事。因为当时的援外工程一般都是大型的公共建筑,讲究建筑艺术,而"文化大革命"期间,建筑设计是没有多少艺术性可言的。现在可以做点跟艺术沾边的事,张锦秋和同事的感觉是,终于学有所用了。

张锦秋一度参与了喀麦隆文化宫的方案设计。在那个年代,对于张锦秋而言,这是专业领域一次难得的智力投入和情感释放。只是,这样的机会还是太少。新的任务又下达了。院里委派张锦秋带领"知识青年"到农村锻炼,这是陕西省统一组织的。当时有不少"知识青年"已经到了农村,仅仅依靠农村干部来安排和管理,出了一些问题,需要有带队干部,从中协调和沟通。给西北设计院一个名额,而且希望是女干部。院里领导通过商议,觉得张锦秋比较合适。

于是,张锦秋的人生之路又多了一道辙。

张锦秋来到的是陕西省咸阳市三原县西阳公社农场。那是一个在盐碱滩上办的知青农场。当时知青的生活比较辛苦,他们不是插队到村子里,而是过集体生活,男同学住在窑洞式的宿舍里,女同学住在临时搭建的房子里。张锦秋跟女同学住在一起,跟大家同吃同住同劳动。大早上起床,简单吃点早餐,就下地干活,中午回来吃饭,饭后稍事休息,接着下地干活,直到太阳落山回来,真是"日出而作,日落而息"。这些青年学生,大多能唱会跳,经常组织一些活动,张锦秋就支持他们成立文工团,经常到县上参加演出。

不过,总体上说,他们还是有些迷茫,虽然表态说要扎根农村,但心里并不踏实,他们都是西安城里长大的孩子,无法真正习惯农村的生活。那时上海已经开始让"知青"学习文化课了,还出了一套适

---

① 本社编:《建筑院士访谈录——张锦秋》,中国建筑工业出版社,2014年,53页。

合他们的语文、数学学习丛书,很实用。张锦秋获知这个消息,回到西安,自己拿钱采购了大量适合知青的图书。当时爱人韩骥在市建委工作,张锦秋就请他设法借个小敞篷车把这些资料送到了农场。张锦秋组织他们复习功课,并跟大家说,业余时间不要荒废了,除了参加文工团排演节目,晚上还是要学习一点文化。

可惜的是,他们都有点野了,没有几个能沉下心来学习。张锦秋说自己很喜欢这些年轻人,其中有不少是聪明能干的好苗苗,可惜没有一个考上大学。不过,他们各自都有了属于自己的生活,有的还成为有声望的企业家。

"回想起来,这么一段经历还是很有意思的。这些经历对一个建筑师来说究竟意味着什么,我很难说,但有一点,它至少让我了解了陕西农村,了解了窑洞和窑洞生活,了解了陕西农民的生活习惯和生

1995年时工程院全体女院士合影

活方式，等等。总之，这是一段不平静的岁月。"①回首往事，张锦秋感慨道，自己这一代知识分子的人生之路，都是随着时代的波涛起伏不定。这条路上，不乏风雨交加，充满了磨砺和艰辛，甚至荆棘遍布、迷雾重重，最终还是闯过来了。再回头张望，那也是一道道风景，是成就自己人生的一块块基石、一段段路程。

---

① 本社编：《建筑院士访谈录——张锦秋》，中国建筑工业出版社，2014年，65页。

第二章
醒目的路标

"在西安，你想躲开张锦秋是不可能的。公共汽车跑了两站，犄角旮旯一拐弯就遇见了张锦秋和她的建筑，就像遇见秦砖汉瓦一样……"① 提出过"散文的特点为形散神不散"著名观点的文化学者肖云儒如是说。

张锦秋的建筑是亲切的，它们融入自然环境之中，融入人文环境之中，融入人们的日常生活之中。

张锦秋的建筑也是有力量的，它们犹如一盘棋局上的几个关键棋子，摆布在那里，于是大势已定，天高海阔。

张锦秋的建筑之路，是一段漫长而辉煌的路途。一路上，那些建筑犹如一个个坐标，相互照应，相互成全，勾勒出中华大地"诗意栖居"清晰的轮廓，以及一个人的创造力度与生命宽度。

第一节　20世纪70年代：准备期

20世纪70年代末，张锦秋真正开始建筑设计生涯。多年的建筑教育，对建筑的潜心领悟开始萌发。华清池大门、阿倍仲麻吕纪念碑是张锦秋的"牛刀小试"，却也试出了她的能力和功力。

一、朴素的启程：华清池大门

张锦秋在西安的第一件作品是华清池大门。

1972年，她带领知青在农村锻炼时，有一天骑自行车从村公所回农场，不小心被卡车撞了，膝盖受伤，她获假回西安休养。距离休假结束还有一个星期的时间，她所在的西北设计院接受了一个特别的

---

① 本社编：《建筑院士访谈录——张锦秋》，中国建筑工业出版社，2014年，182页。

临潼华清池大门

第二章 醒目的路标

任务。当时，西安的旅游事业已经有了起色。华清池是个热门景点，但是这里没有一个像样的大门，跟景区的热度不匹配。陕西省有关部门就给西北设计院派发任务，要求尽快拿出华清池大门的设计方案。

西北设计院让张锦秋来具体负责这个项目，理由是她在学校研究过古建筑，是个合适人选。但是张锦秋有顾虑。她观察当时的形势，动手设计华清池大门，可能就是埋下了一颗承受批判的种子。院方跟她说，这是革委会主任布置的任务，发展旅游也是革命的需要，有人要批判不是你的事，放手去干就是了。张锦秋决定一试。

华清池，位于西安市临潼区骊山北麓，北临渭水，风景秀美。从古至今，这里的温泉流量不盈不虚，水温不烫不凉，水质清澈纯净，因之成为历代帝王所青睐的风水宝地，已有着三千年的皇家园林史。华清池真正名噪天下、广为世人所知，则在盛唐时期。太宗铭碑、中宗斗诗、玄宗幸游……史书多有记载，坊间多有传说。唐明皇与杨贵妃的爱情故事，则是点睛之笔。①

张锦秋想，华清池是有厚重历史文化内涵的，这个景区的大门不应该是个普通的公园大门，而是有必要与景区的历史氛围相衔接、相统一。既然华清池的唐代印记最为突出，这个大门就应该有点唐代建筑的味道。但在学校时她并没有系统学过唐代建筑。她记得傅熹年先生发表过一篇关于唐代建筑的文章，赶紧找来学习，再综合运用自己所学所知，画了图纸，交了差，病假也到期限了，就回农场了。

这是张锦秋首次设计唐代风格的建筑。多年以后回望当初的这段经历，她坦言："无论设计的开始还是结束，既没有精彩的华章，也没有戏剧性突变，所有的事情就是在平常工作和生活之中顺理成章地进行。"② 不过，等大门建成，大家一看，感觉还不错，与华清池的名声相契合、相融洽。

这是一个朴素的开端，也是一个辉煌的起点。

二、远望、近观耐人寻味：阿倍仲麻吕纪念碑

1978年，冰冻渐渐消融，世界的东方重现出令人欣喜的曙光。

中国人的生活慢慢步入正轨，各条战线、各项工作都开始复苏。年届不惑的张锦秋远离挚爱的建筑行业已经有一段时间了，如今时代赋予的机遇悄然降临，她调动自己所有的知识储备和能力蕴藏，准备着释放积淀深厚的才华。

当年8月12日，《中华人民共和国和日本国和平友好条约》在北京签订，以法律形式确认了中日联合声明的各项原则，为中日关系树立重要里程碑。不少的日本游客来到西安，感受古都的风采。日本的一些城市也纷纷与西安建立友好城市关系。既然"友好"，就需要以某种特定的形式将关系的友好程度体现出来。日方就提出，在日本奈

---

① 张国中：《入陕散记》，《中国地名》杂志，2016年第10期，74—75页。
② 本社编：《建筑院士访谈录——张锦秋》，中国建筑工业出版社，2014年，67页。

阿倍仲麻吕纪念碑

良和中国西安各建一座阿倍仲麻吕纪念性建筑。在西安的设计任务，就落在了张锦秋的身上。

张锦秋欣然接受了这个项目。她开始着手研究谁是阿倍仲麻吕。

公元8世纪初，在东亚政治舞台上崛起的大唐帝国恰逢开元盛世，经济繁荣，文化昌盛，社会稳定。与此同时，生活在列岛之上的日本民族，刚刚全面效仿隋唐的典章制度，推行社会改革，实现了从奴隶制向封建制的历史跨越，文化滞后，百业待兴。向中国派遣留学生，全面吸收中国的先进文化，改变日本的落后状态，是当时日本的最佳选择。就在这样的历史关头，阿倍仲麻吕被派往中国学习。

公元716年，阿倍仲麻吕随第9次遣唐使团前往中国。当时他只有19岁，也有的学者说阿倍仲麻吕年仅16岁，但无论如何他还相当年轻。由于当时的航海技术相当落后，从日本至中国的旅程十分艰险，葬身大海的事时有发生。为了学习先进文化，摆脱愚昧和落后，年轻的阿倍仲麻吕义无反顾地走向浩瀚的大海，走向文明的彼岸。

经过半年左右的艰苦跋涉，阿倍仲麻吕终于随使团到达长安，入太学学习。在唐朝的教育中，大学设立国子学、太学和四门学三类学校。其中，太学主要学习经学。太学结业后，经过科举考试，可依次入选为秀才、进士和明经等，作为入仕任官的资格。而取得高等文官资格的考试只是进士和明经。进士的考试内容为论述国家大政方针的诗文，明经为经义教学之类，其中以进士最受重视。

在太学结业后，阿倍仲麻吕参加科举考试，顺利荣获进士称号。在学者如云、鸿才广集的大唐科举试场，作为一个外国人，能获这样的殊荣实属不易。天资聪颖是一个重要因素，勤奋、刻苦肯定是此中的主要原因。由于才学出众，阿倍仲麻吕颇得唐玄宗的赏识，中进士后被留在唐朝仕官，可以说他"功在中国，荣于日本"。他对中华传统文化，对唐朝的政治、经济、军事和典章制度，都有相当深入的研究。①

阿倍仲麻吕在唐前后50余年，历侍玄宗、肃宗、代宗三朝，并更为中文名"晁衡"。他屡任要职，功勋卓著，荣达公爵。凭借他的斡旋，唐玄宗破格将日本大使提高到各国大使的首席座次，他还首开外国学者任秘书监之先河，毕生致力于中日友好以及唐代图书事业的繁荣，终生留仕长安。

明白了阿倍仲麻吕是个什么样的人，张锦秋需要了解他在长安哪些地方留下过印迹。

通过翻查资料，张锦秋获知，阿倍仲麻吕在长安数十年，足迹遍及长安宫廷、街坊和名胜。纪念碑的选址到底定在何处？费了一番脑筋。项目组在大明宫、大慈恩寺和兴庆宫三个唐代古迹遗址中进行了细致考察，张锦秋力主选址在兴庆宫旧址。

阿倍仲麻吕主要活动在唐玄宗时期，深得玄宗器重。兴庆宫是玄宗理政、起居的主要宫廷，也是阿倍仲麻吕活动的重要场所。更重

---

① 王顺利：《阿倍仲麻吕的求学进取与怀国思乡》，《外国文学研究》杂志，1998年第3期，1—2页。

要的是，1958 年，西安市政府在兴庆宫旧址上建立了一座环境优美、具有浓郁民族色彩的文化休闲公园。在这里建立纪念性建筑，在进一步丰富公园景观的同时，也便于参观、瞻仰、管理和维护。

纪念建筑的具体位置确定在兴庆公园长庆轩、曲桥湖以南，公园干道南侧的草坪上。为了突出纪念性建筑，张锦秋提议对南面原有的地形进行必要的改造，以不多的土方堆山，使山形略呈环抱之势。在作为背景的土山上遍植以松柏为主的常绿树，在纪念建筑四周栽培象征中日友好的、花色明快的樱花和海棠等，使整个环境笼罩在亲切明朗的怀念气氛之中。

张锦秋深知，纪念建筑的形式是由它所纪念的内容和它所处的环境来确定的。通过反复考察和研究，她认定，这个纪念性建筑的形象，应该区别于烈士纪念碑那种雄伟、肃穆的气氛，而趋向于更为亲切、明朗的风貌；在建筑风格上，应该较多地体现传统特色和艺术手法；在体量上，要注意与四周园林空间环境相协调，不宜过于高大，而应溶融在园林景色之中。

还有一个因素需要着重考虑。这座纪念性建筑是与日本奈良市的纪念碑同时兴建的，在规格上有必要与日方的大体相当，形成呼应。张锦秋提出的方案是一个纪念柱式的石造建筑，高 5.36 米，取材我国传统的碑顶、碑身、碑座三段划分，造型也是有来历的，直接脱胎于我国建筑史上有名的南北朝义慈惠柱和唐代石灯幢。

"这种形式的纪念性建筑多见于阿倍仲麻吕所处时代前后。在塔、幢、柱、表、牌坊等多种传统的纪念建筑中，这种纪念柱造型简洁、挺拔又颇具特色。而石灯幢在唐代传至日本后，千百年来已成为日本人民喜闻乐见的一种建筑形式。因此借鉴这种形式，推陈出新，作为中日人民友好使者的纪念碑有其特殊的意义。"[①] 张锦秋说。

[①] 张锦秋：《西安阿倍仲麻吕纪念碑》，《从传统走向未来——一个建筑师的探索》，中国建筑工业出版社，2016 年，138 页。

为了提供表达纪念主题的碑刻以足够的、完整的碑面，张锦秋将柱身设计成正方形。把柱身从直线收分改成传统柱子的"卷杀"做法，并在四角由下而上进行了逐渐扩大的抹角处理，以使柱身造型更趋柔和优美。

为了与正方形柱身相呼应，结顶采用了四角攒尖的形式，屋面则简化成光面，而不做瓦垄、瓦当。更重要的是，把挑檐下不利于表达具体思想内容的石屋四壁设计为体现中日友好的浮雕花饰。在柱础外设计了一圈矮的石栏，并使纪念柱

看望阿倍仲麻吕纪念碑

坐落在围有坐凳的方台上，将纪念建筑的基地标高比四围的草坪提高50厘米，从而加强了建筑物的纪念性。

阿倍仲麻吕纪念碑借助于碑刻、浮雕等手段来表达特定的思想内容。纪念柱顶部四侧是体现中日友好的樱花、梅花浮雕。柱础采用了有鲜明唐代风格的莲瓣雕饰，石栏板上则是日本遣唐使船的浮雕。柱身正面是"阿倍仲麻吕纪念碑"几个苍劲的大字。背面是介绍阿倍仲麻吕事迹的魏体碑文。左右两侧以潇洒的舒体书写着两首诗。一首是阿倍仲麻吕的《望乡诗》："仰首望长天，神驰奈良边；三笠山顶上，想又皎月圆。"还有一首是李白的《哭晁卿衡》："日本晁卿辞帝都，征帆一片绕蓬壶。明月不归沉碧海，白云愁色满苍梧。"

不管是建筑形式，还是细部处理，阿倍仲麻吕纪念碑都实现了"远望之有优美的传统造型，近观之有耐人寻味的诗文碑刻与细部雕饰"的目标追求，这是在现代小型纪念性建筑设计上的一次古为今

用、推陈出新的尝试。①

与张锦秋的那些大手笔相比，阿倍仲麻吕纪念碑是她作品中最小的一个。但就是这个小制作，却彰显了她的建筑理念与设计思想，"作品强调心灵上的沟通与交融，使人感到余味无穷。创作不仅涉及相地选址、建筑设计，还涉及雕塑艺术、文学诗词、环境塑造。这是她的一个完整的建筑实践，从这个建筑小品中我们能够看到她认真严谨的态度和理性的设计方法"。②

第二节　20世纪八九十年代：爆发期

改革开放大幕徐徐拉开，张锦秋有了用武之地。"天时、地利、人和"，她握在手掌心。以陕西历史博物馆为标志，20世纪八九十年代，张锦秋的建筑创作进入爆发期。她的才华得以挥洒，她的抱负得以抒发，她的风格得以彰显，她的作品镌刻在西安的历史画卷上。

一、"高艺术、深友情"：青龙寺空海纪念碑院

西安的青龙寺遗址，对青龙寺的历史沿革有简略的介绍：青龙寺始建于隋开皇二年（582年），原名灵感寺，唐武德四年（621年）寺废。唐龙朔二年（662年）复立为观音寺。景云二年（711年）改名青龙寺。会昌五年（845年）禁佛时寺废，次年改为护国寺。大中九年（855年），

---

① 张锦秋：《西安阿倍仲麻吕纪念碑》，《从传统走向未来——一个建筑师的探索》，中国建筑工业出版社，2016年，141页。
② 赵元超编著、金磊策划：《天地之间——张锦秋建筑思想集成研究》，中国建筑工业出版社，2016年，63页。

近处为空海纪念碑院

又恢复为青龙寺。北宋元祐元年（1086年）以后，寺院渐废，地面建筑无存。1963年，中国社科院考古研究所西安唐城考古队对青龙寺遗址进行了调查。1973年至1980年，又先后探得并发掘了北门遗址、东院遗址、塔院遗址、墙址等八处遗址。1996年，青龙寺遗址与隋大兴、唐长安城遗址一起被国务院公布为第四批全国重点文物保护单位。

空海是日本四国香川县人，公元804年随遣唐使来中国留学，曾经在唐长安青龙寺拜密宗大师惠果为师，并潜心钻研中国的史籍、文学、书法、天文、医学等，造诣颇高。学成返回日本，成为开创"东密"的大师。他依据中国的草书，创造了日本的平假名文字，并开创了日本平民教育。

空海是日中文化交流的先驱，其丰功伟业一直为中日两国人民所称道。20世纪70年代末，应日本的请求，西安市政府决定启动青龙寺规划，并修建空海纪念碑。整个工程包括纪念碑、接待厅、门房、环廊和庭院，占地6760平方米，建筑面积422平方米。工程由西安市协助建立空海纪念碑委员会主持。纪念碑单体设计由日本著名建筑师

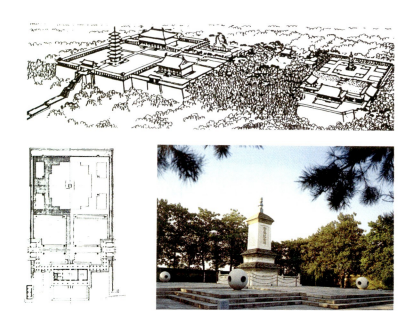

青龙寺复原规划与空海纪念碑院

山本忠司负责,总体规划和整个碑院及其建筑由张锦秋负责设计。

青龙寺已经是荡然无存,张锦秋只好到古籍资料中寻找蛛丝马迹。"寺好因岗势,登临值夕阳。青山当佛阁,红叶满僧廊。竹色连平地,虫声在上方。最怜东面静,为近楚城墙。"从唐代诗人朱庆余的这首《题青龙寺》,张锦秋读出了青龙寺踞高塬、近城墙的环境特色。

而青龙寺所在的乐游塬,早在秦汉时代就是游览胜地,到隋唐时期更与曲江池、慈恩寺等连成一体,成为长安最富吸引力的游览场所。古塬地势高爽,极目终南,俯瞰城垣,多少文人墨客在这里吟诵出千古名句。

"独上乐游园,四望天日曛。东北何霭霭,宫阙入烟云。爱此高处立,忽如遗垢氛。耳目暂清旷,怀抱郁不伸。下视十二街,绿树间红尘。车马徒满眼,不见心所亲。孔生死洛阳,元九谪荆门。可怜南北路,高盖者何人。"白居易的这首《登乐游园望》,张锦秋颇为重视,认为这首诗生动地勾勒出登塬俯视唐长安的鸟瞰图画。

这是要在古塬上、古寺遗址旁边修建纪念古人的建筑,人文环境

从北向南看空海纪念碑院

的限定，项目主题本身的限定，都意味着建筑要有"古意"，要在规划设计的构思上保持历史的连续性，要贯彻保护与发展相结合的原则，保护古寺历史遗址，保持古塬的历史风貌，充分发挥环境的历史特色。首先要确定纪念碑院的选点。从考古发掘资料得知，青龙寺主院在寺址西部。该院以山门、方塔、大殿为主轴。主院之东，为以二殿为中心的又一院落。主院的北墙即寺院北墙之一部分。二殿东北在寺院北墙上还有一处北门遗址。

经过比较，张锦秋将青龙寺空海纪念碑工程选点在青龙寺址的东部，距主院140米的高地上。因为这片地下没有建筑遗址，同时也因为这个地段居青龙寺址东端，可以相对独立以保持纪念性建筑的肃穆环境，地势高爽、视野开阔，有利于成景得景。规划在青龙寺有遗址的院落与空海纪念碑院之间以北门为中轴，布置了一片寺庙园林，使其起到既分隔又联系的作用，有利于保持原寺遗址区与新建碑院区各自的气氛。

张锦秋拟定青龙寺纪念碑院工程的设计纲要：建筑的格局要考虑到乐游塬风景区开发之后这组建筑在总体上的主从地位，要从总体入手，相地立基，力求得体合宜；在环境设计和视觉设计中，再现古代诗词中所描述的登临情景，因塬就势，成景得景，引起人们的联想；考虑这组纪念性建筑所在环境及纪念的人物，建筑形式着意仿唐，力求法式严谨，古朴有据。

新的设计是要有依据的，是要找到支撑的。我国现存唐代木结构建筑山西五台山佛光寺、南禅寺两座大殿，梁思成以日本唐招提寺金堂为蓝本设计的扬州鉴真纪念堂，西安大雁塔门楣石刻和敦煌壁画上丰富的唐代建筑，这些都为张锦秋的设计提供了思路和参照。

经过多方考虑，在进行施工图设计时，张锦秋最终选择了规模相当的南禅寺大殿为蓝本，建筑立面处理，采用了唐代建筑惯用的特色手段，如鸱尾、直棂窗、地栿和串木、梭柱、柱身侧角和生起等，同时，"在设计中着重把握唐代建筑斗栱雄大、出檐深远、装修质朴、曲线舒展的基本特征"。①以南禅寺大殿材契关系为依据，张锦秋推算出各种构件的规格比例，从而使这组建筑统一协调、唐风纯正。

"事实证明，对于历史风景名胜地区的新建项目，在方案阶段对其环境的探讨研究是十分必要的，看来好像把功夫下在设计本题之外，实则保证了设计扎根于环境之中，收到得体合宜的效果。"②张锦秋说。

张锦秋力求让自己设计的建筑有来历、有渊源。青龙寺空海纪念碑院在乐游塬的一个坡地上。南部是陡峭的土坎，直下10米左右。土坎以上向北地势渐高，相差约3.5米，形成一个高地。作为此项工程主体的空海纪念碑就布置在这个高地之上。而由接待厅、东西门、回廊组成的三合院，则布置在纪念碑南侧。这样就形成了接待厅高踞土坎而低于纪念碑的竖向布局。当从接待厅向院内观赏时，中轴线的踏步拾级而上，蓝天衬托着汉白玉的纪念碑，造成了庄严肃穆的纪念气氛；返身步出厅堂，踞高眺望豁然开朗，大雁塔影、终南云霭尽收眼底。接待厅院

---

① 张锦秋：《江山胜迹在 溯源意自长——青龙寺仿唐建筑设计札记》，《从传统走向未来——一个建筑师的探索》，中国建筑工业出版社，2016年，150—152页。

② 同上书，147页。

张锦秋手绘栏板设计图

内外，视线一俯一仰，视景一近一远，视野一收一放，形成强烈对比。

造成这些效果的关键在于厅堂的布局。到底如何布局？张锦秋记起《园冶》中有这样一段论述："凡园圃立基，定厅堂为主，先乎取景，妙在朝南。"于是，青龙寺接待厅的设计遵从了这条要领。

张锦秋在大学就读期间对古典园林情有独钟，如今"英雄有了用武之地"。由于空海纪念碑布置在高地上，站在碑坛之上又是居高临下的形势。视线越过屋脊、廊顶、墙头，远借雁塔影，悠然见南山。从平面图上看似乎是被封闭在院墙之内，而实际上借助于地形的高差，扩大了视野。

张锦秋说，像这种因山就势利用地形，前低后高布置院落而收到得景效果的手法，在我国传统园林建筑中被广泛运用。比如，扬州平山堂之所以堂与山平，颐和园排云殿前之所以会眺望到波光云影，都是这个道理。因塬就势不仅可以得景，同时也收到很好的成景效果。

1982年暮春时节，青龙寺空海纪念碑院工程在古城西安南郊的乐游塬上落成。在落成典礼上，中日各界人士对这项工程给予好评。日本建筑师山本忠司激动挥毫，写下六个字："高艺术、深友情"。

青龙寺空海纪念碑院的门、碑、院都属于建筑小品，"三个不同的体裁，使张锦秋院士结合工程实践对长安城、唐代建筑文化有了深入、细致的理解，也初步形成了她的设计态度、设计方法，为下一阶段的创作完成了理论和实践的积累"。[①]

二、一次完美绽放：陕西历史博物馆

陕西历史博物馆（简称陕博）是一项国家工程。《国民经济和社会发展第七个五年计划》明确规定，要重点建设陕西历史博物馆和抗日战争纪念馆。

工程于1986年夏破土动工，1991年6月竣工落成，共计投资1.44

[①] 赵元超编著、金磊策划：《天地之间——张锦秋建筑思想集成研究》，中国建筑工业出版社，2016年，63页。

张锦秋手绘陕西历史博物馆方案渲染图

亿元,馆区建筑面积45800平方米,另有生活福利建筑9800平方米。文物收藏设计容量30万件。张锦秋主持了这一建设项目的前期考察、可行性研究和从方案到施工图的设计工作。

这么一个国家重点工程规模的确定,如何做到既科学又合理,是张锦秋在可行性研究中首要考虑的问题。当时我国还没有颁布博物馆的各种定额指标和相应的计算方法,张锦秋只能在国内外博物馆经验数据的基础上,综合陕西历史博物馆的使用要求,提出若干基本参数作为设计的依据,同时在设计的不同阶段再按照实际情况予以调整。

确定了建筑的规模,张锦秋考虑的另一个问题是整体布局。

陕西历史博物馆馆址在西安市小寨东路翠华路口69360平方米的场地上。张锦秋经过细致考察,认为"其优点是用地方整、四周有路、位于城市干道的交叉口,距市中心较近,交通方便。同时这里距

陕西历史博物馆全景

大雁塔曲江风景旅游区仅 1 千米左右,在城市旅游路线上,与大雁塔有较好的通视线;特别因为这块地上无搬迁任务,近旁的干道有城市管网设施,便于工程上马。但其不利之处是用地略感局促,发展余地不大。作为大型公共建筑近旁还缺少公共广场或公用绿地"。[1]

陕西历史博物馆的建筑方案设计,是以国家下达的设计任务书为依据的。任务书明确要求"陕西历史博物馆应具有浓厚民族传统和地方特色,并成为陕西悠久历史和灿烂文化的象征"。张锦秋认为最困难的是如何体现"象征"二字。

"陕西历史博物馆是古都西安的标志性建筑,同时也是陕西地区各类历史博物馆系列中的'龙头'。兴建这座文化建筑,不但应

---

[1] 张锦秋:《陕西历史博物馆设计》,《建筑学报》,1991 年第 9 期。

功能合理，设施先进，而且要注重建筑作为文化传播媒介的精神功能。"①张锦秋这般阐述自己对这个建筑的理解与认识。

初期西北建筑设计院拿出了 12 个方案，从中选优，包括各种风格的集中式和院落式两大类型。经过两次国内专家评议，一次国外专家咨询，意见都倾向于选择张锦秋提出的布局相对集中与院落式相结合并具中国传统宫殿特色的方案。

有的专家认为，我国历代都城都是以宫殿为中心经营城市。西安是一座历史古都，以宫殿作为象征比较确切。

有的专家认为，陕西历史博物馆是国家级博物馆，所收藏的珍贵文物都是国之瑰宝。陕西历史博物馆本来就是一座文化殿堂，采用宫殿式十分得体。

也有的专家说，西安虽然是千年古都，但是战乱中宫殿全都荡然无存，如果陕西历史博物馆设计反映传统宫殿之精华，无疑将为古都增色添彩，能更好地发挥建筑的精神功能。

由联合国教科文组织邀请前来咨询的专家是加拿大国家博物馆设计人、现代建筑专家，他也十分赞赏这个宫殿式的方案。总之，以宫殿形象作为陕西悠久历史和灿烂文化的象征就这样确定下来了。

张锦秋对宫殿式方案是喜忧参半。因为，她深知传统的宫殿建筑对于现代生活是一种好看而不好用的形式。打开中国近代建筑史，从 20 世纪 30 年代到当时，大型公共建筑运用民族形式公认成功的几座，如广州中山纪念堂、北京民族文化宫、中央美术馆，都是回避了宫殿的建筑形象，而采用楼阁式的造型。

宫殿式究竟难在哪里？张锦秋的解读是，难就难在中国的宫殿建筑是一种大规划的水平展开的群体组合艺术。它那庄严的造型、宏伟的气势都是通过院院相属的空间序列展现出来。这种平面格局用在现

---

① 张锦秋：《陕西历史博物馆设计》，《从传统走向未来——一个建筑师的探索》，中国建筑工业出版社，2016 年，220 页。

陕西历史博物馆内庭院

代城市型建筑上,很难符合功能及技术的要求。

"如果我们进一步研究中国的宫殿,解析它的空间布局时,会发现宫殿本身就是典型的宇宙象征主义的代表作。请看北京的紫禁城,它位于城市东西、南北的交叉轴的中心。都城的中心是皇城,皇城的中心是宫城,宫城的中心是太和殿。太和殿的中心又有着象征宇宙中心的须弥山,其上有须弥座。它的九层台阶象征着九重天。这个人间天上的中心也称'太极'。古代的建筑师用尽一切可能来完成这一象征宇宙的设计。此外,唐代麟德殿和明清紫禁城都有四隅崇楼的运用。崇楼,顾名思义,就是体量高大的楼阁,它是宫殿院落四角独有的建筑。它们从四隅与主体取得呼应,体现了宫殿对八个方位的辐射控制。反观宫殿那中央殿堂、四门四楼布局的空间环境所形成的气势,隐喻着千百年来潜入中国人空间意识之中的宇宙感。深入研究传统宫殿,使我们的认识'超以象外,得于寰中',把握了中国传统宫殿空间构图的真谛。我们终于决定走相对集中、院落布局的路子。"[1] 张锦秋说。

---

[1] 张锦秋:《形式与实质感觉与理性——陕西历史博物馆建筑创作的体会》,《从传统走向未来——一个建筑师的探索》,中国建筑工业出版社,2016年,273—274页。

由此，张锦秋决定在空间构图上采用"中轴对称、主从有序、中央殿堂、四隅崇楼"的章法。而实践表明"太极中央、四面八方"的布局，的确显示出气势恢宏的效果。

陕西历史博物馆设计成功的关键在于将这种具有象征意义的格局与一座现代化博物馆的功能布局有机融合。她按照建筑的基本功能分为前后两大部分。前部是对观众开放，直接为观众服务的区域，可谓博物馆的"前台"。后部是收藏文物及工作人员工作场所，可谓"后台"。

"前台"由包括基本陈列、专题陈列和临时陈列的陈列区和各类公共服务设施所构成。"这部分设计合理的一个重要标志是使观众流线活而不乱。为此将全部对公众开放的设施围绕主庭布置，以空廊相连。进入陈列区的三个入口分设在庭院北面，在布局上为观众提供的选择参观的自由度较大。从南大门入馆后可通过庭院或连廊直接进入三者中任一部分。"[1]张锦秋这般阐述自己的设计思路。

在她看来，文物库及文物前处理所构成的库区是博物馆的心脏，是"后台"中最直接邻近"前台"的部分，被布置在陈列厅与其他业务用房之间。

"后台"的第二部分是名目众多的业务用房，其中主要有陈列工作室、历史研究室、电子计算机房、中央控制室、情报数据室等。除情报资料室单独布置在东北角楼外，其他均集中设置在紧贴库区的多层办公楼内。文物保护实验室业务开展有相对独立性，故使其自成一栋三层小楼，作为主馆后楼置于北部。它与主馆的业务办公部分出入口分开设置，各不相扰。

"后台"的第三部分是行政办公用房。因工作性质与业务办公不同，单独设置在西北角楼。它与东北角楼一样均有连廊与业务办公部分相通。第四部分是设备用房，设置在主馆中部的半地下室中。该区设有单独的出入口，便于维修管理。

在设计过程中，张锦秋特别注重建筑的定性与定形的问题。她

---

[1] 张锦秋：《陕西历史博物馆设计》，《建筑学报》，1991年第9期。

说:"我国传统建筑有一套相地立基、选形定制的做法,即在明确了一个建筑的性质及其在环境中的作用与地位后再相应地确定其规格、形制与形式。这在保证环境与建筑以及建筑与建筑的整体性方面是一条行之有效的经验。在陕博方案构思时考虑到这座博物馆主要功能是保存和展现陕西史前文化的丰富遗存和我国封建社会从发生至鼎盛时期的珍贵文物,博物馆所在的城市西安又是这段历史时期十一个朝代的国都。作为这样悠久历史和灿烂文化的象征,建筑的形制规格必须是高档次、高层次的,用传统建筑的术语来说,应是'大式'决不能采用'小式'。从而明确这座博物馆建筑有如陕西历史文化的殿堂,应具有宏伟、庄重、质朴、宁静的格调。"[①]

张锦秋还意识到,历来中国人生活在有庭院的建筑环境之中,宫殿、庙宇、住宅、作坊无一例外。院落式的建筑空间组合与人们需求院落的生活方式是密不可分的。

"考虑到要使陕西博物馆不仅成为一个纯功能性的展览房屋,同时还要使这里成为一个人民群众喜闻乐见的文化休息场所,所以采取了室内外空间穿插结合的布局。全馆组织了七个大小不同的内院,其中三个是联系展厅与公共服务设施的半开敞式庭院,四个是被展厅环绕的封闭式小院。后者小而单纯,仅是供展厅中的观众稍为休息视力的空间;前者空廊环绕,绿化繁茂,无异于一个无顶的大厅,起到了联系展厅与各公共服务设施的作用,是观众休息活动的空间,在这里休息较为符合中国人的生活方式与审美意趣。"[②]张锦秋说。

她认为,从具体的城市环境出发进行建筑设计方案的构思,现在已经成为当代建筑师的共识。建筑大师贝聿铭在北京香山饭店的设计中追求中国园林建筑的风格。建筑大师文丘里在伦敦国家书廊的新馆设计中结合文艺复兴建筑的形象,被国际建筑界传为美谈而且给予殊

---

① 张锦秋:《陕西历史博物馆设计》,《建筑学报》,1991年第9期。
② 同上。

荣。国际上的建筑师更加注重城市在历史上已经形成的环境。新建筑重视这种历史的存在，能把自身恰当地结合在此文脉中，而又非简单的模仿照抄。这些国外现代建筑发展的趋势，从另一个侧面证明了陕西历史博物馆设计思想和设计实践与现代建筑健康发展的潮流相一致。这可能就是陕西历史博物馆被誉为世界一流博物馆的一个原因。

陕西历史博物馆东南部设有无字碑的小庭院

张锦秋还以"突出主景、聚形展势"八字来表达陕西历史博物馆的设计感受。她说，在建筑总体布局确定之后，必须在每一个建筑单体的形象上认真推敲。"中央殿堂"按照唐代的传统是庑殿式屋顶，这是等极最高的形式。南北两门在群体的中轴线上亦采用庑殿顶。四角崇楼造型为了与主体有较大的对比和动势，选用了攒尖顶。沿陕西历史博物馆建筑外围一路观赏，会发现攒尖顶与庑殿顶有规律地交错穿插，既有强烈的动势又保持了均衡。周围大小各屋顶像小山一样簇拥着中央的庑殿，确有"众山拱伏，主山始尊；群峰盘互，祖峰乃厚"的气势。此外，还抓住飞檐翼角这个极为神采飞扬的造型元素，在各个建筑的转角部分反复运用，使整组建筑加强了生气盎然的整体性。

"陕博主庭院没有追求传统宫殿主庭那种威严肃穆的气势，而是用有坐凳的回廊围绕主庭，院中绿化繁茂，点缀以雕刻小品。主庭院东南角和西南角两腋各组织了一个小跨院，小院中精植花木，在回廊的分隔和绿树掩映之下，人们感到主庭院的空间延伸流动，宁静而开朗。这里深得群众喜爱，是一处具有传统风格的开敞的共享空间。这部分由于运用了民居、园林的手法，建筑的尺度比较宜人，也增加了亲切的文化气息。实践告诉我们，一组大建筑即使在宏观上气势恢宏，通过局部处理，环境仍然可以是亲切宜人的。这也是我国建筑的一个好传统。"[1]张锦秋说。

陕西历史博物馆共有九个单体形象，如何达到多样统一，在布局上靠的是轴线对称、主从有序，在建筑色彩上突出一个统调。张锦秋还运用了一个重要手段，那就是模数。她吸取传统建筑材分制度的精神，给陕西历史博物馆建立了一套模数，从而有效地控制了各类建筑的比例尺度。从建成后的实际效果看，建筑具有一种统一的韵律感。古代的营造法式和则例，在具体的做法、数字上已不适用于现代结构，但它的理性设计精神和思考方法在今天仍有实际意义。

"墨雅于彩，素色为上"是张锦秋在陕西历史博物馆设计过程中的另一个追求。她说，陕博建筑为白色面砖墙面，汉白玉栏板，浅灰色花岗石勒脚、台阶、柱子、石灯，浅灰色喷砂飞檐斗栱，深灰色琉璃瓦。与灰白色基调微有对比的是古铜色铝合金门窗、茶色玻璃。全部色彩未超出白、灰、茶三色。在四周绿化的衬托下，整个建筑庄重、典雅、宁静，并有石造建筑的雕塑感和永恒感。

博物馆的色彩设计构思从何而来呢？是怎样促成了把传统宫殿建筑色彩从浓丽变为淡雅？

张锦秋列举了三个原因。第一个是出国考察所接受的影响。世界上有名的国家级博物馆几乎全部色调高雅，很多都是灰调子。欧美博物馆大量采用石料所造成的永恒感让她赞赏不已。

第二个因素是国画"水墨为上"的观念。她说，我国历代文人画多用墨而少用彩。王维《山水诀》说："夫画道之中，水墨最为上。"同时代的书画家荆浩在《笔法记》中也说："随类赋彩，自古有能，而水墨晕章，兴我唐代。"墨色与彩色相比雅于彩色、高于彩色，所以自唐以

---

[1] 张锦秋：《形式与实质 感觉与理性——陕西历史博物馆建筑创作的体会》，《从传统走向未来——一个建筑师的探索》，中国建筑工业出版社，2016年，275页。

后，水墨画成了宋、元、明、清画家所追求的绘画形式，在世界画坛独树一帜而享有崇高的地位。这种高雅的格调对中国园林建筑影响极深。

第三个因素是创作的机遇。如果认识不到机遇的因素，就会片面地夸大建筑师个人的作用。就如陕西历史博物馆色调的设计之所以能实现，让她感到幸运的是，陕西历史博物馆工程的领导和筹建处的几位负责人都具有相当的文化素养，很快对色彩的选择达成了共识。于是筹建处、设计组、施工单位、生产厂家就齐心协力去解决定货、生产工艺、施工、资金等一系列问题，这才出现了陕西历史博物馆深灰色琉璃屋面。说明建筑的突破是社会综合力量的表现，而不是建筑师能笔下一挥而就的。

在对陕西历史博物馆创作经验进行总结时，张锦秋特别强调"古今交融，有机结合"。在她看来，陕西历史博物馆是一座具有浓郁民族风格的现代建筑。传统与现代的结合是多层次的：有的"寓古于新"，有的"寓新于古"，有的"古今并存"，在建筑总体美的前提下，各得其所，有机结合，最终取得古今交融的效果。

她介绍说，室内设计与建筑设计高度统一，取得了简洁、高雅、传统、创新的效果。序言大厅是引导观众参观历史文物的起点。在大厅

陕西历史博物馆序言大厅

中心部位设置表现"陕西文明"的主题雕塑，以展现黄土、黄河、黄帝子孙百万年的足迹，向观众概述100万年的史前文化和5000年来的华夏文明。大厅选用了庄重、素雅的中灰色调。墙面、地面均为灰白色花岗石。吊顶为本色铝合金悬挂式覆斗形组合藻井，暗装灯泡，斗背发光。大厅四角悬挂的也是覆斗形玻璃大吊灯，艺术造型统一完整。

博物馆室内设计"寓古于新"的结合方式，还体现在博物馆总入口的大门上。按照传统，这类大门往往是木板门外饰铆钉，用在这里就未免形象古老封闭。经过比较，张锦秋决定采用不锈钢管与抛光铜球组合成的空透金属大门，结果不但造型新颖，而且引起人们对传统铆钉门的联想，取得了新中含古、似古似新的效果。

陕西历史博物馆造型体现雄浑质朴的唐风，其简洁明确的构造、整体明快的色彩都与现代建筑的逻辑相通。张锦秋说，在结构和构造处理上，陕博没有虚假构件。大屋顶檐下的椽条、支撑屋檐的斗栱不但造型简洁，而且在结构上也都是受力构件，体现了唐代建筑与现代建筑共同追求的艺术、功能、结构高度统一的原则。

在张锦秋的主持下，陕西历史博物馆不仅采用了现代的钢筋混凝土框架结构，还采用了现代化的建筑构配件和材料，例如许多部位就使用了预制大型壁板。在建筑处理上简洁地运用大面积的实墙面和大片玻璃墙以形成强烈的虚实对比，随之出现了新的立面节奏，较之一间一柱的韵律更有力、更强烈，从而体现了现代的审美意识。

张锦秋说："在我长期的设计工作中，主要是通过寻找结合点来促进自己的创作。我深深体会到，如果我们对古典传统和现代需求与手法理解越深，结合点的层次就越高，所创作的建筑就会更新颖、淳厚、雅俗共赏。"[①] 张锦秋说。

纯粹从建筑施工角度看，作为唐风宫殿式建筑，陕西历史博物馆

[①] 张锦秋：《形式与实质 感觉与理性——陕西历史博物馆建筑创作的体会》，《从传统走向未来——一个建筑师的探索》，中国建筑工业出版社，2016年，279页。

1987年向建设部时任副部长汇报陕西历史博物馆方案

的具体施工、建造推动了建筑新技术的开发与运用。博物馆由陕西省第三建筑工程公司总承包施工。来自这家公司的马成庆介绍道:"施工中采用了混凝土外加剂自动添加、混凝土自动配料、电动连续圆箍成型机、钢管圆柱支模等新技术;技术难度最大的古建屋顶采用预制与现浇相结合的技术施工,为仿古建筑使用钢筋混凝土结构提供了设计和施工经验;琉璃瓦屋面施工采用古建传统工艺方法;装饰工程施工使用了多项有特色的新工艺。这些新技术对保证工程质量、缩短工期发挥了显著作用。"①

正是由于在传统与现代结合的处理上匠心独运,陕西历史博物馆获得的赞誉不断。还在建设阶段,《文博》杂志1987年第3期刊发张腊梅的《陕西历史博物馆现代科技应用设想》,明确指出:"陕西历史博物馆的设计思想,是尽可能地采用现代化的科学技术手段和新颖的艺术形式,把最能反映我国文物集中地之一的陕西的珍美展品展现出来,保护好所有文物,并进行认真地、科学地研究。陕西历史博物馆的建设是实现我国博物馆事业现代化道路上的一个重要的里程碑。"

对陕西历史博物馆历史地位的判断与认可,一直在延续。2016年第6期《文物天地》杂志发表陕西历史博物馆党委书记强跃的署名文章《而今迈步从头越——写在陕西历史博物馆新馆建成开放二十五周年之际》,其中写道:"陕西历史博物馆新馆于1991年6月20日建成开放,作为我国第一座大型现代化博物馆,是中国博物馆事业发展的一座里程碑。在陕西历史博物馆之后,按照现代博物馆理念设计,造

---

① 马成庆:《陕西历史博物馆工程施工》,《建筑技术》,1993年第2期,67页。

1990年冬与雕刻厂师傅讨论陕西历　　1990年冬在陕西历史博物馆工地
　　史博物馆雕刻

型新颖、功能齐全、规模宏大的博物馆相继出现在全国许多城市。"

对陕西历史博物馆的学理探讨也始终没有停歇。专业人士认为，陕西历史博物馆的外形具有鲜明的中国传统建筑特点，但是经过剖析，会发现它绝非一座复古建筑，传统风格之下蕴含的是建筑的现代化与现代性，"作为坚持表达'中国精神'的当代建筑师，张锦秋经过数十年的创作实践，在中国建筑传统与现代相结合方面做了多方位的深入探索，对中国文化内涵的阐释与拓展达到了一个新的高度"。[1]

可以说，陕西历史博物馆是张锦秋建筑设计生涯的一个醒目坐标。她真正开始建筑设计是在1972年，36岁，作品是华清池大门。1983年47岁时，她开始着手设计陕西历史博物馆。这次出手，铸就

---

[1] 王军、常春东：《"成于中者形于外"——解读陕西历史博物馆现代性的四个范畴》，《建筑与文化》杂志，2015年第10期，61页。

经典，登上高峰。这是张锦秋见识和才华的一次集中而完美的绽放，属于厚积薄发。

三、雁塔高耸、"三唐"奔趋："三唐"工程

"三唐"工程具体指的是唐华宾馆、唐歌舞餐厅和唐艺术陈列馆，1986年5月动工兴建。项目由西安市园林部门与日本三井不动产株式会社合作建造和经营，中国建筑西北设计院承担建筑、结构、总体设计。

这项工程位于西安大雁塔风景旅游区，在大雁塔近旁。大雁塔以它的雄姿控制着周边的建筑环境。要在大雁塔附近建设一个与历史渊源一脉相承的游览项目，考验着张锦秋的专业水准和设计智慧。

1984年底，张锦秋提出了"三唐"工程总图及单体设计方案。在构思之前，她搜集唐慈恩寺遗址发掘资料和有关的历史记载。唐代慈恩寺有10个院落，近2000间房厦。现今的慈恩寺仅是唐慈恩寺的西院。发掘出的寺庙大殿遗址，平面尺寸是现在正殿的四倍。据考证，盛唐时慈恩寺不仅香火旺盛、佛事频繁，而且有幽静的客舍、繁华的集市，慈恩寺的戏和素餐也驰名长安。这就为当代开发旅游项目提供了历史依据。张锦秋坚信：只要设计得好，就不会喧宾夺主。

通过全方位的考察和思索，张锦秋明确了项目的总体设计思想，"从基地的优越性、特殊性出发，决定必须强调在设计中兼顾经济效益、社会效益和环境效益。首先建筑的形式风格应与古塔相协调，在高度和色彩方面都不宜喧宾夺主，而应起陪衬烘托的作用。新建工程与大雁塔共同形成的环境应具有历史风貌，发人联想。务使工程不仅无损于大雁塔的环境保护，而且要成为风景旅游区的重要组成，为旅游区增色；大雁塔曲江一带，自古就是群众性的游览胜地。在这里兴建旅游设施就必须处理好高档与大众化的关系，以取得较好的社会效益；旅游设施的基本功能是要高效能地为旅客提供方便、舒适的生活休息条件。因此，设计中务求使传统风格与现代化的功能设施有机地

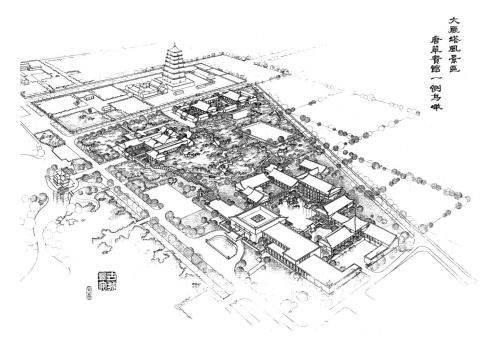

张锦秋手绘"三唐"工程方案鸟瞰图

结合起来"。[①] 于是,她在脑海中为这个项目描绘出一个大致的轮廓:这是一个庭园化的建筑群体,有比较浓郁的唐风,而内部设施趋于现代化、富于时代气息。

张锦秋沿着"理解环境、保护环境、创造环境"的思路进行了规划设计。"三唐"工程场地西距大雁塔 88 米,用地中部距塔 308 米处有唐慈恩寺东界墙遗迹。张锦秋认为,古建筑、古建筑遗址周围地区内,建筑物体量、高度、造型、风格必须与之相协调,这是一条刚性规定。保护范围和控制高度是绝对的,属于法规性要求;功能关系和建筑风格是指令性的,属于建筑单位和管理部门的意图;而构图中心、布局手法、园林绿化和俯视效果这四项则大有用武之地。

张锦秋把建筑面积最大的宾馆布置在唐慈恩寺东围墙遗址以东,远

---

① 张锦秋:《理解环境 保护环境 创造环境——"三唐"工程创作札记》,《建筑学报》,1987 年第 9 期。

唐华宾馆外景

离大雁塔,其他两个规模较小的项目留在慈恩寺的近处。"先立宾主"是传统建筑空间布局的基本章法,也是建筑创作构思的出发点和归宿。

千年唐塔是大雁塔风景区的主景,空间布局的主宾关系不言而喻。张锦秋说,"三唐"工程宾主空间态势的设计构思颇得王维《山水诀》的启发,也就是"主峰最是高耸,客山须是奔趋"。奔者,动也;趋者,向也。"奔趋"二字点明了"三唐"这一景区空间应有的形态和动势。

张锦秋说,"奔趋"的空间态势,首先要在群体的平面布局、建筑体形及它们之间的空间组合中体现出来。大雁塔东侧隔路相邻的唐艺术陈列馆设计成三进四合院,其纵轴线与慈恩寺之纵轴线平行,而主要庭院则与大雁塔同在一东西横轴线上。整个平面布置极尽"恭谨顺承"之能事,有如慈恩寺向东之延续。

唐歌舞餐厅由于其功能之故具有较大之建筑体量。为了避免喧宾夺主,张锦秋在设计上采取了具体措施。那就是将歌舞餐厅大空间的屋顶分段处理,化整为零,大大减小建筑的高度与体量。再就是在歌舞餐厅两侧辅助部分的坡顶与主体隔开,以小屏大,使之尺度相宜。唐华宾馆则更是大刀阔斧化整为零,把两万多平方米的建筑分解为八个体部,而且避实就虚设计成一组尺度相宜的园林化建筑,并使之东高西低、东实西虚、东直西曲,以加强对西边雁塔的"奔趋"之势。

"先定宾主是第一层含义,根据主体之高耸、确定宾体之'奔趋'态势是第二层含义。然而同是宾体,同在'奔趋'的态势之中,还应按其不同位置、不同体量而采取不同的空间和实体形态。有的恭谨顺从,有的顾盼呼应,而有的还可以欢跃罗列。这就是第三层含义。宾体对主体掩映烘托,如彩云托月,如群峰朝揖,如祖孙父子然。这里蕴含着中国传统艺术中所特有的一种审美观念。"① 张锦秋写道。

唐华宾馆雪景

---

① 张锦秋:《传统空间意识之今用——"三唐"工程创作札记之二》,《建筑与城市》,香港,1989年4—5期。

自大雁塔上远眺唐华宾馆

"三唐"工程的设计,张锦秋还注重"避实就虚、虚实相生"。她说,中国建筑与园林历来就是"计虚当实"。不但通过对建筑物的位置、体量、形态的经营,有意识地去创造一个与实体相生的外部空间,而且实中虚、虚中实、内外交融,从而构成了在世界上独树一帜的中国建筑与园林的艺术特征。"三唐"创作中从总体到单体、从宏观到微观都注重"虚实相生"的运用。

慈恩寺格局规整严谨,高耸敦实的古塔拔地而起,这是突出实体的章法。"三唐"景区则避实就虚,将三组建筑分散布置在用地的三个角上,而在中心安排了以大面积绿化为主的遗址公园,从而造成以虚为主的格局。宏观上形成了一实一虚的空间特色。

"与总体布局避实就虚呼应,三组建筑则是实中求虚,在设计中认真推敲建筑形体与室外空间形态的共生关系。如唐华宾馆山池院采用一对矩形偶合连环的平面形状,周围建筑错落布置,建筑单元交接处多作进退凹凸的处理。游人置身院中始终只能看到庭院空间的局部。随着视点的转移,庭院空间呈现出多层次的变化,展现出不同的景观,空间流动,景界扩大。这里运用了'景愈藏,景界越大'的手法。山池院周围一些小庭院也平面错落，有的敞向雁塔，有的朝着山池院，有的则四周封闭。它们避免呆板而力求变化，造成丰富的空间，与呈流动形态的山池院主空间呼应衬托。……此外，在山池院中布置了浮廊、小亭，它们是院中的实体，但本身又是空透的建筑。这种虚中实、实中虚的安排对丰富空间，变化和创造景观起到画龙点睛的作用。"[1]张锦秋说。

张锦秋说，"三唐"创作运用了相反相成的规律。唐华宾馆内庭园以水为主景不是偶然的。雁塔刚健颇得山意，唐华幽深欲含水情。在个性上刚柔相济，在空间上虚实相生。其构思立意有一番中国的传统哲理。正是由于这强烈的差异、对比和动势，才能使得这一组时差一千多年的建筑群显得构图丰富、气韵生动，给人以深刻的印象。

经由张锦秋的设计安排，在大雁塔和唐华宾馆这两座强烈对比又互为两仪的建筑之间，唐艺术陈列馆和歌舞餐厅被安排为担当矛盾转化的角色。前者平面结构严谨，如慈恩寺之延伸；后者在严谨中富有变化，并以曲廊与唐华宾馆相连接。它们各自成为对比双方的配体，颇得承接转换之妙用。正是由于对立双方从相反的方向向相同的方向转化和过渡，才能取得统一协调的效果。

在张锦秋看来，造成多样统一的另一个重要原因，是"三唐"众多的建筑所用的材料、色彩、风格都很一致。这就有了统调，因而能达到多样统一的境界。从艺术陈列馆、经歌舞餐厅到宾馆在建筑设计中还有着一些严格控制的规律性变化。如平面构图由规则到灵活，建筑高度由一层到三四层，建筑风格从仿古到简化，也就是唐风由浓到淡，这些因素也都起到了控制多样变化、保持井然有序的作用。

"借景古塔、以景寓情"是"三唐"工程设计的另一条准则。张锦秋在建筑设计中主要突出借景雁塔，通过对景、框景、远借、邻

---

[1] 张锦秋：《传统空间意识之今用——"三唐"工程创作札记之二》，《建筑与城市》，香港，1989年4—5期。

借，使每组建筑都把雁塔组织到各自的主景之中，使每组建筑形成各自不同的意境。

从唐华宾馆到歌舞餐厅，其间百余米，设计了一条蜿蜒在银杏林中的曲廊。它时而骤折，时而停顿，继而骤折，又转而舒缓，造成抑扬顿错的节奏和旋律，预示着某种乐感，对在此演出的唐风歌舞起到了烘托作用。

张锦秋说，唐华宾馆的景观设计，意在使千里跋涉的游客在此充分领略到宾至如归的感受。主调应是朴素明朗、宁静深远。动态景观序列按游客住进旅馆的流程组织，由动到静，到安静，到宁静，进而极目骋思、意境升华。序列从唐华宾馆入口开始，一泓池水、仿唐敞轩与遥借的雁塔构成起景。进入大堂，是由方形"跑马廊"组成的多层次围合空间，透过迎面落地大玻璃窗映入庭园的波光绿影。安静与舒适感使游人心情再静一层。宽阔的内庭园是唐华宾馆的主景。清澈的池水、朴拙的终南石，流泉飞瀑，水声潺潺。游人漫步其间遥见塔影，浮想联翩。通过窗景如画的走廊，进入富有私密性的客房，客人

连接宾馆与歌舞餐厅的林间游廊

透过窗帷再次领略到古塔的风采。这是一个意味深长的尾声。远借的塔影在视景中反复出现,犹如优美的主旋律在乐曲中悠然回荡。

在唐代艺术陈列馆这组建筑中,张锦秋追求的是隽永的历史感。第二进院落是全馆景观序列的高潮。这里距大雁塔最近,通过经营院落的空间尺度和亭廊安排,组织了以廊为近景、亭为中景、仰借雁塔的优美立体画面。

张锦秋认为,"三唐"工程在建筑创作中运用了我国传统的空间理论,同时,以现代建筑四维空间理论为参照,在实践中加以结合,造成以雁塔高耸、"三唐"奔趋,雁塔刚健、唐华幽深为特色的刚柔相济、虚实相生的格局。

求学时代就对传统庭园建筑颇有研究心得的张锦秋,在具体建筑设计实践中运用起来得心应手。唐华宾馆的设计,运用了中国园林建筑中自由布局、不对称中有对称、虚实对比、尺度对比、动态空间、借景等传统手法。这样布局的结果,就使得两万多平方米的宾馆在风景区内不像庞然大物,而成为一组尺度适宜的园林建筑。

为了控制传统建筑色调,张锦秋主张尽可能选用地方材料与现代建筑材料相结合。屋面采用民间的灰筒瓦和板瓦。墙面用乳白色面砖,仿木的部位用茶红色锦砖。台基用省内产的青石。外门窗为茶色铝合金门窗及赭色玻璃,使整个建筑群统一在灰色、白色、茶色的基调之中,这正是唐代比较典雅的外装修色彩。

"'三唐'工程是在古建筑周围进行建筑创作的一次实践。由于环境条件有其特

与唐华宾馆园林设计人檀馨在庭园现场

殊性，在建筑创作中既要深入地理解环境的要求，又要在保护环境的前提下，创造新的环境，使之成为文脉相承又各具风采的有机整体。……我们认为，在文物古建周围进行建筑创作，同在其他的地段一样需要创新，而创新的途径则需要多方位、多元化的探索。只不过在珍贵的文物古迹、历史名胜面前，须要表现得更持重、更谦虚罢了。"①在张锦秋心里，有机的创新是永恒的旋律。

四、定格历史的沧桑：华清宫唐代御汤遗址博物馆

华清宫始建于唐太宗贞观十八年（644年）。李世民诏令左卫大将军姜行本、将作匠阎立德于骊山北坡温泉涌出处"面山开宇，从旧裁基"，开始宫殿建设。至唐玄宗天宝六年（747年），以温泉源为核心建成了青山如绣、温泉长流、楼台绮丽的华清宫。

1982年4月，在温泉总源以北修建仿古的"贵妃池"时，发现了唐华清宫汤池遗址。考古人员对遗址进行了近三年时间的发掘，在4200平方米的发掘场地上清理出五个汤池遗址。经考据论证，确认为盛唐华清宫御汤，包括"星辰汤""莲花汤""海棠汤""太子汤""尚食汤"，还清理出汤池殿基、墙垣、莲花方砖铺砌的坡道、陶质上下水管以及其他建筑材料。张锦秋主持设计的御汤遗址保护工程于1990年5月奠基动工，8月竣工。

现在的华清池建筑园林大都形成于清代与中华人民共和国成立后，其布局与唐华清宫已无对应关系，归纳起来可分为东西两大区。东区由北部的公共浴室群与南部的"五间厅"即"西安事变"旧址一组园林建筑构成。西区由北部的"九龙汤"与南部的"温泉宾馆"组成。御汤遗址就正处在东区的"五间厅"和西区的"温泉宾馆"之间，南面紧临温泉总源，北面还有一组叫"禹王殿"的四合院。张锦秋意识到，这片遗

---

① 张锦秋：《理解环境 保护环境 创造环境——"三唐"工程创作札记》，《建筑学报》，1987年第9期。

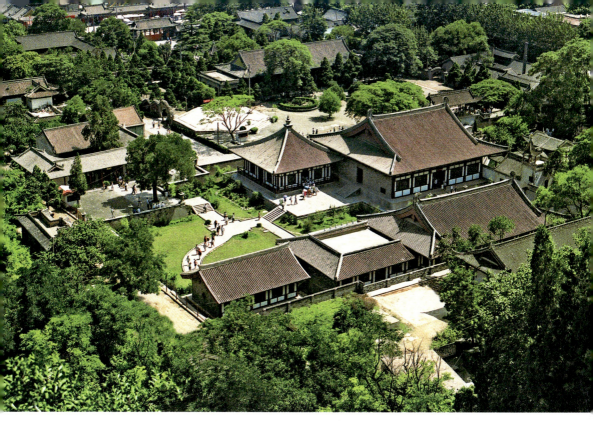

华清宫唐代御汤遗址博物馆鸟瞰

址发掘场地完全具备形成一个相对独立的景区的条件。当然，还需要运用对比、衬托、掩映、借景等设计手法使新建博物馆建筑与周围原有建筑搭配起来形成各具特色的形体环境，创造良好的成景得景条件。

在规划设计时，张锦秋充分研究了国内外关于建筑遗址保护与展示的惯常方式。

有的是通过露天保护与展示。虽然直观效果不错，但不利于文物保护。不过如果不需要对古迹进行特殊技术处理，这也是颇为经济的方案。

还有就是在遗址发掘取得资料后重新回填，在地面上与之相对应地复制遗址或是进行建筑物的复原。文物古迹埋于地下有利于保护，地面上的复制品虽然不是真品，但也一定程度上满足了观览的要求。

另外，还可以把遗址作为展品置于展厅。这既有效地保护了文物，同时又创造了优越的展示条件。在人造的维护空间之内，运用多种现代化的光、温、声等手段较好地解决保护与展示的矛盾。当然这也是要消耗大量费用的，对建筑设计也有严格要求。

御汤遗址博物馆自西侧俯视

华清宫唐代御汤遗址博物馆的设计应该走哪个路子?张锦秋的回答是要充分考虑历史遗址的特点,考虑环境的要求,也取决于技术和经济条件的可能性。

鉴于华清宫御汤遗址所处的环境和文物的珍贵价值,她提议将遗址保护展示于展厅,以满足保护与参观的现代化要求,同时在建筑造型、风格、色彩和总体环境上趋向于溯源,以利于参观者产生历史的联想,使遗址博物馆本身在华清池游览区内成为一组有历史特色的景区。[1]

张锦秋还充分考虑了遗址区与周围的地形地貌关系的问题。这片遗址比周围地面低 1.5 米至 2.4 米,形似一个大坑。"坑"底又南高北低,即在南部接近骊山麓的一侧呈 1.5 米高的条形台地。"星辰汤""尚食汤"就在这条台地上。考古专家证实这"坑"底正是唐华

---

[1] 张锦秋:《骊山增胜景 汤池展真颜——华清宫唐代御汤遗址博物馆设计》,《从传统走向未来——一个建筑师的探索》,中国建筑工业出版社,2016 年,195 页。

御汤遗址博物馆星辰汤遗址保护展厅内景

清宫的室外地平。年深日久,现代华清池园内地平已大大高于唐代。她在总体设计时决定保留并显示这些地形高差,将遗址博物馆建筑群建在一片下沉式庭院中。

"当游人在外围居高临下俯视遗址时,建筑环境空灵开敞,呈外向空间景象,与左右相邻两组建筑群形成强烈对比。当游人置身下沉式庭院中时,视线所及是展厅建筑和院墙一般的挡土墙,人们感到的是一个聚合性内向空间的景象,从而突出了自己的独立性。保持遗址原有地平,通过地面高差显示了历史的时差,增加了游人沧海桑田的历史感。"[1] 张锦秋写道。

依照张锦秋的设计思路,应该尊重唐代御汤一池一殿的格局,这组遗址博物馆建筑采取每个汤池遗址上对应建一个展厅的方式,展厅

---

[1] 张锦秋:《骊山增胜景 汤池展真颜——华清宫唐代御汤遗址博物馆设计》,《从传统走向未来——一个建筑师的探索》,中国建筑工业出版社,2016年,195页。

把汤池及其殿堂的遗迹均罩入室内。参观者进入展厅所在的室内标高分别高于各遗址面1.3米至2.8米不等。在这个高度上建参观挑台，为观众俯视遗址提供了良好的条件。根据遗址的重要性和规模的不同，展厅分别采用环形挑台或单边挑台以组织人流。

"在总体布局上还着重考虑组织明确的参观路线。遗址博物馆应该有一个综合介绍背景情况的起点，因而将遗址北侧原有的'禹王殿'一组四合院划入馆区，改造为序馆，作为参观的景点。参观完序馆来到馆前平台，所见到的是骊山衬托的博物馆建筑群最佳视景。然后拾级步入下沉式庭院，入海棠汤展厅、出莲花汤展厅，至室外参观秦汤遗址、温泉总源、露天复制的太子汤，然后登上台地上的展厅依次参观星辰汤、偏殿及尚食汤诸展厅。一路上时而室内时而室外，最后又回到序馆前的平台上结束了这一组丰富的空间序列。观览路线的起承转合充分考虑了游人心理与视野开合的变化。"[1]张锦秋说。

通过考查文献资料，张锦秋获知，唐代各汤池的等级不同，如星辰汤是唐太宗李世民的御汤，莲花汤是唐玄宗李隆基的御汤，海棠汤是贵妃杨玉环沐浴之所，太子汤为太子专用，尚食汤则是赐大臣们沐浴的汤池，星辰汤西侧的偏殿是一处辅助性用房。于是，在展厅设计时，她随着其中遗址的不同性质，分别采用了歇山、攒尖、悬山和盝顶四种不同形式相应加以区别。

1991年站在御汤遗址博物馆与过去的"贵妃池亮发台"合影

---

[1] 张锦秋：《骊山增胜景 汤池展真颜——华清宫唐代御汤遗址博物馆设计》，《从传统走向未来——一个建筑师的探索》，中国建筑工业出版社，2016年，196页。

为了赋予不同展厅以不同性格,如莲花汤台明高 1.42 米,用有铆钉的木板门;而海棠汤则只有 0.62 米高的台明,并在四周设了一圈钩片栏杆,出入的大门则是较空透的直棂格扇门。一个突出帝王气势,一个表现女性的轻柔。"建筑的形制亦根据遗址上留存的柱础而定,呈唐风。通过每个展厅的剖面设计妥善安排了汤池遗址、参观平台和室外台基标高的关系,从总体上组织了高低错落、系统完整的参观流线,在华清池中也形成了一组具有历史文化风情的成景、得景的景观建筑。"①

华清宫唐代御汤遗址博物馆整体建筑外形虽为仿木结构,但为了保护遗址,张锦秋主张室内不设内柱,致使展厅建筑大都是十几米进深的较大跨度,如最大的莲花汤展厅进深达 19 米之多。整个建筑全部采用了钢筋混凝土基础和梁柱、钢屋架。斗栱和栌斗均用钢板制作。这对缩短工期、保证质量起了很大的作用。此外,总体设计保留发掘现场地形地貌,不予填平,节约了上万方土方工程量。利用旧建筑作序馆也节约了工程量。这些都为缩短工期、节约投资创造了有利条件。

五、自然天成:大慈恩寺玄奘纪念院和玄奘广场

大慈恩寺位于古都西安南郊,是世界闻名的佛教寺院,唐代长安的四个译经场之一,也是中国佛教法相唯识宗的祖庭,迄今有 1300 余年。唐太宗贞观二十二年(648 年),太子李治为了追念他的母亲文德皇后而建,故名大慈恩寺。寺院南望终南山,北对唐大明宫,堪称长安城的形胜之地。寺内的大雁塔系唐高宗永徽三年(656 年)由唐玄奘为安置从印度带回的经卷、舍利奏请高宗允许而修建。建塔藏经,名垂青史。大雁塔是一座楼阁式砖塔,塔高 64 米,共有 7 层,可供游人登临,俯视西安全貌,令人心旷神怡。塔身呈方形锥体,造型雄伟,是西安的标志性建筑,也是西安旅游的热点。

---

① 赵元超编著、金磊策划:《天地之间——张锦秋建筑思想集成研究》,中国建筑工业出版社,2016 年,84 页。

大雁塔南广场鸟瞰

20世纪90年代初寺内仅存唐塔本体和清末民初所建的钟鼓楼山门、佛堂，设施简陋，环境破败，西安市政府和寺院委托张锦秋主持大慈恩寺整修规划。宗教、文物、旅游、城建多个部门协调审议，通过了张锦秋提出的方案：以原有的山门、钟鼓楼、佛堂和唐塔为主轴，东部调整完善接待服务设施和管理机构，西部新建僧人生活区，大力优化提升寺庙园林绿化环境。此后，按照规划在大雁塔以北新建玄奘三藏纪念院，在山门南面开辟广场（当时称大雁塔南广场），全部工程在2001年建成。

大雁塔北面的玄奘院是一组三个四合院横向并联的建筑，一主二

大雁塔南广场局部　　　　　　　　　　大雁塔南广场玄奘纪念像

辅,主从有序,这样的寺庙建筑布局借鉴了敦煌莫高窟唐代壁画。从塔上俯视,雍容壮观,颇具大唐气象。这组建筑格局传统,法式严谨,唐风纯正,尺度相宜,可与大雁塔共千秋,是一个典范之作。正殿下的地宫中供奉有玄奘法师的顶骨舍利和铜质坐像,殿内墙面布满玄奘法师生平事迹巨幅壁画,供游人瞻仰参观。

　　大慈恩寺山门南面的广场东西宽150米,南北长100米,面积1.5公顷。广场中央有一座玄奘三藏法师的铜质全身像。在广场设计时,张锦秋带领设计团队在山门外的基地上通过施放气球,来推敲玄奘雕像的平面位置和高度。玄奘法师雕像是曾经担任西安美术学院院长的著名雕塑家陈启南的作品。雕像法相庄严、祥和,深得好评。广场设计指导思想明确:烘托山门,组织人流,摄影留念,小憩驻留。广场地面一分为三,中轴为硬质铺地,两边均为园林化绿地,低矮的花灌木配以唐石灯幢,是出入山门时很自然的过渡。广场规划将停车场安排在广场环路的东西两侧,人车分流。两侧的车行道改为步行街,扩展了旅游商业空间,也为高峰人流找到了疏散场所。这些举重若轻、化繁为简的手法,显示出张锦秋在规划技术上的素养。

　　大慈恩寺的整修,玄奘院和玄奘广场的修建,使这个著名的寺院环境品质得以提升，继承文脉，有机增长，出现了雕塑、佛塔、纪念院三位一体的新格局，成为现代西安的一处新地标，在社会上取得了良好的反响。信众说："自然天成，本该如此。"旅游者说："真经宝塔，不虚此行。"张锦秋对自己规划设计的项目都要写文章进行总结，唯独就大慈恩寺项目迟迟没有动笔。有人问此中缘由，张锦秋笑言："此时无声胜有声。"

六、市民的广场：西安钟鼓楼广场及地下工程

钟楼、鼓楼分别建于1384年与1380年，是古城西安的标志性建筑，也是国内现存规模最大的明代钟鼓楼建筑。钟楼、鼓楼是我国北方城市的重要特色，位于城市中心，以晨钟暮鼓报时。"西安的钟鼓楼比例端庄、色彩华丽、气势宏大，二者相互衬托，相得益彰，构成一道特有的风景线。"

西安老城区是城墙围合的四方城，城区被东西南北四条大街分割成四个向限，钟楼就位于这四条商业大街相交的中心位置，历来是城市中最耀眼的标志。而鼓楼则深藏在钟楼西北的老街市之中。钟楼盘道一扩再扩也未能解决这里交通拥堵、人车混杂的局面。观光者、购物者、行人在此没有驻足、休息的绿地。钟鼓楼之间是大片危房区。

1953年城市规划确定由钟楼和鼓楼分别组成两个相邻的广场，钟楼广场以钟楼为中心，以四座公共建筑向心围合，以后按此规划相继修建了邮电大楼、钟楼饭店和开元商城；1983年城市规划调整，将两个广场合二为一，拟在钟鼓楼之间开辟绿化休息广场，这个方案保证了钟楼、鼓楼之间的通视，为市民提供了休息场所，富有地方特色，但广场场地上有大量的民国以来的各种低标准的危旧房屋和商业建筑，一旦改造就必然涉及搬迁的问题，拆迁和建设的资金难以筹措，规划一直未能实施。

有一年的春节，张锦秋夫妻在家闲聊起广场的事。张锦秋说可以考虑开发利用广场的地下空间。城市中心广场不一定非要搞成政治性的广场，这个广场上的建筑，也不一定是博物馆、行政办公楼、会议中心。

钟鼓楼广场自鼓楼俯视

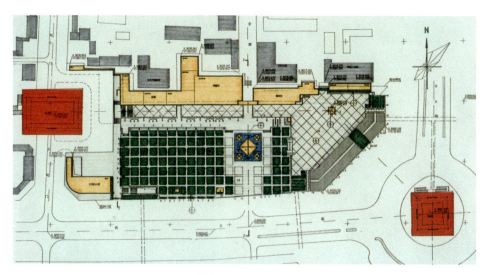

钟鼓楼广场总平面图

西大街东段在钟鼓楼之间,街北原有泡馍馆、饺子馆,这些名牌老店,完全可以放到广场周围,这样可使得广场更具人气,更像个市民广场。

同时,张锦秋还粗粗地算了一笔账,在广场地下可以开发的面积约有三万平方米,商业空间开发,足以支付城市拆迁的费用和绿化广场的建设费用,政府不用投入太多资金。这样,通过城市设计,通过组织,西安的旧城中心广场就可以建成了。两人越说越高兴,立即起身向市里的主管领导"拜年",进行汇报。

这个思路得到了市领导的首肯。1995年,经过设计方案竞赛,张锦秋提出的设计方案被政府机构批准付诸实施。西安钟鼓楼广场及地下工程占地2.18公顷,是一项以浓郁的历史背景为依托、以市民广场为主旨、以现代城市建设的理念和手段,通过城市设计实现古迹保护与旧城更新的综合性工程。整个项目包括绿化广场、下沉式广场、下沉式商业街、地下商城和商业楼,设计突出了两座14世纪建筑的标志性形象。

广场作为城市空间艺术处理的精华,往往是城市风貌、文化内涵和景观特点集中体现的场所。因此,广场的规划设计是城市建设中的一个高精尖课题。

钟鼓楼广场下沉式商业街

经过现场勘察、反复思考,并查阅了很多国内外设计资料,张锦秋最终确定的设计思路是"以城市功能为基础的立体化布局""为广场塑造'多元'空间""合理组织多流线的灵活运动系统""突出钟鼓楼广场的主题特征""追求和谐而有新意的城市环境"。[①] 按照这个思路,她将约占基地一半的地面设计为绿化文化广场,在临近钟楼的东端处理为下沉式广场,又吸收西安市规划专家建议,从下沉式广场开辟一条通达鼓楼东侧的下沉式商业街,于是构建出富有新意的空间格局。方案充分利用地下空间将商业、娱乐功能转入地下,不仅缓解了中心市区交通、人流拥挤的压力,扩大了商业空间,又保护并突显了名城标志性古迹,增添了城市绿地。

整个项目在空间处理上吸取中国传统空间组景经验,与现代城市外部空间的理论结合,组织了地上、地下、室内、室外融为一体的立体混合城市空间,为古都西安提供了一个供市民休闲的开放场所和接待国内

---

① 张锦秋:《晨钟暮鼓 声闻于天——西安钟鼓楼广场城市设计》,《城市规划》1996年第6期。

向建设部时任副部长叶如棠在现场介绍钟鼓楼广场设计

钟鼓楼广场地下商场内景

外宾客的城市客厅。"广场周边名牌老店和步行街的开拓,唤醒了市民的城市主人意识;交通的人车分流,广场的合理布置,都以提供安全、舒适和优美的环境来满足市民的物质需要,同时以高品位的地方文化艺术特色来满足人的精神要求;不同的人在这里都可以找到适合于自己的位置,这就是城市空间人性化的内涵。张锦秋说,她从钟鼓楼广场的设计过程中总结出一条经验,即'以人为本'确是当代城市设计的核心。"[1]

中国工程院院士王建国曾经以西安钟鼓楼广场的空间形态为例说:"在现代城市广场规划设计中,由于处理不同交通方式的需要和科学技术的进步,对上升式广场和下沉式广场给予了越来越多的关注。"[2]

1997年,梁思成的同学、原上海民用建筑设计院总建筑师陈植在一封信函中这样称赞西安钟鼓楼广场:"这一多功能、有节奏、分层次、起伏活跃(甚至有屋顶喷泉)的组合,似莫扎特作品温柔而多变的韵律感受。"[3]

---

[1] 李沉:《弘扬文化传统 拓展城市特色:访梁思成建筑奖获得者、建筑大师张锦秋》,《建筑创作》杂志2004年第3期,105页。

[2] 王建国:《城市设计》,东南大学出版社,151页。

[3] 赵元超编著、金磊策划:《天地之间——张锦秋建筑思想集成研究》,中国建筑工业出版社,2016年,227页。

西安钟鼓楼广场规划及地下工程设计的成功,是张锦秋迈向城市设计领域的一大步。

七、传承、开放、务实:陕西省图书馆、美术馆

迈入陕西省图书馆大厅,首先映入眼帘的是墙壁上的六幅碑刻,几位当代书法家的作品各有千秋,都富有行云流水的美感。

细读碑刻的具体内容,发现此中大有深意。有韩愈的名句:"业精于勤,荒于嬉;行成于思,毁于随。"还有李大钊的读书经验之谈:"知识是引导人生到光明与真实境界的灯烛。"有周恩来的名言:"为中华之崛起而读书。"有翁承赞的《书斋谩兴二首》:"池塘四五尺深水,篱落两三般样花。过客不须频问姓,读书声里是吾家。官事归来衣雪埋,儿童灯火小茅斋。人家不必论贫富,惟有读书声最佳。"还有谭嗣同的《夜成》:"苦月霜林微有阴,灯寒欲雪夜钟深。此时危坐管宁榻,抱膝乃为梁父吟。斗酒纵横天下事,名山风雨百年心。摊书兀兀了无睡,起听五更孤角沉。"有杜荀鹤的《题弟侄书堂》:"何

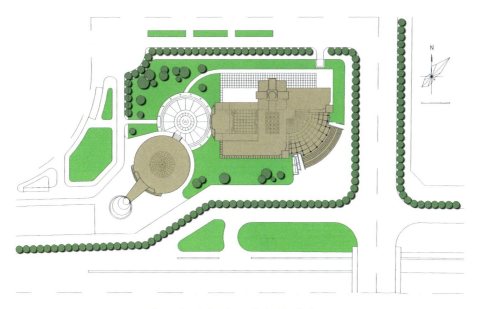

陕西省图书馆、美术馆总平面

陕西省图书馆外柱廊

陕西省图书馆大厅内景

陕西省美术馆内景

事居穷道不穷,乱时还与静时同。家山虽在干戈地,弟侄常修礼乐风。窗竹影摇书案上,野泉声入砚池中。少年辛苦终身事,莫向光阴惰寸功。"还有董必武的《病中见窗外竹感赋》:"竹叶青青不肯黄,枝条楚楚耐严霜。昭苏万物春风里,更有笋尖出土忙。"

这些内容,都是由张锦秋选定的。

张锦秋主持设计的陕西省图书馆与美术馆,位于西安城市中轴长

陕西省美术馆外观

安路与南二环交口的西北角，在总体布局上保留了基地高于城市道路4米的地形特征，因为这一高地曾是唐长安城内有名的"六爻"中的第五爻，尊重这一历史地貌更有利于创造特定的文化环境气氛，在建筑艺术上追求典雅、文化品位和现代感。

由于基地局促，两馆之间采取高低错落布局，图书馆高踞坡顶，美术馆嵌于坡下。图书馆面向东南的主入口结合地形组织了一个极富文化氛围的半开敞空间。在主入口的大台阶上大胆地设置了世界闻名的"思想者"雕像，彰显了西安古城的开放，又给人以艺术的启迪。建筑檐部的形象具有一种飘逸、向上、充满活力的感觉。空廊的柱头、起翘的屋檐抽象自汉代石造建筑构件，隐喻中国最早的图书馆出自汉长安。美术馆为直径60米的圆形建筑，中心部位为四层通高的雕塑大厅，周围提供了开敞的展廊、尺度各异的展厅等。两个建筑通过采用相同的外饰材料和色彩，外墙面砖的铺贴都适当采用了具有汉代特色的肌理。在高坡顶上两个建筑的后门都开向共享圆形广场，

1996年在陕西省美术馆工地　　与雕塑家陈启南教授在放大的《思想者》雕塑落成时合影留念

在观感和功能上成为有机整体。

张锦秋认真研究过图书馆的功能,对藏、借、阅的流线精细梳理,坚持图书馆要以自然通风为主,提出可以自然通风和具有良好功能的工字型平面,由于地处道路交叉口,在临道路侧设计成弧形的转角,设置主要入口。在建筑形式上,她主张具有典雅的现代主义,富有浪漫色彩。

两个建筑都富有现代性。就图书馆而言,实现了柱网、层高、荷载的三统一,提供了使用变化的灵活性,借、阅、藏、展合一的开放性,设置报告厅等六种服务设施具有社会性,计算机网络系统及多项监控系统的智能化。美术馆具有现代美术博物馆收藏、研究、展示、交流、购物、休息的全方位现代化功能。两栋建筑在艺术上都不拘一格,古今中外兼收并蓄,空间序列是传统的,空间形态是现代的,在功能上高度务实,正确处理了当下与未来发展的关系。

"张院士在看完地形后,把图书馆、美术馆的选址调整在长安路与南二环的交叉口,这是她对城市特色研究和对城市深入了解的一个深思熟虑的决定。她认为要体现一个城市的文化特色,重要的标志性建筑应沿主要干道和城市节点布置,这不仅是中国传统城市的营造特色,同时也被美国城市学家凯文·林奇关于城市意象的理论所验证。让图书馆和美术馆伫立在汉唐历史的高地上更具有象征意义。作为一个建筑师,张锦秋院士总能站在一个高度,也是她的过人之处。她要求每一个项目首要的是姿势,是态度,是正确的定位、定性。"[①]中国建筑西北设计研究院总建筑师赵元超说。

八、与小雁塔深情"对话":西安博物院

张锦秋主持设计的陕西省历史博物馆是跟大雁塔"对话"的,而她的另一件作品西安博物院深情"对话"的对象则是小雁塔。

小雁塔塔高43.38米,为15层密檐式砖塔,梭形的塔体优美、舒展,是国务院首批公布的国家级文物保护单位。705年,在唐长安中轴干道朱雀大街东侧,由王府改建、皇家敕建而成的荐福寺扩建寺院时增加塔

西安博物院总体鸟瞰图

[①] 赵元超编著、金磊策划:《天地之间——张锦秋建筑思想集成研究》,中国建筑工业出版社,2016年,105页。

西安博物馆东入口广场

第二章　醒目的路标

院，建立了小雁塔。不少的高僧在这里阐释教义、翻译佛经，被认为是长安四大佛教译场之一。唐末寺毁于兵火，寺院并入塔院。随后历代都有修葺。现在这里基本保持了明代的格局和规模。塔体为典型的梭型密檐式砖塔，塔形优美。文献记载，小雁塔历经七十多次地震，多次裂而又合，至今依然挺立。因之历来与大雁塔齐名，成为古都西安的标志。

1996年，张锦秋接受了西安博物院可行性研究和规划的任务。博物院选址恰好就在以唐小雁塔为核心的17.3公顷基地上。经过多方酝酿，张锦秋和团队提出以小雁塔为标志的寺庙建筑群、博物馆、公园三位一体的西安博物院总体规划方案，在古都西安建设一座集名胜古迹观光、历史文物鉴赏、城市公园休闲于一体的现代博物院。

就西安博物院，张锦秋考虑在布局、体量、形式、风格、色彩等方面需要处理好与小雁塔的关系，力求在和谐统一的环境中创造出博物馆建筑自身的个性与特色，"西安博物馆建设于21世纪之初，它理应反映出历史文化名城西安当今经济、社会、文化的发展水平。内部空间、功能、设施

西安博物馆中央大厅

应先进合理、高效节能，其外观在城市中应具有标志性；在环境方面，新馆建筑既要与小雁塔及公园相互成景、得景，还应成为城市干道朱雀路上的重要景观，并要经得起来自基地周围林立的高楼群的审视"。①

馆的外形与小雁塔及荐福寺古建筑群相得益彰、交相辉映。在建筑构成上，西安博物馆体现了"天圆地方"的传统理念。张锦秋吸取古代明堂注重全方位形象的完整性，有如塑造一座现代化楼阁。在色彩和风格上，与小雁塔之间维持"和而不同"的关系。方形台座和方形馆体厚重敦实，在33米×33米的方形中庭中，直径24米、二层通高的圆形玻璃大厅拔地而起，她想借此隐喻新的生命萌生于厚重的历史积淀之中。中央大厅地面上由彩石镶嵌的大型西安历史地图，上空覆盖着灿烂的莲花造型顶棚和环以闪烁着金色莲花肌理的玻璃幕墙，体现出一派文化复兴的新气象。②

对于城市公园，张锦秋力主规划为以水体为主的自然风致式园林。认为这样的布局可以对小雁塔起到很好的映衬作用，同时也可以通过湖面界定和吸纳博物馆，使塔、馆、园融为一体，互为景观。

九、"一代民宅的杰作"：群贤庄小区

作家贾平凹在一篇文章中写道，苏州、杭州和扬州那些吸引人的园林，原本是当时的大艺术家们设计由巨商们建造的私家住宅，现在却成了民族文化的瑰宝。而在西安有一个商品住宅小区，是以一代民宅的杰作长留于西安，成为西安的一个风景，"我们不一定要在其中或能在其中，但这样的建筑在西安，营造着文化古城的氛围，我们生活在西安就有一种诗意和自豪"。③

---

① 张锦秋：《历史积淀和新的萌生——西安博物馆设计》，《物华天宝之馆》，中国建筑工业出版社，2008年，31—32页。
② 同上书，33页。
③ 贾平凹：《西安有个"群贤庄"》，《新材料新装饰》杂志，2003年7期，43页。

贾平凹说的这个住宅小区，名为"群贤庄"，是张锦秋的一个作品，设计于1999年至2001年，竣工于2002年。

群贤庄小区位于西安市南二环西段，占地61.5亩，建筑面积73580平方米，住宅301户，建筑层数以5层为主。小区的定位是面向21世纪的中高档住宅小区，力图在大都市营建具有良好宜居性的绿色家园。张锦秋说，就更全面地提高住宅性能、更大幅度地改善住宅装备、更合理地增加住宅功能、更明显地改善住宅环境、更有效地延长住宅寿命这五个方面，群贤庄进行了有益的探索。

在着手设计时，张锦秋对"住宅"和"家"的意义进行了本源性的探寻。明代李渔说过："人之不能无屋，犹体之不能无衣。"这把住宅的意义说得够直白。西方建筑大师柯布西耶说："住宅是居住的机器。"这是从物质功能上对住宅的精彩表述。什么是家？英国艺术大师肖伯纳说："世上最不平凡的美是家里的美。"歌德又说过："人无国王、庶民之分，只要家有和平，便是最幸福的人。"这些名人名言给了张锦秋不少的思考。

群贤庄从中心花园上空向北俯视

群贤庄退台式屋顶花园

"古今中外人们都把家作为避开社会的喧闹、拼搏而得以自在地抒发个性本色、求得心灵安宁的绿洲或港湾。"①她写道。现在,她要主持设计这样的一个住宅,作为家的容器和载体,并且是在古城西安,究竟应该从哪里下手?

"在群贤庄住宅单元之套型设计上从生活方式、习俗、情趣、品位几方面着眼,根本之点是突出'以人为本',吸取我国传统四合院住宅内外有序、动静合宜的布局精神。设计为家庭中不同的成员提供舒适、方便、公共的和私密的生活空间,为家庭内人与人之间的和谐共处创造条件。另一方面,考虑到居住区内公寓式住宅,毕竟不可能像独立式私人住宅那样一户一个模式。因此除了设计较多类型的单元套房以外,还尽量使同一单元平面能适应不同住户作个性化处理的灵活性。"②张锦秋这般阐述自己的总体设计思路。

这是一个位于古城西安的住宅小区,总体环境意味着这个小区拥

---

① 张锦秋:《现代民居群贤庄》,中国建筑工业出版社,2007年,11页。
② 同上书,12页。

有中国风格。张锦秋力求让群贤庄呈现出和谐的格调。整个小区有西、南两个入口，以环路围绕的中心花园为对景。花园的下面是小区地下车库，实现人车分流。三个住宅组团，为了避免行列式布局所造成的"兵营式"呆板空间形态，在南北向主干道两侧，住宅楼采取退台式，以拓展空间、增加层次变化。单元之间在平面上作参差组合，在顶层局部增加跃层建筑，既丰富户型又美化建筑轮廓线。住宅楼间的道路呈曲线状处理，结合绿化穿插，在布局紧凑的情况下，避免了行列式的单调感，空间变化丰富。

城市的建筑，也要有自然的情趣，这是张锦秋设计的一个重要理念，她把绿地率做到了36.3%。"中国美术建筑之优点，在懂得仿效自然界的曲线，如园林湖石，如通幽曲径，如画椽，如板桥，皆能尽曲折之妙，以近自然为止境。"林语堂的这段论述给了她启发。张锦秋灵活运用中国传统城市里宅旁屋后园林的设计经验，在群贤庄小区的总体布局上，设置了中心花园、环岛花园、后花园三个大型绿化环境，在每条楼间道路的终端结合小回车场设置了中型绿化花园，其他如半地下自行车库处、地下汽车库入口处、每一单元入口处都有相应的园林化环境艺术处理。整个小区里有终南山石肌理的塑山，有小型瀑布，有圆形盆景式山水组景，有四季有花的丰富树种，呈现出中国风的景观环境。在全国尚未提出"绿色建筑"概念时，张锦秋已经在群贤庄为全部顶层的屋顶在结构荷载、防渗漏等方面设计了自建屋顶花园的条件，以期通过立体绿化真正营造出一片都市绿洲。

同时，群贤庄还是一个具有现代气息的小区，它需要张扬起时代风格的建筑理念。于是，在当时的条件允许下，张锦秋力求在节能、环保、智能化上作出探索。在节能上，整个小区全部为南北向板式住宅，采光、通风与日照条件优越，有利于节能。全部住宅采用了当地特许的黏土空心砖地方材料，为砖混结构，外墙均为370厚的空心砖墙，有冬暖夏凉的效果。小区还一律采用高档塑钢中空玻璃门窗，能耗降低50%，噪声降低40分贝。采用了地热水的热水系统和户式风机盘管热风供暖系统，户式中央空调可方便用户，有利节能。还采用无机房电梯，不仅降低能耗，还节约了公摊建筑面积。在环保上，外墙装饰采用无污染天然石材，供水管网采用节能环保管材，避免输水过程管道对水质的二次污染。在智能化上，小区安全系统、信息系统、管理系统都是按照国家AAA住宅智能化标准实施。

为群贤庄工程选石材

张锦秋设计的作品，总是要讲究一点文化品位。群贤庄小区也不例外。在规划立意之初，她就考虑要从文化上融入古都西安，体现出西安的城市特色。小区所在地，历史上处于唐长安群贤坊旧址，当时文人雅士在这里聚居，是一个有文化底蕴的所在。延用"群贤"之名，有文脉传承的考虑。在住宅内部空间和外部空间的处理上，张锦秋坚持传统与现代的结合，在具体处理上又不是生搬硬套、生吞活剥，而是寻求传统的更新和再创造，以达到推陈出新的效果。在建筑艺术造型上，张锦秋并没有刻意去创造什么形式，而是通过与功能空间相结合的体型变化，注意其高低起伏、体型错落、界面的虚实。屋顶哪些部位做平顶，哪些地方做坡顶或小坡顶，都是基于建筑群的整体体型，让这群多层建筑在高楼林立的环境中拥有个性的轮廓线，在暮色苍茫中与时隐时现的南山相呼应，有群山起伏之感。外墙采用的天然石材饰面，属于暖灰色，有凹凸的肌理，让整个小区建筑群显得质朴、典雅、高贵，符合古城西安的基本色调和风格。

在西安，群贤庄有着"新唐风"代表作的美誉。但张锦秋坦言整个建筑的造型没有用一个唐代建筑的符号，也没有其他的附加装饰，为何还是作为"新唐风"广为传播？张锦秋设想："这实在是取其精神的缘故。"

第三节　21世纪：辉煌期

进入 21 世纪，在建筑设计上，张锦秋继续保持着猛进的态势。她在变，她的创作站位更高远，视野更宽阔，意义也更厚重。她也不变，依然扎根三秦大地，依然秉持一颗中国心，向着成为一名真正的建筑师而艰苦跋涉，领略辉煌的风景。

一、饱满的"圣地感"：黄帝陵轩辕庙祭祀大殿

《史记》记载："黄帝崩，葬桥山。"桥山位于苍茫的渭北高原，"山上古柏葱茏，山下曲水缭绕"。

五千年前，轩辕黄帝通过征战、统一、融合，建立了中华民族的前身华夏族。他率领农民种五谷、制衣冠、养蚕桑、造舟车、创文

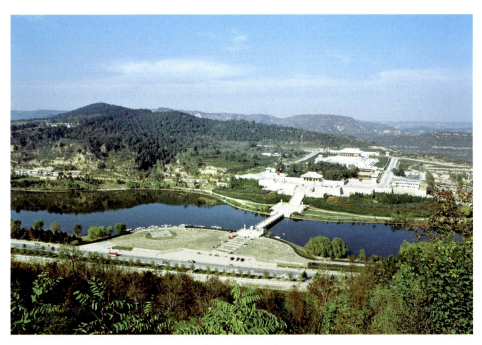

黄帝陵区总体鸟瞰

字、定律吕、行典章，开创了中国古代文明的辉煌篇章，成为中华民族"人文初祖"。据史料文献记载，从尧舜时代开始，各代都有对黄帝的祭祀活动。而桥山黄帝陵，由于汉武帝亲临祭祀而载入史册。唐代宗时将桥山黄帝陵列于国家祀典，同时重修和扩建轩辕庙。宋太祖开宝五年（972年），为防止河水侵袭，将位于桥山西麓的轩辕庙移至桥山东麓，即现在的位置。从这时开始，历代每逢盛世都有所修葺。

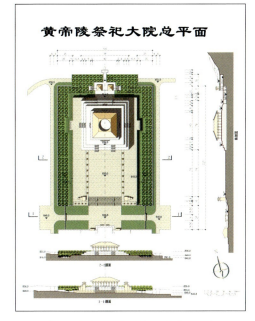

黄帝陵祭祀大殿院总平面图

改革开放以来，根据日益扩大的谒陵祭祖活动的需要，陕西省对黄帝陵进行了大规模的整修工作，开展规划设计竞赛，公布各竞赛方案，广泛吸纳海内外华人意见，并举办海峡两岸黄帝陵整修学术研讨会，邀请海峡两岸建筑专家共同研讨。1994年，《整修黄帝陵规划大纲》由陕西省人民政府、建设部、国家文物局联合审定批准。根据规划，首先实施了一期工程，即陵园区的修整和庙前区建设。2002年，张锦秋接受黄帝陵基金会的委托，主持设计第二期工程。

二期整修工程主要包括轩辕庙区的保护、修整和增建祭祀大殿、大院，完善庙区周边交通系统，优化庙区周边环境和陵区防火、大环境整治等配套工程。

黄帝陵祭祀大殿工程，是有史以来黄帝陵最大的修建工程，是一组大型国家级祭祀建筑。以往在人们心目中，张锦秋是处理"唐风"的高手。但这一次要有新的思路。"……看了黄帝陵觉得她又上了一

黄帝陵祭祀大殿东北侧

个大台阶,因为那不是木构基础的唐风,再用唐风就不成了,木构形式也不适合陵墓祭祀,要用石构。因为中国建筑发展比较慢,我们所知道的汉画像石上的建筑、石阙等,肯定可以代表汉和汉以前相当长一段时间,她以汉为主,实际上又融入了她自己的文化底蕴,甚至包括现代的观念,加以创造形成早期建筑的壮美。"[①]清华大学建筑学院

[①] 赵元超编著、金磊策划:《天地之间——张锦秋建筑思想集成研究》,中国建筑工业出版社,2016年,230页。

教授、中国工程院院士关肇邺说。

"壮美",是张锦秋对这项设计任务的一个核心定位。整个祭祀大殿的特点,她概括为"山川形胜,一脉相承,天圆地方,大象无形"。为了突出民族精神家园的"圣地感",规划设计从宏观上处理好与大环境山川形胜的关系,格局上有鲜明的民族文化特征,风格上与祖国建筑优秀传统一脉相承而又具有浓郁的新时代气息。

根据黄帝陵总体规划,新增的祭祀大殿(院)定位在原轩辕庙以北，沿原轩辕庙中轴线延展到桥山支脉凤凰岭山麓。张锦秋在规划伊始就着眼于山川地形，把祭祀大院的地面设计成高于联系古柏院的中院和大院东西二侧林带的地坪4米。祭祀大殿又坐落在高于大院6米的高台上。似乎院、殿在围墙、柏树林的包围之中，实际上大院成为开阔的广场，衬托着大殿高踞于围墙和柏树林之上，与环绕的群山共吐纳，尽显山川形胜之壮美。

在设计过程中，张锦秋设法调动各种手段，着力在整体上营造雄伟、庄严、肃穆、古朴的氛围。整个建筑风格趋于汉风，多所提炼，不施装饰。由石柱围合的40米×40米的大殿，其上承托着巨型覆斗屋顶，内部无柱，四面无墙，完全通透，周围起伏环绕的山峦与葱茏苍翠的林木尽收眼底，既古朴又现代。屋顶中央直径14米圆形天光，将蓝天、白云、阳光、雨露都直接引入殿内。大殿地面采用五种彩石按传统方位铺砌，以隐喻"五色土"，象征黄帝恩泽华夏大地。整个大殿的空间构图形象地表现出"天圆地方"的理念。殿内上位坐落着7米高的花岗石碑，上面镌刻着源自山东武梁祠东汉黄帝画像，又经雕塑艺术家、文史专家研究论证后确定的轩辕黄帝浮雕像。凭吊和祭祀活动所需要的配套服务设施全部布置在台下，环境得以净化。简洁的大殿、大院，以及桥山周边的山川地貌和翠柏构成的大自然环境，体现出大象无形的境界，体现出中华民族的伟大创造力。

通过对石材尺度和肌理的着意处理，张锦秋努力赋予轩辕殿古朴、沉稳、磅礴的特质和气息。轩辕殿整个工程使用石材8万余方。大殿四周高4米、直径1.2米的石柱都是中空的整块花岗石加工而成。这种没有接缝的巨石柱，表现出的力度是无可比拟的。所有石材构件不加任何雕饰，而是通过表面处理的对比变化，直至重点部位自然石面的运用，来取得艺术效果。

清华大学建筑学院教授庄惟敏发现，张锦秋主持设计的黄帝陵轩辕庙祭祀大殿，传统观念与现代技术相结合的努力值得称道。比如

40米跨的预应力混凝土梁、石材贴面的叠涩出挑等都是当代建筑技术的难点。新材料，如蜂窝铝板石材的应用、中间圆柱载筋浇灌混凝土等又都是当代施工技术的高难动作，"如果没有踏下心来把传统的材料、传统的手法、传统的表现通过新技术结合实现这样一种踏实的心态的话，创造一个精品抑或极品是不可能的"。[①]

对于黄帝陵的规划设计，中国科学院院士、中国工程院院士周干峙认为，张锦秋走出了一条路子，就是怎么样尊重历史，怎么样多反映一些历史信息，怎么样利用现代技术，用能够做到的水平做出一个符合现代需要、符合历史要求、符合将来发展的建筑。在他看来，黄帝陵不是一个保守的建筑，不是一个简单复古的东西，而是有很多新的东西，其中包括周围的护林、交通等都不墨守成规，都适应现在、未来生活的需要。

"所以我说黄帝陵很重要的一点就是它告诉我们怎样去实现我们的文化，具有一定深度的思想文化。我觉得这是我们设计师一个突出的贡献。黄帝陵既是新的，又是旧的，地面又不大。要做出又有统一，又有气派，就靠我们设计师的手段。我觉得这里还是有很多经验可以总结。"[②]周干峙说。

就黄帝陵轩辕庙祭祀大殿，中国工程院院士程泰宁实实在在地感受到了建筑师深厚的文化底蕴。"从整体的造型到柱头檐口的处理，我不仅联想到汉画像砖上的图式，还似乎看到了埃及古神庙的影子，特别是大殿内叠涩式的顶部处理，完全脱开了传统建筑梁架藻井的样式，很脱俗，又很古朴，很有味道。我觉得张总做到这一步，已经不是对传统建筑形式的运用和思考了，而是超出了形式，是她对中国文

[①] 赵元超编著、金磊策划：《天地之间——张锦秋建筑思想集成研究》，中国建筑工业出版社，2016年，237页。

[②] 同上书，229页。

黄帝陵祭祀大殿内景

化精神的一种理解,反映了一种文化素质、一种修养。"①

中国工程院院士、北京市建筑设计院总建筑师马国馨说过,黄帝陵轩辕庙祭祀大殿的设计特点概括为"山水形胜,一脉相承,天圆地方,大象无形",是一种整体把握的体现,是对这样一个具有历史性、纪念性、文化性的建筑群体从历史文脉和自然环境的角度出发,进行全局性构想的结果。从轴线的安排、竖向标高的经营、空间的处理、

---

① 赵元超编著、金磊策划:《天地之间——张锦秋建筑思想集成研究》,中国建筑工业出版社,2016年,231页。

在祭祀大殿屋顶施工现场

2003年在黄帝陵工地研究石材铺贴质量

主宾的搭配，以至材料和细部的处理都可以看出张锦秋经过几十年的修炼，传统的意蕴和格式早已烂熟于胸，随手拈来皆成文章。这个作品可以视为张锦秋创作生涯的又一个亮点。

马国馨也就若干设计细部跟自己的学长张锦秋提出探讨意见："大殿周围36根高4米、直径1.2米石柱是整块花岗石制成的。我以为如果石柱有收分从视觉美学上会更精彩，当然那样加工会很困难，锦秋先生说他们曾考虑过这点，但后来觉得直上直下更能体现那种粗壮、古朴。"建筑理论家张钦南在《建筑三观》一书中完整引用了马国馨的这些观点，并且进一步引申，指出祭祖大殿整排的石柱，"显示了中国原始文明的'粗壮、古朴'，也象征了中国文化传统的坚实和恒久"。①

二、走进历史 感受人文：大唐芙蓉园

"三月三日天气新，长安水边多丽人。""上巳曲江浜，喧于市朝路。相寻不见者，此地皆相遇。""曲江水满花千树，有底忙时不肯来。"古人留下的这些诗句，描述了曲江节日盛况，记述了文人们在曲江欢聚的美妙情景。

曲江是我国历史上久负盛名的皇家园林和京都公共自然景区。秦时辟为"宜春下苑"。汉时划为"宜春苑"。隋建大兴城时以城墙为界，隔其南部建"芙蓉园"，设为离宫，北部为公共游赏地。张锦秋考证，唐玄宗开元年间，曲江地带城墙以南的南池被辟为皇家御园，增建紫云楼、彩霞亭等大量园林建筑，仍称芙蓉园，并设专用夹道与皇宫相通。城墙内的曲江北池保持自然风光，供百姓游览。盛唐时期曲江与慈恩寺、大雁塔、乐游原、青龙寺、杏园等名胜相互连属，景色秀美，文华荟萃，是盛唐文化典型区域之一。

唐昭宗天祐元年（904年），朱温挟持昭宗迁都洛阳，拆宫室房屋，木料均由渭河运往洛阳。唐长安毁于一旦，曲江水系干涸，地形

---

① 张钦南：《建筑三观》，机械工业出版社，2019年，174—175页。

破坏,曲江芙蓉园亦不复存在。

向往曲江胜景的现代西安人,在成为一片涝池的原曲江北池的地段,启动了大唐芙蓉园项目,于2005年竣工,规划设计者为张锦秋。

大唐芙蓉园在大雁塔以东约500米,占地61.2公顷,其中水面19.77公顷,建筑面积约8.7万平方米。这是一项以唐文化为内涵,以古典皇家园林格局为载体,因借曲江山水,演绎盛唐名园,服务于当代的大型主题公园的规划设计。张锦秋拟定的总体规划,力求实现历史风貌、现状地形和现代旅游功能三者的有机结合。

张锦秋首先研究决定了大唐芙蓉园的山水格局。她说:"在园林规划上确定山水格局特色,为第一要务。自秦汉以来,大型皇家园林的山水格局往往以象天法地为思想定位。汉武帝的上林苑中以昆明池象征'天汉',池的两岸分别立'牵牛''织女'二像,以示云汉之无涯。唐代大明宫将'海上三山'置于御苑之内,是把人们理想中神仙世界的山水模式纳入帝王之居。经过对历史文献的考证、当代研究

大唐芙蓉园总体鸟瞰图

大唐芙蓉园自北南眺全景

的参考和现状地形的踏勘，我们推断，曲江芙蓉园的山水格局应不属于这一类型。首先，有关曲江的绘画和诗词文献中，均无'海上三山'一类的图形和描述。另外，在同一都城，似不应过多重复已有的园林题材。更重要的是，曲江具有坡陀起伏、曲水萦绕、远赏南山、近附流泉的自然景观而又紧邻城市，盛唐时代便是一个帝王与百姓共赏天然图画的绝佳场所。当时芙蓉园山水格局应是充分利用地形，崇尚天然，点化自然的自然山水式布局。故此，现在芙蓉园规划的山水格局按照自然山水式对现有地形、水面加以整理加工。全园的地形地

貌总的态势呈南高北低之状,南部岗峦起伏、溪河缭绕,北部湖池坦荡、水阔天高。"①

明确了山水格局,张锦秋开始思考的是经营安排以具有皇家园林特色的总体布局。她意识到:"中国古代凡与皇家有直接关系的营建无不通过建筑布局和建筑形象作为象征性的艺术手段以表现天人感应和皇权至尊的观念,皇家园林也莫能外,这就和私家园林中

---

① 张锦秋:《大唐芙蓉园》,中国建筑工业出版社,2006年,15页。

无不表现文人士大夫的清高儒雅、隐逸循世的精神一样。因此皇家园林即使在山水空间之中,其总体布局也必然有强烈的轴线,有对称、对位的关系,主从有序,层次分明。往往又因其规模的宏大,相应形成了以自然景观为背景,以建筑为核心,配置景区或景点的总体布局手法,构成了规模宏大、层次丰富、因山就水、功能各异、相互成景得景的景观体系,从而形成了中国大型皇家园林总体布局的主要特征。"[1] 于是,大唐芙蓉园的规划设计继承了这个传统,共设置了四大景区。

芙蓉园中心部位为中轴区。全园主轴为南北向,自南而北依次有南门、"凤鸣九天"、紫云湖、紫云楼构成明确的中轴区。西侧的御宴宫和"曲水流觞"构成西翼区;东侧的唐集市、全园最高峰及其北麓的"诗魂"群雕构成东翼区;北部占地约为全园用地三分之一的湖面及其周围的十八景点共同构成环湖区。每个景区有若干个景点。景区、景点之间有园林道路和水系为之联络,更以"对景""障景"等手法构成似隔非隔的联系。

中轴区是演艺区。"凤鸣九天"是正规的600座小型歌舞剧院。紫云楼南侧的庭院,是能容纳千人的演艺广场。紫云楼内一二层以各种声光电手段演绎或陈列有关唐代历史文化的各种场景,三四层为可举行小型演出的茶室或会议厅。紫云楼北侧的回廊、抱厦与大型台阶与临湖的"观澜台"是观看各种水上表演的观众席。若再延伸至湖心则有"焰火岛"与大型音乐喷泉及水幕电影。沿中轴线湖对岸土岗上的牡丹亭,其台下是激光演示的机房。

西翼区是能容纳4500人同时用餐的御宴宫,这里有相对独立、能各自出入举行大型婚寿及其他庆典的五个大宴会厅和一个多功能厅,另有院落式的各种规模和套型的包间,有的临湖,有的登楼,犹以畅观楼上的餐厅可纵览全园美景。

---

[1] 张锦秋:《大唐芙蓉园》,中国建筑工业出版社,2006年,16—17页。

东翼区以全园主峰为中心,其南麓为表现唐代物质文明的市井商业氛围浓厚的唐集市,其北麓为表现唐代精神文明之最的大型群雕"诗魂"和"诗峡"。由磴道通至峰顶,有茱萸台上的茱萸亭,这是北俯芙蓉园、南眺曲江区、遥望终南山的最佳场所。

环湖区十六个景点大都是以湖光山色、自然景观为欣赏对象,本身同时又点化了风景的"纯园林建筑",如龙舟、曲江亭、牡丹亭、赏雪亭、彩霞亭廊等。其中牡丹亭位居中轴线北端的高地上,具有一定的标志性。彩霞亭廊在东岸临水蜿蜒279米,是欣赏湖面景深最大、遥望大雁塔的最佳场所。湖区有四组较大的园林建筑:欣赏茶文化的"陆羽茶社"、供会议与陈列用的"杏园",彰显唐代女性特色的"仕女馆",精致高档的微型宾馆"芳林苑"。这四组园林建筑都有明确的功能,同时也是全园重要景点。此外滨湖的景点还有南北两处码头、北岸的柳岸春晓、"丽人行"群雕、梅花谷、翠竹林以及东岸的桃花坞、芳林桥、花鱼港等。

芙蓉园在规划设计中吸取了我国传统的规划方法。"以地形图上

大唐芙蓉园东岸长廊

大唐芙蓉园紫云楼夜景

大唐芙蓉园夜景

40米见方的坐标网作为布局的基本网络。轴线的取向、建筑布局选点大都以格网为基准,从而在平面关系上形成了严密的对称、对应、对景、呼应的景观网络。再进一步结合地形地貌和建筑功能确定各园林建筑的形制和造型特征,亲水的亭廊、宏大的楼台、疏朗的院落、开敞的轩榭、私密的馆舍,高低错落、虚实相生,各在其位、各显其能,相互成景得景,共同构成了庞大丰富的园林景观体系。运用这种方法不仅可以创造出园林的皇家气派,对于施工测量、放线定位在操作上也提供了科学、准确、便捷的途径。"[1] 张锦秋说。

大唐芙蓉园被誉为"唐风建筑博览会",说的是这里的建筑形象丰富、种类繁多,同时兼有宫廷建筑的礼制文化和园林建筑的艺术追求。前类建筑高大宏伟、雍容华贵,尽显皇家气派、御苑气质;后者则更突出自然风致,以错落自由布局的园林建筑与理水、叠石、堆

---

[1] 张锦秋:《大唐芙蓉园》,中国建筑工业出版社,2006年,19页。

在芙蓉园工地与施工总指挥和老师傅在一起　　芙蓉园施工现场

山、栽花、植林相结合，以达到"可行、可望、可游、可居"的意境。张锦秋追求的是在建筑形象上将宫廷礼制和园林的诗情画意有机融合，特别是使标志性的门、殿、楼、阁的建筑形象兼具双重品格，以使全园形成一个统一和谐的整体。

芙蓉园"以古典皇家园林格局为载体"，但毕竟是大型现代化公园。张锦秋读研究生时对颐和园、北海两组皇家园林进行过专门考察，发现这些园林占地面积大，景观开阔，但如今每当节假日、举办大型活动时，普遍存在道路不畅、活动场地不足、建筑容量偏小、缺少公共服务设施等问题。因而在芙蓉园规划设计时她作了多层次的道路体系，以满足消防、货运、各类人流的集散、人的舒适感的要求。同时建立了丰富的广场体系。除了三个大门内外设有广场外，在紫云楼南北、仕女馆内外、杏园门前、"诗魂"雕塑前、唐集市戏楼和擂台前都设计有大小不同的广场。有这样的广场体系，才能满足成千上万人的文化旅游活动。另一方面，特意加大了紫云楼、御宴宫等公共建筑的规模，而又通过建筑艺术处理，控制好尺度关系，而使其具有相当的容量。

在中国建筑西北设计研究院总建筑师赵元超看来，大唐芙蓉园表现了张锦秋园林规划的设计能力："近千亩土地、四十组园林建筑她能一气呵成、随心所欲、胸有成竹地完成，为我们展现了一幅天人合

晨曦中的佛学院

一的美好画卷，非常真切地再现了唐代皇家园林的风貌，它让西安人有了一次做'唐人'的自豪和骄傲。大唐芙蓉园是融建筑、园林、诗歌、雕塑于一体的大设计、大景观，是张锦秋院士在曾经诞生过唐诗的地方续写的空间的诗篇。"[1]

三、"海天映净土"：中国佛学院普陀山学院

2004年，起初在受邀主持设计中国佛学院教育学院（现名中国佛学院普陀山学院）时，张锦秋是犹豫的。毕竟年岁渐长，精力有限，基于工作需要，免不了要到工地上，从西安到普陀山，交通不太方便，设计施工到现场配合都是问题。但普陀山佛教协会的诚意让她难以拒绝。他们明确就是要追求"唐风"，因为唐代是中国佛教的鼎盛时期，而且普陀山从宋至清的建筑都有了，单单没有唐代的，所以希望有唐风建筑来加以充实。

这就激起了张锦秋的创作热情。她对此类项目是情有独钟的。在

---

[1] 赵元超编著、金磊策划：《天地之间——张锦秋建筑思想集成研究》，中国建筑工业出版社，2016年，130页。

佛学院总体鸟瞰图

西安，她有过法门寺、慈恩寺等的实践，但由于用地和财力的限制，建设规模都偏小，没有完全伸开手脚，还留有不少的遗憾。而普陀山学院是个大型项目，可以充分发挥，体现唐代佛教建筑的特点。

既然应下了这个项目，张锦秋和团队成员第一件事是静下心来，专门学习佛教培养人才的过程，了解佛教的门派类别。通过查阅相关资料，张锦秋意识到佛教文化的一个显著特点是人间性。佛祖释迦牟尼诞生成长、修炼成道、涅槃遗骨都在人间。这给佛教建筑的设计提供了一个总体思路，就是佛教文化的学习场所不是威严、高不可攀的，而应该是亲切、质朴的。这里应该是神圣的，但又是宁静的。

"建筑创作也是环境创作"的观念是张锦秋进行建筑设计的一个法宝。在中国佛学院普陀山学院的设计过程中，她灵活地运用了这条设计准则。学院选址在浙江省舟山市朱家尖岛香莲村，基地20公顷。基地北侧的白山与驰名中外的普陀山隔海相望。它的三个山头呈笔架形，对山南的基地形成半围合状。基地南侧是城市道路。学院背山面南，视野开阔，北山的117高主峰、隔路相望的原正觉寺山头、更远的109高山头三点一线，构成了学院的天然轴线。采用这一源自自然的轴线，打破了学院原本矩形的用地模式，经合理配置，创造出既有轴线又自由随机的布局。

佛学院山门内外

尽管基地群山环绕,但没有水面提供灵动的空间。为提升环境品质,使之进一步生态化、园林化,张锦秋在学院内规划了东西两个湖面,以水体来界分不同的功能空间,从而构成了尊重自然、山水相映、奇正相倚、富有生态特色的总体格局。

张锦秋通过学习了解到,在中国遵照本土生成的佛教丛林制度建立寺庙已经成为传统。而佛学院这种新型佛教教育机构并无定制,尚在衍生发展之中。如何结合自然环境在总体布局和建筑设计中体现佛家境界又融入现代教育功能,是设计成败的关键。最终张锦秋和团队提出了四大功能分区的方案,以实现这一目标。

《金刚经》说:"菩萨庄严佛土不?不也。"《楞严经》说:"随众生心,应所知量,循业发现,宁有所方。"那就是说,神圣佛土实际上是不存在的,更没有一定的形式,其境界是依着人们的心灵而造成的。这些佛理给予建筑师最大的创作自由,也提出了创作难题。张锦秋反对凭空臆造,而是要把宗教、美学的思维落到物质的实体上。

几经探索,张锦秋找到了认可的意象。"敦煌盛唐壁画中有寺庙建筑群漂浮在水面上的景象,以示东方、西方的净土或天宫。这种画面给人以无限遐想。于是我们把由山门、观音殿、大雄宝殿、法堂为中轴的寺院建筑群布置在环以围廊的水院中,以此象征充满'八功德水'的净土或天宫。院中的水面与背山相映,殿堂廊庑倒影其间,天光云影徜徉其上。这正是我们希图礼佛区表达的圣洁、明朗的'人间天国'境界。"[①]张锦秋说。她还介绍道,在礼佛区寺庙周围布置了八所不同佛

[①] 张锦秋:《海天映净土 佛光照学楼》,《盛世伽蓝》,中国建筑工业出版社,2012年,23页。

礼佛区的殿堂漂在水上

教宗派的研究生院,以体现汉代佛教八大门派团结共兴的精神。

在中区以西有作为教学、生活区的西区,建筑环西湖而置,是学院中占地范围最大的功能区。湖面开阔,生态恬淡。教学楼是西区的标志性建筑。东区是依傍东湖的图书馆与学院行政管理机构所在。图书馆是东区的标志性建筑,与西区的教学楼不相对称而遥相呼应。此外,在学院大门内广场西侧分别设置了国际会议中心和参学会馆,以供海内外高僧前来开展佛教文化交流和信众参观旅游之用。

在整个佛学院设计中,张锦秋力求运用唐风建筑,彰显佛教文化特色。她认为,历史上正是盛唐年代中国佛教的发展到达鼎盛时期,可惜现在只能从仅存的五台山佛光寺、南禅寺两座大殿领略唐时佛教殿堂的光辉神韵。一位佛学大师说过,中国僧众的袈裟,都已经过唐宋时代的汉制,并非印度原来的样式。到现在,只有在僧众的长袍大褂上,可以看到中国传统文化雍容博大的气息,窥见大国衣冠的气度。张锦秋说,服装尚且如此,佛教建筑就更应该与中国佛教文化形神相应。

佛学院中轴线上的礼佛区

以教学楼为标志的学习生活区

佛学院甲方审查设计

中国佛学院普陀山学院施工现场

佛学院毕竟是一个现代的高等学府，不是一个单纯寺院，可以套用已经很成熟的寺庙建筑。这就需要进行探索与创新。张锦秋综合运用了传统建筑与风景园林的经验，让"本来无一物"的禅意、"庭院深深深几许"的意趣、"行到水穷处，坐看云起时"的境界，得以形象化和具体化，同时又注重实用性和现代性，让这些建筑各就其位，适应现代化佛学院教育与经营管理的要求。

四、革命传统与人文关怀：延安革命纪念馆

2004年，张锦秋和团队受邀设计延安革命纪念馆。如何让这个高度政治性的项目高质量落地，张锦秋开始了艰辛的探索。

延安革命纪念馆环境一览　马忠义摄

　　坐落在陕北茫茫黄土高原上的延安，是中国革命历史上的一座重要里程碑。从 1935 年 10 月到 1948 年 3 月，延安曾是中国工农红军两万五千里长征的落脚点，是十三年间中国共产党中央所在地，是抗日战争的政治领导中心，是中国共产党人集体智慧的结晶——毛泽东思想的诞生地，是延安精神的发源地，是新民主主义红色政权雏形的孵化地，是夺取全国胜利的出发点。为了展现中国共产党波澜壮阔而又艰苦卓绝的革命历程，让一代一代更好地接受爱国主义教育和革命传统教育，国家决定在已是危房的老馆原址上重建延安革命纪念馆。

　　在明了这么一个大背景之后，张锦秋和团队从可行性研究入手展开工作。他们对韶山、井冈山、北京、天津、沈阳等地的革命题材纪念馆进行学习考察。行程中逐渐认识到，同类型纪念馆有强烈的共性，大都对称、端庄、肃穆，同时它们又都因题、因地的不同而具有鲜明的个性。二者结合，使这些纪念馆各展风采，给人留下深刻的印象。其中，能否突出建筑的纪念性，则是设计成败、优劣的关键所在。

张锦秋组织团队开展内部竞赛，经过多方案比较，越来越认识到延安革命纪念馆建筑应该具有独一无二、卓尔不群的标志性，应该明确表现中国共产党在延安的革命精神和光荣传统这一崇高的思想性，应该为民众提供一个学习、游憩的场所，具有人文关怀和亲切感。

延安城市以宝塔山、清凉山、凤凰山为核心向三条川道延伸。延安革命纪念馆坐落在西北川中部、延河北岸的王家坪，西有枣园、杨家岭，这三处都是重要的革命旧址保护区。纪念馆坐北朝南，背靠赵家峁，东西两侧山势呈环抱状，面临延河。张锦秋的设计尊重原纪念馆与斜跨延河的彩虹桥所形成的南北轴线，以此作为新馆轴线，沿轴从沿河边界到山麓336米。基地沿河宽度约500米。这一用地格局为纪念馆提供了颇有气势的空间环境。可惜的是，当时沿延河建筑杂乱无章、高楼林立。怎样在这样一个无序的市区中塑造一座里程碑式的标志性建筑及其应该具有的文明、优美的公共空间，这是张锦秋和团队首先要解决的第一个难题。他们决定沿轴线自南而北布置纪念广场、纪念馆建筑、纪念园三大部分。为适应政府提出的举行大型群众性活动的要求，广场设计为29000平方米。毛主席铜像立于广场中部。地面铺装设计有同心圆的大型弧线节理。其上布有草皮、花池，有节奏地为宽阔的广场增加了向心的凝聚感。只有三层高度的纪念馆建筑怎样突破东、西、南三面无序建筑的包围？结合功能布局，将这栋建筑设计成东西长222米、南北深78.5米的"⊓"形。在建筑横向水平尺度上用超常的向量，体现出强大的张力。"⊓"形呈围合的态势，对整个广场具有有效的控制力。与此同时设计的纪念园从西、北、东三面簇拥着纪念馆，以纪念园的绿地与北面纳入纪念馆基地的赵家峁南坡上按规划培植的山林融为一体，形成纪念馆绿色的背景。从以上三方面张锦秋创造了延安革命纪念馆这座标志性建筑三个必备的条件：优秀的建筑体型、优越的选址和优美的环境。

如何确立建筑风格，这是一个关键。是采用新时代的现代风格，采用延安这座千年古城的宋代风格，还是采用地域特色的窑洞式？

延安革命纪念馆正面全景

最终张锦秋团队认定,延安革命纪念馆建筑的形式风格应该与它的内容、精神相吻合。这个馆的主题是"延安革命",就应该在建筑艺术上体现中国共产党在延安十三年所留下的红色建筑基因。通过对延安革命旧址的调查研究,他们深切感到,革命战争时期,延安上自中共中央领导,下至各级干部、军民百姓,都是以窑洞为家。到今天,枣园、杨家岭、王家坪革命旧址中的窑洞与那些因山就势的孔孔窑洞民居,都有了延安革命精神的象征意义。

另外,他们还发现了那时延安还建设了一批由中国共产党中的

文化人设计的优秀建筑。由于设计人曾经在国外学习工作过,这些建筑还留下了一些中西合璧的特色。最典型的是杨家岭中共中央办公厅、中央大礼堂等。这些建筑朴素、简洁、典雅,细部设计都很到位。修长的竖窗,小形密排洞窗,讲究的入口处理、砖材与石材的结合、平顶与坡顶的穿插等都恰如其分、文质彬彬。张锦秋看后深为感动,在那战火纷飞的年代,延安留下了宝贵的建筑遗产。于是纪念馆内外设计多处运用窑洞母题和党的七大会堂等建筑元素。张锦秋希望这种建筑能引起当年在延安奋战过的老同志和他的后人

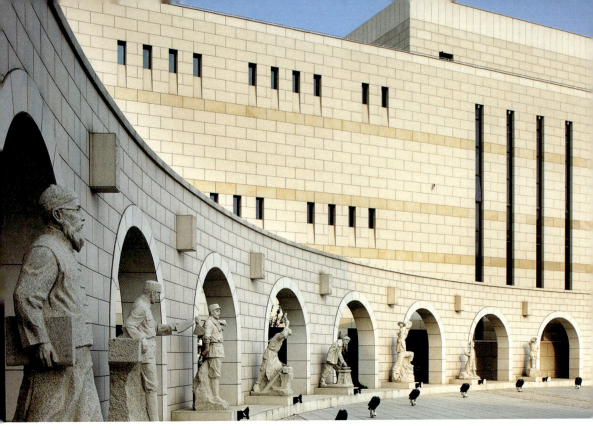

延安革命纪念馆西纪念墙

一些亲切的回忆,希望延安市民会为这种风格的建筑而自豪,希望引发参观的人们对革命历史的缅怀和无限遐想。据了解,建成后确实收到了这样的效果。

此类建筑,在追求标志性、纪念性的同时往往容易由于庄严、肃穆而缺乏亲和感。张锦秋认为这里的广场、园区都应体现以人为本的群众性,不仅可以举行大型政治性群众活动,平时应该成为群众休闲、娱乐的公共场所。为此在广场中央的毛主席铜像前设计了大型旱喷,白天孩子们可以在这里戏水,晚间有丰富的灯光水秀表演。在绿色的纪念园内设计了红飘带形象的"胜利之路"组织游览路线,沿线设置纪念性景点和游客服务设施。特别在广场东部园地内结合微地形变化为游人配备了各式坐凳以便休闲观景。在纪念馆西部底层,设计了架空的休闲空间,供春、夏、秋参观旺季游人在此休息、餐饮之用。如今,每当清晨和傍晚,广场上人潮如涌,这里成了市民晨练、休闲的乐园。

延安革命纪念馆序厅全景

延安革命纪念馆开馆典礼

与雕塑家研究延安革命纪念馆纪念墙前雕塑形象

五、闪亮、透明的"水晶体":天人长安塔

天人长安塔的设计集中体现着张锦秋对建筑环境的充分尊重。

2011年,西安举办世界园艺博览会,明确以"天人长安 创意自然——城市与自然和谐共生"为主题。整个世博园由四大主体建筑组成。其中,广运门、创意馆、自然馆这三大建筑,由英国建筑师、全球"景观都市主义"领军人物伊娃主持设计。天人长安塔的设计任务由张锦秋担纲。

张锦秋意识到,既然这个塔被命名为"天人长安",那么必然是一个文化标志建筑。天人长安塔需要对我国数千年来"天人合一"的宇宙观进行具象化呈现,又要充分彰显长安特色,而作为大型国际博览园的主体建筑,还要充分反映当今的时代特色和审美情趣。也就是说,天人长安塔要突出历史渊源,又要彰显地域风格,并且符合时代潮流。

她先着手对长安城建塔历史进行摸底。从史料得知,隋唐长安塔体林立，大大小小不计其数，总的看来有宝塔、观光塔和风水塔之分。宝塔是供奉舍利、经卷、佛像或其他宝物的，观光塔是供游人登临、赏景的，风水塔则是为取得城市或片区的风水平衡而建造的。也有的塔体集这三项功能于一身。

长安城历史上最高的木结构塔是隋代大总持寺和大庄严寺的双塔。文献记载，塔总高97米。塔内供奉过佛牙，帝王曾经在这里游览，文人百姓来这里观光。张锦秋还查阅到，唐代诗人岑参登临后写有诗句："高阁逼诸天，登临近日边。……槛外低秦岭，窗中小渭川。"宋之问也写有诗句："梵宇出三天，登临望八川。开襟坐霄汉，挥手拂云烟。"张锦秋说，一千多年前，登者与自然融合、人与霄汉云烟的亲近给了自己创作灵感。

历史环境确立了人文氛围，而自然环境为建筑确立具体尺度。根据总体规划，天人长安塔是博览园主轴的端景，还在全园主轴和副轴的交叉点上。根据对自然环境的全方位考察，张锦秋认定天人长安塔应该成为具有丰富水系景观特色的博览园的标志性建筑，在高度上宜高不宜低。

为了让游客在参观过程中时刻感受到自然气息、营造一个绿色环境，张锦秋邀请油画家，把塔的七个明层的塔心筒墙面视为一幅巨画，用油画的手法绘制一组菩提树林，"菩提象征着圣洁、和平、永恒。这是园中塔、塔中树的生动畅想。行走在这样的观光塔中，无论塔外四时作何变化，都能感受到万古长青、绿色永恒的意境"。[1]

历史环境、自然环境之外，张锦秋还对时代环境颇为关注。在她看来，现代审美意识就是绿色、简洁、明快。所以，天人长安塔有着唐代木塔的基本造型，但采取的是现代钢框架结构，屋顶、挑檐、明层的外墙一律采用超白玻璃，外露结构构件和檐下创新构件一律采用

---

[1] 张锦秋：《天人长安塔创作札记》，《建筑学报》，2011年第8期。

天人长安塔近景

沙光不锈钢色。整个长安塔富有鲜明的时代感,有着闪亮、透明的"水晶塔"风韵。

简朴高雅的天人长安塔,是博览园的一个亮点,也是新西安的一

个亮点。"它俨然是全园的核心,全园的灵魂,像是乐队的总指挥,统摄着整个园子的韵律和脉动;同时,它又是全园的标志,雄浑大气,升华了西安作为'华夏故都、山水新城'的理念。没有长安塔,

西安世博园中天人长安塔

整个园子的建筑便显得零乱无章。"①

登临天人长安塔,清风朗朗,绿意萦绕,心旷神怡,"挥手拂云烟"的意境在新的时空以新的风貌绽放出来、升腾起来。

在哈佛大学设计学院教授彼得·罗看来,一定距离之外,天人长安塔看上去沿用了宝塔建筑的传统形式。然而走近观察,会发现它实际上由不锈钢与玻璃构建而成。对于宝塔来说这是全新的形式。同时,它将一般传统佛塔建筑封闭的外表与相对开放的内部的空间关系进行了翻转。

"长安塔的表皮是玻璃的,具有很高的透明度,从外部可以看到其中每一层空间;而在这个透明围合空间的内部是一个立方体,宛若'生命之树'的壁画从底层一直贯穿到顶部。也许这种象征性在佛教建筑空间之中不足为奇,但是在这里其物质载体和营建方式无疑是令

---

① 赵元超编著、金磊策划:《天地之间——张锦秋建筑思想集成研究》,中国建筑工业出版社,2016年,52页。

天人长安塔夜景

长安塔翼角外观

人惊叹的。"① 彼得·罗说。

看望长安塔大型壁画创作团队

在长安塔工地检查施工质量

与长安塔两位主要建筑设计人在现场

---

① 彼得·罗：《探寻"面之体"：张锦秋的近期作品》，赵元超编著、金磊策划：《天地之间——张锦秋建筑思想集成研究》，中国建筑工业出版社，2016年，262—263页。

六、"新"中有古意，土色迎今"潮"：唐大明宫丹凤门遗址博物馆

在接受唐大明宫丹凤门遗址博物馆的设计任务时，张锦秋意识到，这并非一个普通的遗址保护与展示工程，不可只是满足保护与展示功能，而不考虑建筑在环境中承担的作用。唐大明宫丹凤门是盛唐皇宫的正门，现在是唐大明宫遗址公园的主入口，而且在现代西安的城市布局上，还是城市大门西安火车站广场的对景。这就是说，卓越的历史地位和重要的现实区位，决定了这个建筑应该既是传统的，也是现代的。

唐大明宫是唐长安城的政治文化中心，始建于唐太宗贞观八年，即634年，毁于唐昭宗天祐元年，即904年。大明宫在总体布局、艺术创造、技术运用等方面都达到了令人惊奇的高度，成为当时中国乃至东亚的宫殿建筑的巅峰之作。而丹凤门是大明宫的正南门，是662年大明宫大规模扩建时修筑的。2005年，考古人员发掘出了丹凤门遗址墩台，其规模之大、门道之宽、马道之长，在当时都是隋唐城门考古之最。同时丹凤门与唐大雁塔遥相呼应，构成唐长安城市的重要景观轴，强化了唐都城的景观特色。"现在实施丹凤门遗址博物馆工程对唐大明宫大遗址保护示范园区暨遗址公园的建设具有重大的标志意义，同时对西安市完善大明宫—火车站—大雁塔区—城市景观轴线也具有巨大的积极作用。"[①]

张锦秋首先考虑的是要"遵循国家有关文化遗产遗址保护的要求，在遗址上设置保护与展示的设施，必须保护遗址的原真性与完整性，并采用新技术、新材料及可逆的工程技术手段"。她说，在"保护第一"的前提下，尽量提供条件，向世人展示这个遗址的历史价值、文化价值和工程技术价值。既要为一般参观者提供科普教育的场所，又为有关专业人员提供相关专业考察、研究的条件。在满足上述两项要

---

① 张锦秋：《长安沃土育古今——唐大明宫丹凤门遗址博物馆设计》，《建筑学报》，2010年第11期。

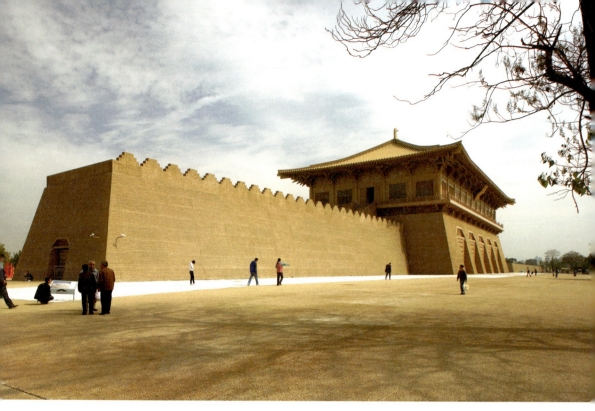

大明宫丹凤门遗址博物馆

求的基础上,应该争取让遗址保护和展示工程向人们提供一个沟通历史和现代,能引发观众历史联想,尽量切近丹凤门形象的标志性建筑。

为此,张锦秋和团队按要求搜集了敦煌壁画中木构城门楼及西安碑林所藏有关丹凤门的资料。特别分析研究了我国及海外建筑史学界专家学者对唐代一些城门的复原设计,最终根据丹凤门遗址实况制定出丹凤门推理方案,取得了此项保护展示工程的形象依据。

为了建设成一座真正的现代化遗址博物馆,设计根据"可逆性和环保节能"的理念,采用了大跨度全钢结构作为主展厅,外墙的城台和城墙采用大型预制墙板,板壁呈现夯土墙的肌理。屋面和外墙的保温隔热设施,使能耗低于《公共建筑节能设计标准》的50%。

张锦秋又追求"传统建筑轻型化"。除全部采用钢结构外,屋顶为轻型铝镁锰合金仿瓦垄板材,仿木构的檐柱、梁枋、斗栱、椽条等外露部分均用铝镁锰合金板预制构件组合而成。所有室内装修也采用现代材料和手法。

大明宫丹凤门遗址博物馆展厅

第二章 醒目的路标

　　就外观色彩而言,丹凤门遗址博物馆显得"土气",不是大张旗鼓的鲜艳与亮丽的仿古。建筑从上到下全部为淡棕黄色,近于黄土色彩,有着朴实无华的庄严与凝重。张锦秋让这座外形上显得唐风十足的建筑色彩抽象化,使其成为一个现代制作的标志,赋予这座遗址保护展示建筑以鲜明的现代感,有如一座巨型雕塑。也就是说,通过对色彩的选择,张锦秋试图营造出一种低调的"潮"。

　　如今的丹凤门博物馆不再具有"门"的功能,在其东西两侧为大明宫遗址公园开设了入口,这座"宫门"的台座和城墙内是真正的唐代宫门、宫墙遗

2009年在大明宫丹凤门钢构施工现场

址保护展示大厅。"宫门"的城楼内则是富丽堂皇的多功能大厅。建成后,许多文化活动甚至国际文化交流会议在这里举行。

"丹凤门能让人感受到盛唐的气息,尤其是它的颜色,似乎是从大唐走来,历经沧桑的化石。"[1] 这是一个10岁小朋友的观察。

七、理性和浪漫的交响:华清宫文化广场

华清宫是全国文物保护单位,国家级旅游观光地,位于秦岭支脉骊山北麓,由于富有温泉,自古就是秦汉帝王游览沐浴之地。唐玄宗天宝六年(747年)在此大兴土木扩建宫殿,命名为华清宫。在宫南所依骊山北坡上兴建了面积10倍于宫城的禁苑,形成了下宫上苑的离宫。唐玄宗每年多次游览华清宫,并经常在深秋入驻,次年开春返回长安城。宫城北面建有昭应县城,以安顿随行的王公重臣,以及服务和安保人员。由此,这里形成了罕见的"苑—宫—城"的空间格局。历经沧桑,昭应县城大半已经在现代临潼城区之下。在华清宫与临潼

华清宫文化广场总体实景鸟瞰(彩色部分为项目范围)

---

[1] 赵元超主编:《长安寻梦——张锦秋建筑作品展实录》,中国建筑工业出版社,2017年,141页。

城区之间空余一片12公顷的楔形地段，上面无序乱搭乱建，是临潼区亟待改造整治的"脏乱差"地段。2008年至2010年张锦秋和团队接受委托，进行了这个地段的规划设计。项目2013年竣工。

这个项目原名华清宫文化广场，建成后改名为大唐华清城。城市规划要求这里是修复生态的绿地，文物保护规划要求保护并展示唐昭应县城墙遗址，投资人要求有合理的经济回报。

如何满足这些要求？张锦秋说，这是我们前所未有的、一个艺术性最大、技术性最复杂的项目，"必须站在城市规划的高度，从城市设计的视角，遵循历史遗产保护的原则，通过总体规划、城市设计、建筑设计、园林景观设计来协同完成任务"。[1]

按照张锦秋的思路，总体规划上以1对3的轴线，使城市和华清宫形成一个有机的整体，结合地形规划了2.4万平方米的昭应县城墙保护带，又通过地下空间开发，地上地下共提供约8.7万平方米的经营性空间，其上覆土2米至4米，营建成片的公共园林。这样，既维护和展示了"山—宫—城"的历史格局，又建设了具有历史文化和生态特色的文、商、旅综合体。

在张锦秋看来，历史文化是这片山水园林的灵魂。建设一组以文学名著"长恨歌"为主题的广场群，是这个项目创作的钥匙。"长恨歌"广场布局在正对临潼市区干道的中轴线上，再从这个圆形广场中心放射出三条轴线，指向华清宫内不同时期所建的建筑群。在这三个轴线结点上各辟一个小广场，由此形成一主三辅的广场群格局。每个小广场中央都布置了与宫内建筑功能相对应的主题雕塑，由东而西分别为"春寒赐浴""温泉铭""云裳羽衣"。主广场"长恨歌"广场是直径80米的圆形广场。在正中36米直径的喷泉池中矗立着16.8米高的"在天愿作比翼鸟"雕塑，其下方三层包含66个人物群雕则展

---

[1] 张锦秋：《建构于宫城之间——临潼大唐华清城的规划与设计》，《建筑学报》，2013年第10期。

临潼华清宫长恨歌广场夜景

临潼华清宫长恨歌广场

2012年华清宫文化广场工地指导施工　　在雕塑工厂讨论长恨歌广场雕塑

示了开元盛世在"渔阳鼙鼓动地来"之后走向衰败的千古遗恨。这组由中央美术学院艺术家奉献的史诗性城市雕塑，展现了大唐王朝昔日曾经的辉煌和悲伤，与骊山相呼应，给人留下了难忘的印象，大家说："一个难点成了一个亮点。""中西文化融合的杰作。""西安真的在向着国际化大都市迈进。"如今，这里已经成为现代临潼国际旅游城的标志。

第三章
走一条固本之路

《论语》开篇第一是"有朋自远方来",第二则说的是"君子务本,本立而道生"。

本来、本真、本性、本心、本质、本色、本体、本分、根本、基本、原本……对"本"的拷问与追寻,是中国人的一个心结,甚至可以说是使命。

"我们走得太远,以致忘了为何出发,从哪里出发。"这就是把"本"给遗失了,心茫然,手无措,天地哪得宽阔?

不忘初心,方得始终。

纵观张锦秋的人生之路、建筑之路,她是一个守本的人,是一个务本的人,是一个固本的人。

她对民族传统有着天然的敬重与热爱,她对脚下的土地有着切身的感怀,她对"什么是建筑""什么是建筑师"这两个原初性问题有着深邃的思考和稳固的立场,甚至将之升华为信念与信仰。

回到"本"上来,一个人才是完整的人,一个人的事业才有了根基,一个人的日子才过得心安,一个人的未来才是真正的未来。

第一节 民族传统之本:传统之美,美不胜收

"世上有百去不厌的场所吗?"张锦秋曾经自我设问。

她的回答是"有的"。举例说明,她选的是西安碑林。

"西安碑林现在收藏其碑和墓志及别的刻石,共一万一千余件,经常展出的有一千余件,属于天下之最。把文章或图画刻在石头上,立起来以作纪念,谓之碑。众碑密集,森然成阵,谓之碑林。"[①] 在作

---

① 朱鸿:《长安是中国的心》,生活·读书·新知三联书店,2013年,257页。

家朱鸿看来，历史上保护碑林的那些人，未必无过，也未必发展了经济，然而就因为保护了众碑，他们就可以流芳。这说明一个道理，即"文化是人创造的，不过人也为文化所弘扬。凡是创造了文化的，传播了文化的，或保护了文化的，其人皆会不朽"。

也就是这样的一个优秀传统文化资源集聚之地，张锦秋是时常要去走一走的。"这是一座灿烂的石刻艺术宝库，向来以碑石精英而驰名于世。我到这里究竟有多少次，连自己也说不清楚了。可是每去一次，总是多多少少有新的收获。"①

在西安碑林参观拴马桩

优秀的民族传统资源是本，是初心，是渊源，是来处，是自己成为自己的根源所在，是再出发的底气与倚靠。张锦秋的建筑人生之路，是一条尊重传统、激活传统、弘扬传统、创造传统之路。

一、学习传统

1995年第64期《建筑师》杂志刊发了署名郑方的文章《论张锦秋》。作者写道："陕西省博物馆的宫殿图式与三唐工程的复合图式均与作者的清华传统有关。这种传统在1965年她的题为《颐和园后山西区的园林原状及造景经验》的研究生论文中即已显示出来。"这里提及的"清华传统"，是张锦秋从事建筑生涯的一个厚实的"背景"。

---

① 张锦秋：《访古拾零》，张镈等著：《建筑师的修养》，中国建筑工业出版社，1992年，113页。

清华大学建筑学院始建于1946年，是我国最早成立的建筑院系之一。首任系主任梁思成提出"住者有其房"的办系宗旨和"体形环境论"的学术思想，奠定了清华建筑教育的基础和框架。中华人民共和国成立以来，建筑学院师生热情投身到新中国的建设事业之中，在中华人民共和国国徽与人民英雄纪念碑设计、新首都规划和国庆工程等国家重大建设项目中发挥了重要作用。改革开放后，吴良镛先生提出了广义建筑学和"人居环境科学"理论体系，推进了中国当代城乡建设的科学发展，引领了以建筑学、城乡规划学、风景园林学为核心的人居环境学科发展。

张锦秋在清华大学接受了系统的建筑教育，这让张锦秋受益一生。她曾经深有感触地说："那时我们学习强调基本功，强调专业结构。……虽然时代在变化，建筑界的潮流不断更新，但当年梁先生、莫先生教导我们的基本原理未变，如建筑要与历史文化相衔接，要与城市的生态环境相协调等，这些都是一脉相承的。"①

2016年10月22日，清华大学建筑学院建院（系）70周年纪念大会在清华园举行。张锦秋受邀参会并发言。她说，水木清华十三春秋，开启了自己的建筑人生。回顾漫长而又短暂的人生，衷心感谢清华给予自己"自强不息，厚德载物"的教育和培养，给予自己德、智、体全面发展的教育和培养，"清华建筑以国家建设为己任，做人民建筑师的方向，铭刻在我们心中，使我们走入社会成为建设国家、服务人民的有用之人。我常常感觉，清华的建筑精神就像一条源源不断的大河，我们在祖国大地从事耕耘的时候，总是受惠于这条大河的滋润"。

自成立之日起，清华建筑系就落脚在中国建筑之上，有着深厚的中国文化根基又东西方兼容并蓄，薪火相传，守住灵魂，与时俱进，奋发创新。张锦秋搜集一些专家的观点，总结出清华建筑学院的四大优势：与国际知名建筑院系比肩，学术交流广泛，把握世界建筑潮流；地处首都，与国家各部委信息通畅，有更多机会参与顶层设计，领会顶层设计

---

① 文爱平：《张锦秋：长安寻梦》，《北京规划建设》杂志，2005年第6期，187页。

意图；与清华兄弟院系强强联合，便于创造良好的综合效益；清华建筑学院大师林立，人才辈出，能够提出体现中国文化、中国智慧、中国价值的理念和作品。在她看来，清华建筑学院已经是公认的中国建筑界的一支生力军，已经发展成为国内一流、国际前列的建筑学院。

建筑领域的"清华传统"具有强大的生命力和影响力。而梁思成是建筑领域"清华传统"的开创者。

梁思成说："工程结构和建筑丰富的美感有机地统一着，是我们祖国建筑的优良传统。"

他还说："我觉得西方的建筑就好像西方的画一样，画面很完整，但是一览无遗，一看就完了，比较平淡。中国的建筑设计，和中国的画卷，特别是很长的手卷很相像：用一步步发展的手法，把你由开头领到一个最高峰，然后再慢慢地收尾，比较的有层次，而且趣味深长。"

他又说："我们必须先研究我国的建筑遗产，掌握了它的规律，熟识了它的许多特征，在创作中加以灵活运用。"

他甚至说："不掌握规律，不精通，不熟悉，只是得到皮相，或生吞活剥地临时抄袭和硬搬，就难有成就。"

梁思成喜欢论说中国建筑传统之本，张锦秋把这些话都记了下来。

她的建筑观深受恩师梁思成的影响。梁思成建筑创作思想，蕴含在他的建筑作品和理论著述之中。张锦秋系统、认真地学习了这些论述，感受到的是"拳拳爱国之心"与"勃勃创造之意"。她将梁思成的这些论述分类摘抄，并附上自己的感受与体会。

1932年，梁思成就提出中国建筑向以木料为主要材料，其法以木为构架，辅以墙壁，如人身之有骨节，而附皮肉。其全部结构，遂成一种有机的结合。①

1935年，对于中国建筑的民族属性，梁思成有了新的阐发："对于新建筑有真正认识的人，都应知道现代最新的构架法与中国

---

① 梁思成：《蓟县独乐寺观音阁山门考》，《凝固的音乐》，百花文艺出版社，2006年，1页。

固有的构架法，所用材料虽不同，基本原则却一样——都是先立骨架，次加墙壁的。因为原则的相同，'国际式'建筑有许多部分便酷类中国（或东方）形式。……同时我们若是回顾到我们古代遗物，它们的每个部分莫不是内部结构坦率的表现，正合乎今日建筑设计人所崇尚的途径。这样两种不同时代不同文化的艺术，竟融洽相类似，在文化史中确是有趣的现象；这正该是中国建筑因新科学，材料，结构，而又强旺更生的时期，值得许多建筑家注意的"。①

到了1946年，梁思成的看法又往前走了一步。他说："中国建筑即是延续了两千余年的一种工程技术，本身已造成一个艺术系统，许多建筑物便是我们文化的表现，艺术的大宗遗产。除非我们不知尊重这古国灿烂文化，如果有复兴国家民族的决心，对我国历代文物，加以认真整理及保护时，我们便不能忽略中国建筑的研究。"

梁思成反复在陈述这么一个普遍性道理，即艺术创造不能完全脱离以往的传统基础而独立。他说，这在注重画学的中国应该用不着解释。能发挥创新都是受过传统熏陶的。即使突然接受一种崭新的形式，根据外来思想的影响，也仍然能表现本国精神。艺术的进境是基于丰富的遗产上，今后的中国建筑自亦不能例外。

"我们有传统习惯和趣味：家庭组织、生活程度、工作、游息，以及烹饪、缝纫、室内的书画陈设、室外的庭院花木，都不与西人相同。这一切表现的总表现曾是我们的建筑。现在我们不必削足就履，将生活来将就欧美的部署，或张冠李戴，颠倒欧美建筑的作用。我们要创造适合于自己的建筑。"②梁思成说。

时序进入20世纪50年代，梁思成的观点更明确、更充分，"今后

---

① 梁思成：《建筑设计参考图集·序》，《凝固的音乐》，百花文艺出版社，2006年，115—116页。
② 梁思成：《为什么要研究中国建筑》，《中国建筑史》，生活·读书·新知三联书店，2011年，9—10页。

中国的建筑必须是'民族的、科学的、大众的'建筑；而'民族的'则必须发扬我们数千年传统的优点。……二十余年来，我在参加中国营造学社的研究工作中，同若干位建筑师曾经在国内作过普遍的调查。……其目的就在寻求实现一种'民族的、科学的、大众的'建筑的途径。"①

2001年在梁思成先生百年诞辰纪念会上

梁思成的这些看法和观点，散落在他的著述之中。张锦秋逐一摘抄下来，细细品读，领略思想之美，探寻"言外之意"，寻找着内在的关联。

张锦秋发现，梁思成"为中国创造新建筑"的主张是一贯的，也是深刻的。"早在20世纪30年代，梁思成先生就站在历史的高度，高瞻远瞩地审视了中国建筑在世界建筑发展潮流中的地位和去向，不仅把建筑作为工程技术，还把它摆在文化的层面上来观察分析，强调了保持中国特色的必要性。而要保持中国特色，就必须吃透传统，理解建筑传统在现代乃至未来的地位与作用。虽然后来不同时期的不同人，对于中国的建筑传统有不同的判断和看法，但是梁先生等具有深厚传统文化底蕴的建筑师们对传统的感情和看法，必然对我影响深远。"②

2001年，张锦秋在《梁思成先生百岁诞辰纪念文集》中发表了自己历时五年学习梁思成有关建筑创作思想的笔记，包括建筑创作的目标与方向、建筑的传统与革新、建筑传统精华之所在、创造中国新

---

① 梁思成：《致朱总司令信——关于中南海新建宿舍问题》，《凝固的音乐》，百花文艺出版社，2006年，281页。

② 本社编：《建筑院士访谈录——张锦秋》，中国建筑工业出版社，2014年，79页。

建筑的路径等。在每一部分梁思成有关论述后，张锦秋还写有她自己的体会。从这篇文章可以看到张锦秋创作的底气从何而来。她说："他所积累的经验和阐述的见解是中国建筑理论的瑰宝，拂去历史尘埃更加光彩夺目。在改革开放，建筑创作空前活跃的今天，梁先生的建筑创作思想和理论著述仍然有着巨大的现实意义和深远的历史意义。"①

在张锦秋看来，梁思成是以一位建筑师的眼光来审视中国建筑传统，从物质功能、工程技术、风俗习惯到审美情趣、文化底蕴都进行了精到的、中肯的评价，从古为今用的角度力求科学地、求实地分辨出对中国建筑传统的扬弃。

令张锦秋印象深刻的是，梁思成对以下问题有自己的明确看法：中国传统框架体系是有其科学性的，这使中国传统建筑具有了对不同地区和不同功能的广泛适应性；中国传统建筑的法式所表现的设计定型化、构件标准化、构件预制、装配施工这些精神和原则今天仍是很有价值的；中国建筑传统上体现的工程和艺术的有机统一的原则及其形成的建筑形象，特别是富有装饰性的屋顶，成为中国传统建筑的重要造型特征；符合中国人情趣的庭院式的布局和手卷式的空间部署，利用地形、因地制宜等从总体到局部的艺术规律和手法都是值得借鉴的优良传统。就是说，中国的建筑，在充分吸收世界建筑艺术精华的基础上，要有中国特色、中国风格、中国气派。

在张锦秋看来，梁思成从历史学家的角度阐述了什么是传统，从传统的形成和发展进而说明在建筑的发展中继承传统的必要性和必然性，阐明了建筑传统的民族性、民族风格和民族形式问题。她充分吸纳了梁思成关于建筑传统的思想精华，并与自己的思考相互补充、激发，从而形成属于自己的新理念、新思路。

---

① 张锦秋：《梁思成建筑创作思想学习笔记》，《梁思成先生百岁诞辰纪念文集》，清华大学出版社，2001年，100页。

2000年，新世纪的开端，张锦秋获得首届梁思成建筑奖。她认为这个奖项的设立具有重要意义，体现了我们国家对传统建筑文化的重视，对梁思成先生及其成就的高度肯定。

"作为梁先生的学生，作为清华的学生，我获得了这个奖项，那自然是荣幸之至。不谦虚地说，我也觉得我应该得到这个奖，因为我们是梁先生学术的继承人，我们又在做建筑实践，我们不得梁思成建筑奖，那梁思成建筑奖给谁呢？真的，我当时真的有这种心情。"[1] 张锦秋说。

梁思成建筑奖奖牌

对于恩师梁思成，对于传统底蕴深厚的清华大学，张锦秋总是饱含深情。2016年，她专门阐述了自己对清华校训"自强不息，厚德载物"的看法。

"自强不息，就是说一个强者，应该有坚定的信念，要不断地探索，有这样的自信，也能付诸行动，不断地攀上高峰……"而厚德载物，她认为就是人应该像大地一样温厚、包容，建筑师走向社会，"有大大小小不同的团队，都要强调团队精神，无论大团队还是小团队都能够团结……我觉得厚德载物很深刻的意义还在于扎根于人，扎根于所在的地域，一定要得到老百姓的支持，这样才有丰富的创作源泉，所以这个厚德载物也就是我们服务社会、服务人民，我们有很好的团队精神来实现自强不息的目标。"[2] 张锦秋说。

---

[1] 本社编：《建筑院士访谈录——张锦秋》，中国建筑工业出版社，2014年，155页。
[2] 赵元超主编：《长安寻梦——张锦秋建筑作品展实录》，中国建筑工业出版社，2017年，31页。

二、推崇传统

"尊重传统,把传统所包含永远富有生命力的东西区别出来。"张锦秋在著述《从传统走向未来》"学习篇"部分,开篇就引用了法国雕塑家罗丹的名言。她对民族传统资源的看重与青睐可见一斑。

对于建筑文化的民族传统,张锦秋总是怀着崇尚和礼敬的心态去感受、去品读,从中她不断收获新知,充实自己对建筑的认知。在清华大学就读期间,她就注重熟悉、摸准传统建筑的门道。对颐和园后山西区进行实地考察时,她特别关注传统园林建造如何表现出曲折幽深的意境。桃花沟以西不为人们赏识的岗坞地带却引起了她的高度关注。

她发现,在这个地带,造园者别出心裁地用回环起伏的土岗围成五个相对独立的空间。它们之间又层层相属,构成一组多层次的、曲折的自然空间,宛如丘陵地带的一群山坞。在岗形的具体处理上力求曲折多变。这里的每个土岗在平面和立体造型上有着多种变化,从不同角度望去具有不同的形态;在岗脚部更是注意凹凸的处理,使其层次丰富、形态生动;特别在每个山坞的进出口处更注意岗形的变化,使岗脚互相掩映,游人不致一眼从这个山坞望穿那个山坞。

"凡此种种,都说明在这区是极力围绕'幽深'二字来做文章。布局曲折,岗形曲折,空间之间的联系方式曲折,通过这一系列曲折的处理创造出一种幽深的山林境界。这正是成功地运用了'不曲不深'这一传统经验。在整个后山西区其他山形、山路以及湖形的处理都体现了这种精

重访颐和园绮望轩遗址

陪同山本忠司参观化觉巷清真寺

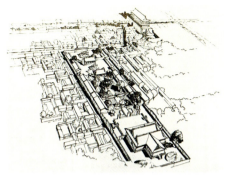
西安化觉巷清真寺鸟瞰图

神。"[1]张锦秋说。

1981年第10期《建筑学报》发表了张锦秋的文章《西安化觉巷清真寺的建筑艺术》。她对化觉巷清真寺的建筑进行了精细品读，结果读出了汉族传统与园林浓浓的中国味。这里的门，有山门、垂花门、砖联三门、月洞门；这里的亭子，有正方木构碑亭、砖砌冲天碑亭、轻巧活泼的凤凰亭；这里的牌坊，有木牌坊，斗栱层层叠叠，檐角如翼如飞，甚是壮观，还有石碑坊，为仿木构形式，造型简洁。

"这个经过不断改建发展而形成的布局正是中国殿堂建筑的传统布局。其特点是沿着一条主轴线有次序、有节奏地布置若干进四合院，形成一组完整的空间序列。每一进院落有着不同的功能要求和艺术特色，而又循序渐进、层层引申、共同表达着一个完整的建筑艺术主题。以化觉巷清真寺为代表的中国回族清真寺大都采用了这种与伊斯兰清真寺固有型制全然不同的总体布局，很好地满足了伊斯兰宗教活动的要求。这的确是一项具有高度创造性的建筑活动。"张锦秋说。

在她看来，采用这种中国的传统布局方式决不意味着是套用了某种固定的程式。在中国传统建筑中，各类建筑都采用了这种布局方式而从不雷同，关键就在于如何运用各种建筑尺度和造型以及建筑小

---

[1] 张锦秋：《颐和园后山西区的园林原状及造景经验》，《从传统走向未来——一个建筑师的探索》，中国建筑工业出版社，2016年，76页。

终南山净业寺山门

品、园林绿化等多种手段创造出千变万化的空间组合。

"其空间序列的变化除了把握每进院落的尺度比例外,主要着意于中轴线上的建筑变化。这里有两个特点是值得注意的:一是在每一进院落中部都安排了一座独立的、观赏价值较高的建筑。由第一进院落至第四进院落分别为木牌坊、石牌坊、'省心楼'、'凤凰亭'。一是每个院落的过渡方式均不雷同。五进院落间的四组门有五开间的二道门、三开间的'敕修殿'两侧配以垂花门、砖构的联三门以及月洞门等多种形式,这样使每进空间的转换都有新意。由于中轴线上的建筑作了上述两方面的安排,对主体建筑礼拜殿起到了较好的铺陈、烘托作用,最后当礼拜殿展现出来时犹如乐章达到高潮。这正是化觉巷清真寺布局成功之所在。"① 张锦秋说。

---

① 张锦秋:《西安化觉巷清真寺的建筑艺术》,《从传统走向未来——一个建筑师的探索》,中国建筑工业出版社,2016年,114页。

张锦秋对建筑传统章法有自觉而清醒的认识。

俗语说："天下名山僧占多。"这是一个普遍的现象。张锦秋说，无论深山密林、悬崖峭壁、高山之巅、曲水之隩，寺庙都居于一个既安全适用又优美宁静的地形环境之中；寺庙建筑又总是那样依偎着自然、装点着自然、与自然融为一体；寺庙建筑本身又都具有高度艺术性的室内外空间组合。这不由使人感到这些建筑在相地定点、规划布局、建筑设计之间存在着一种严密有机的关系。

在她看来，中国传统的各类建筑在选点、布局、空间形体组合上莫不如此。"有这样成功的实践必有其卓越的理论和方法。这正是几代建筑学子孜孜以求的东西。建筑专著、史书、杂记、画论、诗词、小说……人们尽其所能地从不同的方位追寻着真谛，但偏偏回避着一个禁区——风水。而事实上这里却记述着贯穿于传统建筑营建活动始终的理论和方法。以面向现代的立场研究传统，我们应该抱着科学的、审慎的态度去打破这个禁区一窥究竟，和对待其他民族遗产一样取其精华、去其糟粕。"[①] 张锦秋认为，至少从城市环境、建筑景观的角度来看，风水中的形势法则即有着高度的现实意义。

她说，形势法则是中国风水理论的一个重要部分，本来是观察、选择和利用山水环境的理论，但也推而广至指导建筑群体的规划布局和空间形体设计，因而形势法则是我国传统建筑活动中一项起着重要作用的法则。

如何理解建筑领域的"形势"概念？张锦秋说，"形势"是人们将对于环境景观中空间体形高低、大小、远近、离合的视觉感受综合概括出来的概念。古人有此类说法，"左右前后分谓之四势，山水应案分谓之三形。""远为势，近为形；势言其大者，形言其小者。""势可远观，形须近察。""势居乎粗，形在乎细。"可见，在实际进行勘

---

① 张锦秋：《传统建筑规划设计的形势法则》，《从传统走向未来——一个建筑师的探索》，中国建筑工业出版社，2016年，258页。

察时,"势"指的是地形起伏的形态,是地形各部分相对关系宏观的整体概括,而"形"则指局部地貌的具体形状。

怎样观察地形?张锦秋发现,大致原则是由大到小、由粗到细。即所谓"有势然后有形",所以"欲认三形,先观四势"。在不同的地区,观察的重点各不相同。

"山地观脉,脉气重于水;平地观水,水神旺于脉。""山地以山为主。""平洋以水作主。"以看山为例,风水称"觅龙"。"地脉之行止起伏曰龙。""指山为龙兮象形之腾伏。""借龙之全体,以喻夫山之形真。"张锦秋说,"龙脉"即山脉,以象"人身脉络,气血之所行"。所谓"寻龙捉脉""寻龙望势"就是指勘察地形、把握总体势态。按照"寻龙先分九势"说,即有"回龙、出洋龙、降龙、生龙、飞龙、卧龙、隐龙、腾龙、领群龙"九种。这是对耸秀峭峻、蹲踞安稳、脉理淹起、稠众环合等各种地形特征的概括分类。另外还有"五势"说:按龙脉的不同走向分正势、侧势、逆势、顺势和回势。这些都是通过形象的分类,便于人们更好地把握地形特征。

"中国民间更凭直观将山比作各种吉祥物,如狮、象、龟、蛇、凤等,甚至还有作拟人化的比喻提出'相山如相人'等说法。实际上这些隐喻反映出古人比拟山川具有灵性和生命,以建立人与自然之间的有机关系,由此确定人在自然界的居住地位。这既合乎中国人特有的对某些动物的崇拜心理,也反映了'天人合一''以天地为庐'的宇宙观。至于选择地形的好坏标准当然首先考虑功能上、安全上、经济上等因素,但从精神上、美学上则要求'来龙要奔驰远赴',一般总要求来龙去脉清晰、长远,层次内涵要深广,即'势远形深者,气之府也'。这句话概括了功能、心理、艺术上的要求标准。"[1]张锦秋说。

她进一步阐述道,形势法则对在传统建筑营建活动中如何处理

---

[1] 张锦秋:《传统建筑规划设计的形势法则》,《从传统走向未来——一个建筑师的探索》,中国建筑工业出版社,2016年,259页。

建筑与自然的关系有着明确的指导作用。"人之居处宜以大地山河为主",对于帝王陵寝也是强调"遵照典礼之规制、配合山川之胜势",更有明确提出"宅以形势为身体"的。这一形象化的提法具有两层含意,即建筑的营建要顺乎自然形势、建筑空间体形组合还要体现形势的特点。近水的建筑布局要曲,倚山的建筑布局要峻,山环水绕的地方布局要幽。总之,建筑布局要顺乎并加强自然形势的特色,而不是凭建筑师的主观愿望去"改天换地"。

"在中国的传统观念中人工的建筑与自然的山水融为有机整体者方为上品。这方面的优秀作品极为丰富,从宫廷建筑、风景园林、寺观宅院到民间村落,可以说比比皆是。许多国画形象地反映了这一有机自然观的理想境界。中国人对理想的山水环境和理想的建筑环境有着共同的审美意识。"[①]张锦秋发现,如果将那些高大屋顶看作是一个个的峦头,它们的布局与理想的山水环境不乏相似之处。所以,中国传统屋顶样式的名称都缀以山字,如悬山、硬山、歇山之类。她曾经在广西桂北考察过侗族、壮族民居村落,发现那些"没有建筑师的建筑"倚山形、就水势,坐落在云雾山中,恰似一幅幅青绿山水,令人赞叹不已。以此为参照来看当今有些"风景建筑",张锦秋感觉如蛮牛入屋一般,在山水环境之中左冲右撞、大煞风景,"这说明我国传统风水理论中的形势法则是值得我们发掘整理并加以继承发扬的,它可能是一剂专治现代建筑忽视环境景观的中草药"。

回到原有典籍领略传统的魅力与精华,是张锦秋的一个重要主张。她说,风水的形势法包括对于"形"和"势"之间辩证统一相互关系的许多精辟论述。学习这些论述,结合对传统建筑空间布局的分析,可以认识到以建筑群体的宏观效果为"势",单体的形式为"形",在规划设计中将形势法则加以运用是很有意义的。

[①] 张锦秋:《传统建筑规划设计的形势法则》,《从传统走向未来——一个建筑师的探索》,中国建筑工业出版社,2016年,260页。

考察桂北民居与山水关系

"有势然后有形""形乘势未""形以势得"。这里的"势",既可理解为建筑组群外形的总体效果,也可以理解为组群内部各单体之间空间形体关系造成的综合环境效果,因而"势如根本,形如蕊英,英华则实固,根远则干荣"。其间不但讲了"形"之于"势"的从属关系,还进一步强调了"形"对于"势"的能动作用。"形者势之积,势者形之崇。"张锦秋说。这表明在群体布局中不但可以"积形成势",而且能够调动各类造型因素"众巧形而展势"。由此才能真正领会到在中国建筑群体布局之中一洞桥涵、一座牌楼、一片影壁、一组台阶为什么都那样贴切。这是因为它们在总体中都是"成势"或"展势"所必不可少的因素,是经过通盘经营而造就了的。形势法则还指出了"无形而势,势之突兀;无势而形,形之诡弎"这些应该避免的弊端。

张锦秋发现,"形"与"势"还有着动态的转换关系。在一个周密安排的空间序列之中应该达到"形乘势来""势止形就""形结势薄"的效果。这反映了人在序列之中观察远景、中景、近景时对"形"与"势"感受的变化:在远景中人们看到"形"乘"势"的衬托开始展现出来;

在中景时"势"的主导作用已经让位给单体清楚的形象；作为近景，单体的"形"全部吸引了人们的视线，而对"势"的印象就相应淡薄一些了。这种按照三个层次考虑主导因素，在景观设计中突出重点从而强化环境气氛的见解在现代环境设计中是应当充分吸取的。应该说形势法则科学地反映了中国建筑规划设计中进行动态景观控制的本质特征。

在传统建筑实践中形势法则几乎贯彻于每一群体的选址、规划设计及营造活动的始终，因而传统建筑往往在群体空间组合的远、中、近的景观组织以及在步移景移中的动静变化和相互转换等艺术处理方面极富巧思，有很高的成就。张锦秋说，至今保存完整的北京故宫、颐和园、清泰陵、明长陵以及坐落在大江南北的许多名刹古寺，其山水环境的选择及建筑群体空间组合的艺术处理都是比较典型的例子。特别是建筑群体外部的引道、入口和主体群组轴线安排的空间序列都十分精彩，不乏令人惊叹的神来之笔，取得了艺术上的莫大成功。

"中国传统建筑绝大部分是由一组或者多组围绕着院落的房屋构成的建筑群。在大型建筑群中更是院院相属，构成层次丰富的整体，其序列、宾主、动静均在此中展开。从这样一种建筑体系的长期实践中总结出'形'与'势'的辩证统一关系是十分自然的。中国的传统长于综合，而西方则长于分析。因而在源自西方的现代空间理论中把'形'与'势'结合起来进行研究的还不多见。如果我们在这方面继续探索，运用'形'与'势'的辩证关系与现代空间理论相对照、结合，对中国传统建筑的规划设计再认识，相信在古为今用方面将有新的收获，会创造出新的经验来。"[①] 张锦秋说。

风水中有一句名言："千尺为势，百尺为形。"张锦秋认为，这句话以精辟的语言道出了形势法则的基本概念和尺度规定，是大量实践经验的总结，其深刻而科学的内涵对规划设计的实际工作价值很高。

[①] 张锦秋：《传统建筑规划设计的形势法则》，《从传统走向未来——一个建筑师的探索》，中国建筑工业出版社，2016年，264—265页。

1994年考察福建民居

她指出，这里所讲的尺是中国古尺。按照刘敦桢主编的《中国古代建筑史》所载历代尺度简表，每尺相当于公制32至35厘米。"千尺为势，百尺为形"用现代语言可以这样讲：在建筑组群的总体布局上把各单体建筑的远观视距控制在320至350米，把近观视距控制在32至35米能取得最佳的景观效果。深入分析和研究古代建筑的具体实践，并同现代理论相对照，不难发现这个视距控制的尺度规定有着合理的科学依据。

通过研究，张锦秋意识到，32至35米是现代建筑理论中提出的近距离看人的合理视距标准，在这个视距以内可以看清人的面目和动作细节。这也正是在设计影视建筑和其他建筑外部空间时一般遵循的一项视距规定。320至350米则是虽然难以辨认人的面目和细节，但还能根据人的轮廓、动作加以识别的极限距离。

以32至35米作为近距限制，320至350米作为远距限制，前者取其形，后者得其势，在传统建筑布局方面有许多实例。张锦秋举例道，如北京故宫，从金水桥中央看天安门，从太和殿第三层台阶边缘看太和殿，以及太和殿、中和殿、宝和殿之间的距离都是35米左右；而从端门到午门、从太和门到太和殿，这两个广场为求其势，控制的距离又都在350米左右。明陵和清陵一些牌楼、碑亭、华表、石象生的间距也大都控制在35米之内，以形成良好的视景。一般皇家建筑视距多取上限，而大量的地方性建筑如庙宇、宅院、会馆等则小于350米和35米。在清代陵寝建筑的规划布局中常以5丈（即16至17.5米）见方的坐标格网作为尺度控制，这也是"千尺为势，百尺为形"这一形势法则指导下采用的一个有效的工作方法。

日本芦原义信根据自己在外部空间设计上的经验，曾提出两个假说，即外部空间可以采用内部空间尺寸 8 至 10 倍的尺度，称之为"十分之一理论"，外部空间可采用一行程为 20 至 25 米的模数，称之为"外部模数理论"。张锦秋说，这两个假说与"千尺为势，百尺为形"的内涵十分吻合。可以认为是人类在环境尺度上的共识。

1996 年在丽江考察民居

在大量古建筑实测中发现，中国的城楼、钟鼓楼、殿宇、厅堂等，其高度、宽度一般多在百尺以下，即 35 米以下，可见"百尺为形"也反映了一般的建筑尺度。通过作图分析，以百尺之距观察高宽各为百尺的建筑，其垂直视角在 45 度仰角之内。这是近距观看建筑，特别是观看细部的控制视角；其水平视角为 54 度，这也是现代建筑设计中经过科学论证而被广泛认同的最佳视角。张锦秋说，这就不难理解为什么中国传统建筑各个建筑单体与它所处的院落空间尺度得体宜人、具有丰富而亲切的空间感受。

"按照 35 米的建筑高度，从 350 米的视距观看，视角为 6 度。这正是人眼最敏感的黄斑视域，同时也是在现代建筑景观设计中避免外部空间环境趋于空旷的极限角度。我们在传统建筑群体中见到，当视距超过千尺时，往往利用自然景物或各类建筑小品点缀空间。这就使我们进一步理解到何以中国传统建筑往往虽处开旷之地但却不失空旷，虽由体量不大的单体组合却能气势恢宏，园林景观游览路线绵延数里却能衔接有致、环环相扣。"① 张锦秋说，这都是古代匠师运用形

---

① 张锦秋：《传统建筑规划设计的形势法则》，《从传统走向未来——一个建筑师的探索》，中国建筑工业出版社，2016 年，268 页。

势法则精心设计、裕如自然的杰作。

在她看来，中国传统建筑规划设计中所运用的形势法则，是千百年来历代哲匠劳动创造的智慧结晶。它的辩证观点、科学内涵、实用手段，特别是以人在景观中的感受为基础对自然环境内在关系、建筑与自然、建筑与建筑的关系认真体察、总体考察和综合处理的经验，实在是一份宝贵的文化遗产。长期以来，风水的研究是一个"禁区"。形势法则作为风水理论的重要组成还没有得到应有的发掘和重视，因而对传统建筑空间布局的优秀作品还没有从应有的深度上加以总结。传统建筑文化宝库的未知数还很多，需要有意识地、创造性地探索与发展，使我们得以在更高的层次上对中国传统建筑不断地再认识，从而衍生出新意来，运用到当代的城市规划、城市设计和建筑设计的实践中去。这对于创造具有中国特色的现代建筑及其理论是不无裨益的。

对于民族建筑文化的优良传统，张锦秋有着拳拳之心。每当站在精美的传统建筑面前，她总是心怀敬意，静静地欣赏。

1981年5月，为西安青龙寺第一期工程（空海纪念碑院）设计作业务准备，她和同事到山西五台山进行古建筑学习调研。由于在太原没有借到汽车，他们一行9人决定乘公共汽车分段而行。5月8日，黎明即起，6时出发，约正午12时到达东冶。为了从这里去目的地南禅寺，他们就在东冶汽车站投宿，午饭后搭公共汽车直奔南禅寺。一看到南禅寺大殿，张锦秋发出的第一声感慨是"果然名不虚传"。

1981年带领设计团队冒雨前往五台山佛光寺

南禅寺大殿是我国现存最古老的木结构建筑，建于

重访佛光寺大殿

2000年考察佛光寺古塔

公元782年（唐建中三年）。张锦秋发现，虽然只是个三开间的殿宇，但造型端丽、结构简洁，是典型的唐式建筑。平缓的屋顶、深远的挑檐、舒展微翘的翼角、简明受力的斗栱、侧角的木柱、升起的梁枋、高昂的鸱尾、两端升起的叠瓦屋脊、叉手、直棂窗……在一篇散文中，她形容自己和同事当时"就像小学生认字母一样逐一识别"，态度认真，甚至有些虔诚。这是因为"以前从书本上学得的抽象概念——得到印证"。这种感觉实在太好，张锦秋不禁欢呼起来，"我简直心花怒放"。她再度表达内心的惊讶与满足，"唐代建筑如此洒脱地展现在我们眼前"。① 在这里，她用的词是"洒脱"，直接将建筑拟人化了。

张锦秋和同事按照分工，摄影的摄影，测量的测量，不仅要带走

---

① 张锦秋：《访古拾零》，张镈等著：《建筑师的修养》，中国建筑工业出版社，1992年，107页。

南禅寺大殿古老而又清新的形象，还要掌握一系列相关数据。既要定性，又要定量，这样才是比较扎实的设计参考资料。由于南禅寺其他建筑均非唐构，所以整整一下午他们都围着这一座大殿忙碌。结束工作时已夕阳西下，返回东冶的班车已经没有了。带着丰收的喜悦，张锦秋和同事徒步回到东冶车站，耗时1小时35分钟。

9日一大早，他们告别东冶，乘公共汽车去阁家寨。一路上，汽车在干得尘土飞扬的山路上盘旋。但就在快到目的地前，老天不作美，竟然下起了瓢泼大雨。张锦秋一行就近到农村生产大队部避雨。12点半，雨势稍减。当时老乡跟大家说，佛光寺就在前面那座绿绒绒的山里，张锦秋和同事迫不及待地决定冒雨登山。正当大家在上山的陡路上被行装、资料、相机压得气喘吁吁而又不愿稍事休息时，山回路转，佛光寺的山门豁然呈现在面前。厚重、硕大的山门预示着这是一座远比南禅寺要巍峨得多的寺院。顿时大家一路的疲劳消失殆尽。

"快步进入山门，我被眼前的景观凝住了。我第一次看到这样古朴恢宏的寺院。由于山势地形的关系，寺庙坐东朝西。前面是二十多米进深的前院，有名的金代建筑文殊殿处于北配殿的位置。相对的南侧没有房宇而仅是一道砖墙。院子尽头是一重高台，台上南北两侧有对称的厢房。其正西是一排券洞式的平房，正中一孔大券洞内是通宽的石级，直通第二重高台。高台上挺立着一对茂密的古松。在它们浓荫掩映下屹立着巍巍大殿。哦，这就是梁先生多次对我们讲述过的那座佛光寺大殿，那出檐深远、斗栱宏大的国宝，一种神圣的感情油然而生。这是我学生时代就仰慕向往的所在，20多年后的今天我终于登门造访这座不朽的殿堂了。"① 在这里，张锦秋用上三个带有浓烈感情色彩的词语："神圣""仰慕""不朽"。

在张锦秋心里，优秀民族传统文化占据了重要位置，总是能触发

---

① 张锦秋：《访古拾零》，张镈等著：《建筑师的修养》，中国建筑工业出版社，1992年，108页。

她内心的柔软与爱恋。

身为一名建筑师，张锦秋有着职业的责任感，也有着职业的自豪感。这从她在参观敦煌莫高窟时的深切感受中可见一斑。"虽然保管所规定不许在窟内拍照，使我不能广泛搜集资料，但是对于我最感兴趣的部分，我可以徒手速写记录下来。两只手同时担负着拿速写本、执钢笔、打手电等多项任务，确实让它们忙得不可开交。洞窟内的建筑是画不胜画的。几乎所有的佛像、经变、传统神话无不处于一定的建筑环境之中。由此我不禁自豪起来：无论古今、无论人神都离不开建筑，它作为人们的活动环境无处不在。"[1]张锦秋说，建筑师的工作因此而意义重大、丰富多彩。

置身于莫高窟这座积累了上千年的宝库，张锦秋有着"头晕目眩、应接不暇"的感觉。

"凭借着借来的大口径电筒、戴上了那副平时看电影才戴的近视眼镜，我在黑暗中摸索、寻觅。我本是为搜集唐代建筑资料而来的，但在这些洞窟里我首先感受到的是中华民族历史文化的脉搏。这些冰冷的洞窟、凝固的佛像、斑驳的壁画散发着如此震撼人心的艺术之光，表达着如此强烈的民族感情，笼罩着如此虔诚的精神信仰，想把一切都装进脑子里、记在本子上简直是痴人妄想。每离开一个洞窟时我都有'挂一漏万'的心情。自己的容量如此狭小，怎能包容得了这座万古流芳的艺术宝库呢？"[2]张锦秋写道。

她发现，跟她同时住在莫高窟招待所的客人中，有研究音乐史、纺织史、美术史等领域的专家。莫高窟的魅力何在？经过了解，张锦秋得知，莫高窟始建于公元366年，经过河西人民世世代代不断开凿，形成了栉比相连、长达1600米的石窟群，壁画5万平方米，据说可布置成一个长达25公里的画廊。敦煌是我国古代国防重镇，是

---

[1] 张锦秋：《访古拾零》，张镈等著：《建筑师的修养》，中国建筑工业出版社，1992年，111—112页。

[2] 同上书，110—111页。

1980年在敦煌莫高窟考察

佛教传入中国内地的前哨,是丝绸之路南北二线的交汇点。由于种种历史背景和原因,这里出现了名扬海内外的艺术奇迹。

"莫高窟的意义远远超出了宗教艺术的范畴。它是一部史书,记载着从魏晋南北朝直到元代的许多重大历史事件和历史人物,记叙了古代丝旅贸易的场景,刻画了西陲争战的史实,表现了古代的风俗民情,乃至音乐、舞蹈、城市、建筑、衣着、服饰……说这些壁画不是艺术家的信手之笔,而是史实的具体写照,是有根据的。我国在吐鲁番阿斯塔那墓出土的当年运往海西的图案织锦实物竟与莫高窟中所画很多佛像袈裟和菩萨衣裙的'联珠飞马纹''联珠狩猎纹''菱形团花''棋格团花'等图案锦缎无异。"[①]张锦秋说。

在莫高窟参观考察几天时间,张锦秋的一个突出感受是看到佛教这个原本来自印度的宗教是多么明显、多么自然地被中国化了。她发现,无论佛像还是供养人乃至飞天的形象都从印度、中亚风而转为中国风,并进而从西域型渐变为中原型。洞窟壁画上的建筑、陈设、服饰、装饰纹样都明显地显示出东西方文化艺术的交流与融合。璀璨、恢宏的敦煌艺术表现出它生机勃勃、博采各国之长的包容性。她得出的结论是:"我们的祖先就是开放的、善于吸收的……"[②]

多次参观西安碑林的张锦秋,发现这里保存的历代碑刻,凝聚着我国古代许多书法艺术大师的心血和才华,具有巨大的艺术价值和文物价值。

---

① 张锦秋:《访古拾零》,张镈等著:《建筑师的修养》,中国建筑工业出版社,1992年,111页。

② 同上书,112页。

"我国的书法源远流长,有篆、隶、真、行、草多种书体,百花齐放而经久不衰。每当我盘桓于碑群之间,在一块块名碑前不禁肃然起敬。仅就真书的艺术风路观之,每个时代都有所不同,就在一个朝代之中也是风格各异。欧阳询体以点画精细、结构端庄劲挺见称于世。虞世南的书法则'得大令宏观','若行人妙选,罕有失辞'。前者外露筋骨,后者内含刚柔。褚遂良的书体兼收欧虞两家之长,而又独具风格,不为前人束缚,以疏瘦劲炼著称。在碑林中颜真卿的书法很多,真可谓一碑一貌,面目各异,加以对照,可以看出一个书法大师的艺术发展道路。《颜氏家庙碑》书法造诣达到炉火纯青的地步,丰美健壮、气韵醇厚,成为颜体的代表作,而那时颜公已垂垂老矣!与颜真卿一起开创了我国书法艺术史上一代新风的柳公权,他的代表作之一《玄秘塔碑》用笔果断、结构紧劲、神韵刚健,那是我孩提时学习书法的范本。"[1]张锦秋说。

在设计阿倍仲麻吕纪念碑过程中,张锦秋首度想在设计上表现具有唐风的雕刻。她来到碑林石刻陈列馆,发现这里唐代珍品中的佛像、昭陵六骏及许多莲座都充分反映出唐代石刻丰满圆润的特色。在碑林偏院的一个隐蔽的小院,她看见当时露天堆置着许多石刻,有无头的佛像、残缺的石兽,更多的是形形色色的佛座和柱础石,"也许是因为它们残破,或许是因为它们受到显然不公正的待遇,我竟感到它们焕发着比展厅中的珍品更为古朴淳厚的艺术芳香。我看到那些唐代佛座上的莲瓣竟是如此硕大、丰满,花瓣圆润肥厚,瓣尖微微翘起,活脱是鲜美的莲花,但它们是石质的。同是莲座,艺术处理又各不相同,有图案单纯的,有丰富变化的。然而它们的风格相同,这相同的气质大概就是唐风吧。我似乎感受到了什么。于是,我拿出钢卷尺——测绘了它们的尺寸,画下了它们的图形。这种对唐代莲花覆盆的感受,后来在敦煌壁画上又得到了验证"。[2]在张锦秋眼里,优秀

---

[1] 张锦秋:《访古拾零》,张镈等著:《建筑师的修养》,中国建筑工业出版社,1992年,114页。

[2] 同上书,115页。

1983年到中建曼谷经理部工作,第一次走出国门

1987年赴美考察,在华盛顿中心广场

1990年赴德国考察,在柏林墙前

1991年访日作学术报告

的传统之中蕴藏着一种朴素而高贵的美。

传统的滋养与熏陶,让张锦秋看待建筑眼光更厚实一些,也更系统一些。她曾经对建筑传统有过全方位的梳理与思考。

她说,在20世纪20年代,中国古典建筑的特点被提炼为这么几个方面:以宫室为主体、左右对称的布局、三段式立面、曲线屋顶、精巧的装修、寓意丰富的纹样、强烈的色彩、特有的斗栱。这些大都属于形式和风格的研究。20世纪30年代,以梁思成为首的老一辈建筑师成立营造学社研究中国古典建筑,吕彦直建筑师设计南京中山陵、广州中山纪念堂,他们为中国建筑师在现代建筑中继承发扬民族传统进行了不懈的探索。这样的探索始终处在由表及里、由浅入深、

1996年参加中国建筑师代表团在巴黎举办中国建筑展并作学术报告后参观考察

在马赛公寓屋顶上

1999年6月在巴塞罗那欣赏米斯杰作

1999年在雅典娜神庙前

由偏而全的认识过程之中,从形式和风格的研究,深入到对传统空间意识、美学意识等本质上的发掘,以及对规划设计进行实质性的探索研究。

刘敦桢在20世纪60年代主编的《中国古代建筑史》,涉及中国古典园林、民居、城市和工官制度等内容,实例更加丰富,并着手从设计理论上进行分析。张锦秋认为,这部论著对中国古代建筑的特点进行了更为系统的总结。她对其中的一些观点印象深刻。比如说,建筑的功能、结构和艺术的统一是中国古典建筑的特点之一;由单座建

2000年在流水别墅前

筑组成庭院，进而以庭院为单元组成有层次、有深度的空间序列；传统的室内装饰是同房屋结构、家具、字画陈设等作为一个整体来处理的；在建筑色彩方面，宫殿、庙宇使用强烈原色，色彩的对比和调和积累了不少经验，而大量的民居则运用素色与自然环境相协调，形成秀丽淡雅的格调。

改革开放，国门洞开，西方思潮涌入，现代意识逐步确立。这时，中国的建筑工作者开始运用现代的建筑观点和理论，来分析中国古典建筑的设计问题，特别是运用中外建筑对比的方法阐述其异同。这是一个思想大碰撞的时期，各种观念在萌发，相互交流，彼此激荡，并且通过实践进行检验，最终发现民族传统的影子越来越清晰，民族传统的魅力越发饱满。

张锦秋举例说，大家意识到，建筑艺术内容的表达并不限于各种静止的形象，布局中程序的安排是中国古典建筑设计艺术的灵魂；比起那些斗栱和彩画来，中国古典建筑的群体构图和空间艺术的基本规律更具有强大的生命力；中国古典建筑考虑"人"在其中的感受，更重于"物"本身的自我表现。

"应该说，在这个阶段我们的认识深化了。在深入地学习我国建筑文化中，中国建筑师看到了像群体组合、内外空间结合、建筑与环境结合、建筑与室内陈设诗画雕塑的结合等这些优秀的传统正是西方现代建筑家所刻意探索的领域。同时中国建筑师在系统地研究现代建筑中，也找到了和正在寻找着它与民族传统的交汇点和结合点，从而解放了思想、开阔了眼界，进一步认识到我国建筑文化民族传统有着无比丰厚的宝藏，并坚信它的发掘、提炼必将在现代中国建筑的创作中发挥巨大的光辉和能量。"[1]张锦秋说。

传统并不意味着就要束之高阁，就是供着瞻仰的，传统是要"用"的。如何"使用"传统，并没有固化的标准。在张锦秋看来，各地气候、地理、风土、人情各不相同，在不同条件下进行建筑创作，对民族传统的运用必然是各取所需、各用所长。对建筑文化民族传统的继承和发扬，途径也是多方位、多元化的。

2017年在中国风景园林学会年会上作中国传统空间艺术的报告

张锦秋以北京、上海、广州三个主要城市为例。北京的历史传统、首都的中心位置使之强调城市的中轴线和向心性，讲究建筑的对称和均衡。在紫禁城金瓦红墙的映衬下，它又注重色彩的运用和主次呼应。这里的探索途径可称之为"由外而内"。

上海大型公共建筑室内设计发挥信息灵敏、工艺精巧的特长，将传统工艺与现代设计相结合，把建筑空间、装修、家具、陈设作为一个整体来处理，构成了中而新的室内环境。这里的探索途径可称之为"由内而外"。

广州则充分利用河港城市的自由布局、岭南四季如春的环境条件，取法中国古典园林的空间处理，使建筑内外空间流畅豁达，常用流泉花木点缀其间，一派南国风光。这里的探索途径可谓之"内外结合"。

传统原本就博大精深，对传统的继承与弘扬不可太拘泥、太刻板，而是要发挥出主观能动性与创造性，根据特定的条件和具体的环境，让传统焕发出有针对性的光彩。张锦秋说，继承和发扬建筑文化民族传统，在设计构思与表现手法上是多元的。有的在建筑创作中以

---

[1] 张锦秋：《继承发扬 探索前进——对建筑创作中继承发扬建筑文化民族传统的几点认识》，《建筑学报》，1986年第2期，24页。

某种"法式"为原型进行再创造,以令人信服的建筑形象装点了富有历史情趣的山水环境;有的在建筑创作中深入研究传统建筑的造型特征,加以提炼概括,恰当地归纳和运用"传统符号";有的重视与环境的结合,以恰当的体量、色彩、材料、选型,使建筑物新旧有别而又协调融洽,从而体现了当地特有的风貌特色;有的深入领会当地人民生活特点,以传统的空间序列和园林化的院落布局方式与山水环境相结合,安排现代生活,又适当利用地方材料,创造了功能合理而又为人民喜闻乐见的活动场所;有的在现代化建筑中恰当地运用传统的园林化空间和建筑装饰,于细微处见精神,起到画龙点睛的作用。所以说从形似到神似,从整体到局部处处皆可入手。

有声音认为,现代建筑的发展注定要走"国际式"的道路。民族传统如果不是前进的反动,至少也是用之鲜少、可有可无的。张锦秋严肃指出,这是一种早期现代建筑运动的偏见。

她赞赏意大利建筑理论家布鲁诺·赛维的观点,并加以引用:"现代建筑经过了20年来功能主义的发展,已经把一个半世纪之前的科学和技术推进到现代化的水平,现在正在进行扩大和人文化。这不是一种浪漫主义的反动,而是经历着科学思想的正常发展过程。如果说功能主义为建筑标准化和工业化进行了英勇的斗争,那么有机建筑则看到人类是有尊严、有个性、有精神意图的。"张锦秋说,重视传统、探求自己的民族特色也是当今国际建筑界的主要思潮之一。许多国家的建筑师都反对不讲地区条件的"国际化"建筑,认为"建筑必然要具有地区特色。工艺技术的发展不可能排除地区的文化传统",认为建筑师的任务是要"促进和重新活跃本国特殊的文化价值"。一些现代建筑大师,在不同国家进行创作,都尊重当地文化传统而刻意求其结合。

在我们这么一个文明古国,不继承发扬自己的文化传统是不可想象的。在张锦秋看来,建筑反映出民族的传统和特色,绝不是什么复古主义,"而是这个民族有尊严、有个性、有精神意图的表现。这是一种推动我们民族历史发展的社会主义思潮。既然我们都承认建筑是一个时代文化的缩影,既然我们都意识到建筑师的社会责任,那么让我们主动自觉地顺应这一历史潮流,进而积极地领先潮流,为创作具有中国气派的现代建筑继承发扬、探索前进,作出我们应有的贡献吧!"[1]早在1986年,张锦秋就公开发出这样的呼吁。时至今日,这样的呼吁依然是必要的,其内在价值和意义也不断地得到彰显。

三、弘扬传统

张锦秋为何能赢得成功,获得认可?苏州科技学院(现为苏州科技大学)教授时匡的文章就这个问题提供了一个答案:"张锦秋女士的成功在于她熟悉传统建筑,熟悉组成传统建筑的各个方面,熟悉中国传统建筑的'真谛',正像她自己总结的那样:经历了一个从'以意造象,以象尽意'的发展过程。"[2]

对于中国传统建筑,张锦秋有着清晰的定位。她说,中国建筑曾经是世界四大建筑体系之一,与欧洲、伊斯兰和印度并列。它既是延续了三千余年的一种传统工程技术,同时又是一个卓有成就、极富特色的环境空间艺术体系,是我们中国灿烂的文化传统的一个重要组成部分。

对传统一直抱着欣赏的姿态,又系统学习过传统的基本知识,领略了传统的科学逻辑和内在魅力,等到自己动手来设计建筑时,那些关于传统的形状、规制、美好与华彩,在张锦秋这里被重新激活。在她的心目中,"老"自有"老"的味道,"旧"自有"旧"的风华。新时代,"老"的、"旧"的,经过酝酿、点化与编排,以新的品相、新的色泽、新的姿态焕发出勃勃生机。

在同济大学建筑与城市规划学院建筑系教授常青看来,张锦秋的建筑作品提供了一个重要启迪,那就是"一切原创都源于某个原型,

---

[1] 张锦秋:《继承发扬 探索前进——对建筑创作中继承发扬建筑文化民族传统的几点认识》,《建筑学报》,1986年第2期,25页。

[2] 时匡:《孜孜不倦的耕耘者》,韩国《PA》杂志,1998年第12期,8页。

对原型理解的深度决定了原创的高度。只有把经典的原型研究透了，才有可能原创出新的经典。张老师以她半个世纪的不懈努力做到了这一点，这值得我们后辈好好学习和借鉴"。①

梁思成说过，我们应该研究汉阙、南北朝的石刻、唐宋的经幢、明清的牌楼，以及零星碑亭、泮池、影壁、石桥、华表的布署及雕刻，加以聪明的应用。②恩师的这个观点，张锦秋记下了，并力行之。

她设计的陕西图书馆，采用弧形檐顶敞向天空的形象，寓意摄取知识和智慧，象征着吸纳人类智慧的渴求，与古代的"承露盘"有异曲同工之妙。

远望天人长安塔，在造型特色上有着唐代传统木塔的风格。为了实现这样的目标，张锦秋将剖面设计按照一层挑檐上面有一层平座的做法，逐层收分，使之符合古塔塔身收分的韵律。

中国传统大型建筑群有一整套定位布局的经验，其特点是运用轴线的构成和网络体系来控制全局。张锦秋在规划设计大唐芙蓉园时，充分吸取了前人的经验，以地形图上40米见方的坐标网作为布局的基本网络。轴线的取向、建筑布局选点大都以格网为基准，从而在平面关系上形成了严密的对称、对应、对景、呼应的景观网络。再进一步结合地形地貌和建筑功能确定各园林建筑的形制和造型特征，亲水的亭廊、宏大的楼台、疏朗的院落、开敞的轩榭、私密的馆舍，高低错落、虚实相生、各在其位、各显其能，相互成景得景，共同构成了庞大的、丰富的园林景观体系。运用这种方法不仅可以创造出园林的皇家气派，对于施工测量、放线定位在操作上也提供了科学、准确、便捷的途径。

游览大唐芙蓉园，就像是参观唐风建筑博览会。

---

① 赵元超编著、金磊策划：《天地之间——张锦秋建筑思想集成研究》，中国建筑工业出版社，2016年，43页。
② 梁思成：《为什么要研究中国建筑》，《中国建筑史》，生活·读书·新知三联书店，2011年，10页。

2016年在张锦秋作品展现场和做紫云楼模型师傅们合影

"芙蓉园就是地道中国味。"① 这是以色列游客的直观感受。

大唐芙蓉园以浓郁的唐风唐韵,激活了传统的魅力。"大唐芙蓉园内以紫云楼、仕女馆、茱萸台、杏园、陆羽茶社、诗峡、凤鸣飞天剧场、曲水流觞等多处景点为载体,既是写实的唐史,也是写意的唐诗。唐风建筑的青瓦顶、青砖墙、白粉墙、赭红或茶色木构,都极为醒目;园林小品、车站、台座乃至垃圾箱或青素,或湛蓝,或艳红,都极为精致。园林建筑和小品自由布局,绝非明清以后江南私家园林之造作娇柔可比。建筑与理水、叠石、堆山、植物等相结合,大气磅礴之中透出错落有致,皇皇气象中闪出晶莹剔透,塑造'可行、可望、可吟、可品、可游、可居、可乐'之意境。"②

---

① 赵元超主编:《长安寻梦——张锦秋建筑作品展实录》,中国建筑工业出版社,2017年,140页。

② 张祖群:《试解析大唐芙蓉园的审美视角》,《美与时代(上)》杂志2012年第10期,39页。

礼敬传统，亲近传统，取法传统，让传统有机生长，是张锦秋建筑创作的一条主线。

在主持设计唐华宾馆时，她运用中国传统的"借景"方法，通过对景、框景、远借、邻借，使每组建筑都把雁塔组织到各自的主景之中，"通过窗景如画的走廊，进入富有私密性的客房，当客人透过窗帷再次领略到古塔的风采时，幽思遐想余味无穷。这是一个意味深长的尾声。远借的塔影在视景中反复出现，犹如优美的主旋律在乐曲中悠然回荡"。[①]

这不由得让人想起中国传统美学的基本理念。宋代郭熙论山水画时说："山水有可行者，有可望者，有可游者，有可居者。"美学家宗白华认为，可行、可望、可游、可居，也是园林艺术的基本思想。园林中也有建筑，要能够居人，使人获得休息，但它不只是为了居人，它还必须可游、可行、可望。而且，其中"望"最重要。一切美术都是"望"，都是欣赏。"游"可以发生"望"的作用，比如说，颐和园的长廊不但引导"游"，而且引导"望"。就是"住"，也同样要"望"。中国传统建筑的窗子，并不单是为了透空气，也是为了能够望出去，望到一个新的境界，使人获得美的感受。

"窗子在园林建筑艺术中起着很重要的作用。有了窗子，内外就发生交流。窗外的竹子或青山，经过窗子的框框望去，就是一幅画。颐和园乐寿堂差不多四边都是窗子，周围粉墙列着许多小窗，面向湖景，每个窗子都等于一幅小画（李渔所谓'尺幅窗，无心画'）。而且同一个窗子，从不同的角度看出去，景色都不相同。这样，画的境界就无限地增多了。"[②]宗白华说。

这样的传统美学原则，在张锦秋这里得到形象化的呈现。

她主持设计的黄帝陵轩辕庙祭祀大殿，由36根圆形石柱合成方形

---

① 张锦秋：《传统空间意识之今用——"三唐"工程创作札记之二》，香港《建筑与城市》，1989年第4—5期，106页。

② 宗白华：《中国美学史中重要问题的初步探索》，《美学散步》，上海人民出版社，1981年，64—65页。

空间，其上为巨型覆斗屋顶，顶中央有直径14米的圆形天光。蓝天、白云、阳光、雨露，直接映入殿内，四面青山透过列柱历历在望，整个空间是向天地敞开的，拥抱广袤的世界，显得恢宏、神圣、通透、清朗。

"整个大殿与自然融为一体。……大殿顶部圆形的开口，它的天光正好照射到大殿里面。昨天大家走了，我还在那边等着，看什么呢？我想看清明正午的时候天光是否会照在黄帝的石雕像上，果然如此。我是感觉到一个设计者，不但做一个建筑设计，而且把周边的环境、季节、日照的角度能算得那么精准。在清明时节，正午的时候，天光正好照射在黄帝的陵像上，这让我非常地感动。这是一个很成功的设计。另外，当我站在大殿外，从柱廊走向里头，昨天虽然风大了一点，但我们能感受到这就是黄土高原，它的风、它的阳光。我们站在这个大殿上往四周一望，桥山苹苹翠绿，感觉跟四周环境贴在一起。"①这是台湾建筑师吴夏雄参观黄帝陵轩辕庙祭祀大殿的感受，细致、灵动、恳切。

对传统手法的创造性运用，让张锦秋的建筑作品具有很强的标示性和思想性。

同济大学建筑与城市规划学院建筑系教授常青回忆，他当初家住西安兴庆宫公园的斜对面，自己的一幅水彩作业画的就是张锦秋设计的阿倍仲麻吕纪念碑，还得了美术课的高分。画这幅画时只是感到这座纪念碑有种陌生的美感，与所见的同类古典纪念碑都不一样，以后才知道，这是把北齐义慈惠石柱的神韵和中国最早的梭柱图像融合的创意设计，"此后从陕西历史博物馆到大唐芙蓉园，在这些唐风建筑创作中，都可感受到张老师以虔诚的价值观和坚韧的持久力，把古典韵味拿捏、发挥到了出神入化的境地"。②

走近张锦秋的建筑作品，传统的气息总是扑面而来，令人心驰神

---

① 赵元超编著、金磊策划：《天地之间——张锦秋建筑思想集成研究》，中国建筑工业出版社，2016年，232页。

② 同上书，43页。

往。上海现代建筑设计（集团）有限公司总建筑师沈迪曾经站在张锦秋设计的唐大明宫丹凤门遗址博物馆的城楼上，远眺大明宫遗址公园，听着公园的由来和历史变迁的故事，情不自禁，生发出沧海桑田的感叹："岁月如水，当她洗尽铅华将先人的历史辉煌整体地呈现给人们时仍然拥有如此巨大的魅力。"

他感受到，面对承继的历史和传统一定要有发自内心的敬重态度，在建筑创作的实践中对天地与自然也必须充满敬畏之心。而且，通过张锦秋的建筑实践，他发现在传统建筑文化的继承和时代再现上，传统建筑文化"神"的继承与发扬光大虽然是建筑创作最为关键的要求，然而传统建筑的"形"也不应被忽视，不能把传统建筑的"神"与"形"简单地割裂开来。传统建筑的形神兼备有时也是必要的，尤其在西安这样到处都是历史遗迹的古城，事实也清晰地摆在面前，当传统建筑的"神"与"形"两者统一并结合在一起时，古城风貌的保护与再现就有了基本的保障。[①]

让古典韵味不断地生长，让传统建筑的"神"与"形"天然地粘合在一起，是张锦秋的"拿手好戏"。对于自己的建筑创作理念，张锦秋有过精彩的总结和提炼。她说："自己从学习中国传统建筑的'形'和'体'，走向传统空间的'神'和'意'，从中国传统空间意识的'天人合一''时空一体''虚实相生''情景交融'的法则运用回归到具有中国民族特色的'境'的创造，这里包涵着我对民族圣地、革命圣地圣境的崇敬和追求，对周、秦、汉、唐盛世盛境如梦般的怀念和畅想，对当代各色各样的建筑为人们提供美的享受的画境的探索。"[②]她设计的建筑，源自传统之美，借势传统之美，呈现传统之美，最终捍卫了传统之本。

中华人民共和国成立以来的现代建筑创作，一个主要目标是创造出具有中国特色的新建筑。这个过程，经历了曲折艰辛的道路，建筑界始

---

① 赵元超编著、金磊策划：《天地之间——张锦秋建筑思想集成研究》，中国建筑工业出版社，2016年，49页。

② 张锦秋：《感言》，柏雨果、肖云儒主编：《光影大境——张锦秋建筑作品艺术摄影》，中国摄影出版社，2013年，216页。

终在摸索中前行。20世纪50年代初提倡"社会主义内容、民族形式",60年代提倡"中而新",70年代提倡"民族风格、地方特色、时代精神",80年代从"形似与神似"之议到主张"弘扬建筑传统文化理念",90年代末主张"现代建筑地域化、地域建筑现代化",近来则提倡"本土化",并逐渐成为共识。通过这番梳理,张锦秋认识到,此中有一个始终存在而且无法回避的问题,就是对中国建筑传统文化的价值和本民族建筑文化传统本体需要重新提升到理论高度加以解释,以解决传统建筑文化的自我认同问题。

在三峡环境研讨会期间张光斗先生陪同参观

中国传统建筑文化到底应该如何理解?张锦秋认为,精髓就在于"以人为本,天人合一,和谐共生"的思想。在美学上讲究"虚实相生,时空一体、情景交融",在营造上始终追求建筑、规划、自然环境三位一体,达到和谐城市、山水城市的境界。中国历史上的城镇无不呈现着蕴含中国建筑文化特有的精神气质和艺术空间的和谐之美。

2017年12月24日晚,中央电视台《国家宝藏》栏目播出陕西历史博物馆专辑,集中讲述了"葡萄花鸟纹银香囊""杜虎符""阙楼仪仗图"三件文物的故事。张锦秋压轴登场,她挂念的依然是传统建筑的魅力。她说:"中国传统建筑是我们中华民族悠久历史的见证,它们镌刻着先人的苦难、抗争与辉煌;中国传统建筑是劳动人民智慧的结晶,它们彰显着优雅、质朴、灵动和豪气;中国传统建筑是我们建筑人文化自信的根基。几十年来我的建筑创作就不断从中吸收营养,并感悟到必须与时俱进,不断创新。保护好建筑历史遗产是我们每个中国人的责任。爱惜它们就是爱惜我们的祖先,欣赏它们就是欣赏智慧和创造,传承它们就是延续我们的文化命脉。"

世界在变，时代在变，但依然心系于此，感念于此。传统建筑在张锦秋的心中占据着重要的位置，不可撼动。

中国建筑西南设计研究院有限公司总建筑师钱方说，张锦秋在建筑理论建设与创作实践上达到一种高度，这源于她对传统文化深深的热爱，而且这份热爱是融入血液当中的情感，只有这种融入，创作的过程才是一个充分享受的过程。①

对传统的情感浓烈而深沉，这是张锦秋建筑创作的一个显著特色。不过，传统丰富而驳杂，如何用好传统的精华部分，是一个严峻的考验。西安建筑科技大学建筑学院教授刘克成发现，在中国建筑传统文化里，张锦秋最重视的是最正统的中国传统文化，"取法其上才能形成张先生的作品所体现出来的泱泱大气、堂堂正正的那样一种气势，这个是非常重要的"。②

在梁思成看来，"中国建筑是一种高度'有机'的结构。它完全是中国土生土长的东西：孕育并发祥于遥远的史前时期；'发育'于汉代；成熟并逞其豪劲于唐代；臻于完美醇和于宋代……"③ 如何理解"豪劲"的内涵？有一种解释是"体魄雄强和精神闳放"。④ 可以说，张锦秋的建筑作品，特别是她的"新唐风"系列，就有着"体魄雄强和精神闳放"的气质和风格。她的这些作品，秉承唐代建筑传统的精气神，张扬起中国气派、中国特色，坚守着中国建筑传统之本。

从传统深处走来的张锦秋，现在已经成为新一代建筑人的精神标杆。

有人将张锦秋比喻成一颗种子。清华大学毕业时，她响应党和国家

---

① 赵元超编著、金磊策划：《天地之间——张锦秋建筑思想集成研究》，中国建筑工业出版社，2016年，45页。

② 同上书，46页。

③ 梁思成著，费慰梅编，梁从诫译：《图像中国建筑史》，百花文艺出版社，2000年，61—62页。

④ 赖德霖：《中国近代建筑史研究》，清华大学出版社，2007年，352页。

的号召，化身为一颗种子，种植在黄土地上，种植在古都西安。

而种子的成长，需要雨露和阳光。张锦秋生于蜀而成于秦，自然环境优美、文化深厚的成都，以及具有独特历史文化的三秦大地，是滋养这颗种子成长的土地、雨露和阳光。

2014年在中国勘察设计协会传统建筑专业委员会成立大会上演讲

清华大学的学术熏陶，梁思成、莫宗江等一众师长就像是园丁，对这颗种子悉心培养。

种子本身有着破土而出的勇气和耐力。为了心中的建筑梦，张锦秋用脚步丈量大地，用汗水浇灌梦想，积极投身建筑理论与实践的创造性劳动。

随着时间的变迁，这颗种子在内外作用下长成小树苗，而后长成参天大树。这株参天大树，成为建筑界的标杆，引领城市文明的发展进步。

张锦秋在西安留下的一个个地标建筑，就是这棵大树结下的累累果实。进而，这棵大树也撒下了不少的种子。这些种子默默地在张锦秋这棵参天大树身边吸收着养分，慢慢生长，朝着辽阔的天空。[①]

2014年9月20日，中国勘察设计协会传统建筑分会成立大会上，作为名誉会长的张锦秋在《从传统走向未来》的报告中说道："中国建筑优秀传统文化的保护、研究、传承、创新、发展是一个永恒的主题。这个事业不可能毕其功于一役，没有完成时，只有进行时，需要有关仁人志士世世代代进行下去。这才能保证中国建筑之树永远常青于世界建筑之林。'天行健，君子以自强不息。'我们要看到自己独特的优势，需要坚信自己的核心价值观，才不致失落于西方价值陷阱。中国人要有自

[①] 欧阳东：《大树与种子的故事——〈长安寻梦——张锦秋建筑作品展实录〉书评》，《建筑》杂志，2017年第18期，47页。

1994年华夏所成立一周年全体合影

2017年在办公室和华夏所设计师们讨论方案

2018年华夏设计所春节合影

信,中国建筑师要有自信,才能'千磨万击还坚劲,任尔东西南北风'。"

在张锦秋的感召和培育下,新一代的建筑师潜心向学、发奋努力,沿着她闯出来的路砥砺前行。在他们的心目中,张锦秋和她设计的系列建筑作品,已经成为"传统"的一部分。

从欣赏传统、学习传统到用好传统再到创造传统,张锦秋始终恪守、浇灌传统之本,并使之发出新芽,让传统的生命力得以永续生长。

第二节　地域特色之本：西安！西安！

1957年暑期，正在清华大学就读的张锦秋来到西安。当时她的兄长在西安交通大学任职。探亲之余，顺道旅游、休假，她好好地逛了逛西安城，参观了大雁塔、小雁塔，登上了华山。她至今还保留着一张跟小雁塔合影的照片，齐肩的短发，双手抱胸，笑意盈盈，洋溢着青春的朝气与自信。此时，张锦秋更多的是以玩的心态走近西安的。她完全没有想到，自己今后会在这里工作、生活，更没有想到这一待就是几十年、一辈子。

1957年暑假参观小雁塔

毕业之际，组织安排她到"三线建设"的重要基地西安工作，这对于张锦秋来说是有些出乎意料的。她内心想自己是要定居北京，从事学术研究的。这可以从她对《建筑学报》的情感之中看出端倪。

在大学就读期间，她就喜欢阅读《建筑学报》这本学术期刊。这本杂志，源源不断地向青年学子输送着学术食粮，让她领略到了更为广阔的建筑世界。张锦秋记得有一次从杂志上看到关于杭州西湖饭店设计竞赛的介绍。当时国内还很少有此类竞赛活动，耳目为之一新。老师吴良镛先生的方案，有着融入环境的文化品位。还有建筑界前辈戴复东先生的方案，有着新锐简约之美。这些都给她留下深刻的印象。在研究生时期，张锦秋就开始正式订阅《建筑学报》，并着手配齐大学生时期零购不全的杂志。最后除了创刊初始的两期以外，其他期期都配全了。

而且，张锦秋很快就从读者变成了作者。1961年她随清华建筑系历史教研组全体教师去南方考察园林。此行让她对园林建筑如醉如痴，自认为感悟到一些中国传统建筑的精神。回校后就着手整理思路和材料，想把体会写下来。同学郭黛姮也有同感。她们就决定两人合写一篇文章。当时《建筑学报》编辑陈衍庆掌握了这个情况，就热情邀请她们向杂志社投稿。最终她们两人合写的"处女作"《苏州留园的建筑空间》顺利通过，刊发在1963年第3期《建筑学报》上。以往的文章，都是从景观的角度，以诗情画意来研究园林，她们则从建筑空间的角度看待园林、分析园林，颇有新意。文章的发表，对于正在就读的张锦秋是个不小的鼓励，她坚信自己今后在学术道路上是有所作为的。事实是，多年以后，台湾一位建筑师跟她说，自己早就知道"张锦秋"这个名字，因为《苏州留园的建筑空间》是台湾最早看到大陆介绍园林建筑的文章。

此时的张锦秋，在学术研究道路上有点顺风顺水的感觉。现在，就要面临工作地点从北京转移到西安这么大的变故，多少有点不适应。不过，在张锦秋看来，这样的工作安排也没有太突然，达到不可接受的地步。

在研究生毕业前，她聆听过周总理的现场报告。大家在人民大会堂宴会厅席地而坐，等待周总理。原本计划晚上八九点钟报告开始，结果一直等到十一二点。周总理的报告语重心长，其中就谈到国家对研究生寄予厚望，希望大家出去工作要过好几个关。

首先是过好工作关，要服从祖国需要，到最艰苦的地方去。不能太傲气，要适应工作需要。

其次要过好家庭关。家庭关是什么关呢？周总理举了自己的例子，说他参加革命工作到现在，地位高了，家乡不断有人来找他，要他帮助解决工作、经济上的一些问题。家庭关，就是家属要求你做事情，也要按章办理，不能办的就不要办，不要为了家庭成员，就找各种理由来照顾。

最后还要过健康关，没有健康的身体根本做不了工作，要坚持锻炼身体。最后特别强调要服从祖国的需要，祖国哪儿有需要，就要积极响应号召，到祖国需要的地方去。①

周总理谆谆教导，让张锦秋和同学深受感动，尽管回到学校已经是半夜，但心情依然澎湃。

另外，从家庭角度考虑，到西安工作也是一个比较优选的方案。当时，她的爱人韩骥在宁夏工作。张锦秋分配到西安，组织上可以把韩骥调到西安，解决这对夫妻的团聚问题。多方因素综合起来，张锦秋到西安是一个比较恰当的选择。

尽管如此，行前的愁绪还是有的。投身"三线建设"，就意味着这辈子可能与学术无缘了。她把自己收藏的《建筑学报》赠送给了表兄费麟。她心想，反正这些建筑艺术的资料，今后相当长时间用不上了，那就忍痛割爱吧。

坐着火车向陕西进发，一路往西，越走越荒凉，眼前的黄土地尽管厚实，但缺少生气。张锦秋的失落情绪在加重，"想想啊，以前生活学习在清华园，科研在颐和园，时不时参观各种画展，京华风云眨眼成空，而在西安的未来却还是一片渺茫，伤怀感触，在所难免"。②

来到西安，张锦秋不由得将这里细细打量。那时候单位食堂有点简陋，傍晚下班了，想到外面找点吃的。到街上一看，就连城里的北大街商店都关着门。她就改成中午下班时间去买。进了商店，也没有什么东西，只有陕西本地的特产核桃，而且是带壳的。在她的印象中，一家家食品店，除了核桃还是核桃。核桃成为她认识西安的一个重要标识。而她心里还有一个庞大的参照系，那就是北京。毕竟她在那里生活十几年了。西安与北京的差距，渐渐变得清晰而具体起来。

不过，西安也有优长之处。她发现这里的城市绿化相当不错，绿意葱茏，令人舒心，比当时的北京好了不少。市中心的钟楼附近还有

---

① 本社编：《建筑院士访谈录——张锦秋》，中国建筑工业出版社，2014年，53—55页。
② 同上书，55页。

一家花店，里边摆放着大盆大盆的金橘，有着丰收的美感。张锦秋就暗暗下定决心，等有了自己的家，一定要买几盆金橘摆上。

生活环境有了这么一抹亮色，而人际环境也有暖人的地方。刚到西安，张锦秋面临一个特别现实问题：她已经身怀六甲了。孩子转眼间就要出生了，她需要单位落实一间房子。在特定背景下，当年的西北设计院还是具有人文关怀的，对于张锦秋提出的要求，他们尽量满足。于是，就在住宅单元里给她安排了一个房间。尽管只有七八平方米，但毕竟是单独居住，张锦秋有了属于自己的一个空间。

走出北京，步入西安，对于张锦秋个人来说，这是一件大事，同时对于西安的城市发展进程而言，这也是一件大事。北京和西安，两座古都，气魄宏大、底蕴深厚、文脉绵延，成为张锦秋的"书房、起居室和工作室"。北京是她建筑生涯的出发地，而西安是她挥洒建筑才华的大舞台。

"我来到了西安，来到了长安所在的地方。它不是一般的地方，而是有深厚文化历史积淀的一片沃土。我在此安身立命，把自己的根深深扎进这片土壤，汲取它的养分。……能在陕西、西安工作，是我的运气，是我的幸福。不然的话我不会做出这么多符合这个城市发展、符合当地百姓需求的建筑作品。"[①]张锦秋这般定位个人与西安的关系。

既来之，则安之。张锦秋全身心地投入古都的怀抱，与西安的历史、现在与未来紧紧相拥。

她从建筑的角度，倾心地感知西安、研究西安、阐释西安。

张锦秋说，西安是中国历史上建都时间最长的一座历史文化名城。早在70万年前，这里的蓝田猿人就点燃了人类文明的篝火。从此，炎黄子孙就在这片热土上繁衍与生息，开创了伟大的东方文明，成为

---

① 崔卯昕：《她向世界诠释中国建筑："张锦秋院士在陕从事建筑创作40年座谈会暨〈长安意匠〉丛书——大唐芙蓉园首发式"侧记》，《建筑创作》杂志，2006年第11期，144—145页。

中国传统文化的故乡。西安有3100多年的建城史和1100多年的建都史，为我们留下了丰厚的地上地下历史文物和景观。这里有代表着周、秦、汉、唐时期的四大遗址，有保存最完整的明代大型城垣。在这里，千百年来，有数不清、道不尽的故事在这里发生、传诵或湮灭。

在《长安建筑五千年》《西安古城保护述评（1980—2012）》《西安历史文化遗产的保护及环境建设》等文章中，2005年11月在奥地利萨尔茨堡旅游论坛上的发言稿中，张锦秋集中梳理了长安建筑的发展历程和变化轨迹。

通过一番全方位的纵深考察，张锦秋总结出古都长安建筑的三大特点：从城市选址布局到主要建筑的定点定向均与山川形势、自然环境取得有机联系，在规划上达到人工与自然和谐共生；凡标志性建筑均为主从有序的建筑群体，相互呼应，映衬成势；自然园林是长安人居环境不可或缺的有机组成，大自宫廷苑囿，小到寺观宅邸，概莫能外。

说起西安，张锦秋是清醒的。这里有着引以为傲的辉煌历史，也存在经济滞后与边缘化的趋势。在她看来，自豪和自卑无时无刻不萦绕在每一个西安人的心头，面对浮华的社会和变幻的世界，西安有时会迷失自己前进的方向。近年来，西安的建设成就是巨大的，这是毋庸置疑的，但又以城市特色的消减、城市魅力的淡化为代价。西安城市现代化建设的大潮来得迅猛，人们以狂热的心态迎接着新潮、现代、西方的形式，可是并没有吃透这些新事物的精髓。这就使得西安的城市文化一定程度遭到破坏。西安如何在城市现代化的过程中自我定位，保持个性与特色，是历史赋予的责任。

张锦秋说，无论什么时候，西安都要紧紧站稳"古都"的基点，把握"古都"的特色。规划师和建筑师应该站在历史的高度、从城市的视野来看建筑。面对如此重要的一座千年古都，首要的也许并不是创造了什么新建筑，而是如何有效保护和传承历史要素和文化精神。不仅要保护文物建筑，还要保护古城的布局结构、山水环境、历史街区和那些原

在碑林向历史名城保护专家王景慧请教西安的保护与发展

在鼓楼上观察西安古城

汁原味的各种遗存,绝不是一拆了之,填上现代的作品。古城中的所有新建筑都应尊重环境,以城市设计的整体观点精心设计和精心"填空"。对历史古城的新建设是要对古城进行"织补",而不是简单地"打补巴"。整体永远大于个体、重于个体,建筑个性应该蕴含在城市特色之中。

也就是说,在城市现代化建设过程中,西安要着重思考如何保护好历史文化遗产,如何在保护的基础上更好地发挥这些宝贵资源的作用,以使历史文化遗产在城市的可持续发展中得到更好的保护。西安应该在更大的空间范围和更广的地域范围来延续西安的历史文化脉络,从整体上保护好西安山水环境格局,把历史人文景观保护与自然历史地理环境保护结合起来,更全面、更立体地展示西安千年古都的发展轨迹,在继承历史传统的基础上,形成独具特色的城市风格。

在张锦秋看来,无论是提出"在保持古城风貌的基础上建设社会主义现代化城市"，还是倡导"新城与旧城各展风采，古代文明与现代文明交相辉映，人文资源与自然资源相互依托"，都意味着西安这样的历史文化古城要正确处理好保护与发展的关系。

站稳"古都"基点，把握"古都"特色，张锦秋对西安城市发展方向的把脉赢得了不少人的赞许。

作家贾平凹就说过："西安在以前除了一些旧的建筑物，如四座城楼、大雁塔、小雁塔、碑林博物馆，再就是清末民初建造的小街小巷四合院，和那些五十年代以来修起来的火柴匣式的水泥楼房。在改革开放的二十多年里，城市的变化越来越大，大部分的街巷已经面目全非了，什么样的建筑都有，新旧混杂，色彩斑驳。我当然知道保护古城风貌和改善民居生活的现实是最难解决的矛盾，也知道对于经济还不甚发达的西安难以对城建有巨额的投资，正如我们自己家里有着不同年代的家具一样，但我不能满意一些新的建筑是那样的花哨而没有想象力，那些所谓仿古的建筑又恶俗不堪。中国文学艺术界是曾经有过学习西方和继承民族传统相互交替呈现混乱的时期，这种混乱正进行在建筑界，但文学艺术界出现的那些只有皮毛没有精神的作品很快就淘汰了，而建筑却赫然的要矗在那里。十几年几十年的不能拆除啊。我常想，一座城该是有一座城的灵魂的，西安的灵魂是什么呢？西安作为中国古文化的象征性城市，它的建筑应该与古城的文脉密切相关，体现出民族文化、地域文化的特色吧。"①

像西安这样的历史古都，如何体现出民族文化、地域文化的特色？通过对雅典、罗马、开罗（含卢克索）、伊斯坦布尔、耶路撒冷五大古都保护与发展的研究考察，张锦秋归纳出这些古都共有的几大特点：拥有规模宏大、水平极高、风采诱人的世界文化遗产；拥有内涵丰富、特色浓郁、成片成街的历史街区；具有传统文脉和现代功能相结合的城市规划；拥有一批代表不同历史时代的标志性建筑；认真保护生态环境，

---

① 贾平凹：《西安有个"群贤庄"》，《新材料新装饰》杂志，2003年7期，43页。

保持历史环境风貌，强调城市地域文脉特色。这五大特点落实到规划、保护、建设、管理的各个环节，从而凝炼出卓越的"古都"风采。

张锦秋说，古都不同于一般的历史文化名城。古都是历史文化名城之首，是一个国家、一个民族的代表作。与一般历史文化名城相比较，古都在时间、空间、数量、质量上，或高于或优于或大于或早于一般古城，否则难以冠之"古都"称号。而作为古代都城，应该在特有的城市格局中具备宫殿、官署、皇家寺院、帝陵、礼制建筑、干道、城廓、皇家园林等重大历史遗存，地面上可见到这些建筑当然最好，至少也应有保存比较完整而可以见到的地下遗址。

在她看来，西安不是一座一般的古城，这里是古都，建都时间长，规模大，建设条件好。这里还是几代盛世之都，有优越的山川形胜，有宏伟严整的城市格局，有城、宫、寺、苑等重大要素的遗存。基于重大历史遗迹，以及由于历史和地理的原因，西安整座城市焕发出阳刚之气。如果把西安跟苏杭等南方名城相比，真有如苏轼与柳永词风之差异。也就是说，西安的城市风格特征应该是"大江东去，浪淘尽，千古风流人物"，而不同于"杨柳岸，晓风残月"。

隋唐长安的规划除有明确的宫城、皇城、里坊区的功能分区外，其明确的南北中轴朱雀大街宽150米，有大道通天的气势，全城呈棋盘式道路格局。改革开放以来，西安经济呈板块状发展，围绕旧城即明清西安府城形成若干组团。城市总体规划适时地提出了"九宫格局"的布局，以旧城为核，有序地向四周拓展，同时相应规定了"风貌分区"的控制。这就实现了位于"中宫"的旧城以明清风格为主，而其周边既有以大雁塔为中心的曲江唐风区，在汉城遗址周边的汉风区，在始皇陵博物院周边的秦风区，又有现代风格的西南部的高新区和北部的经济开发区等。

西安不仅要尊重长安历代古都的"中轴线"，还要运用现代国际大都市的规划手法，充分表现并强化这些轴线。公元前1134年周建沣京以来，西安大地上遗留了五条重要的山水相连、贯穿南北的城市中轴线：沣镐轴、秦汉轴、隋唐轴、盛唐轴、明清轴。如隋唐轴是现朱雀大街，大明宫至大雁塔盛唐轴是现解放路、雁塔路，明清轴贯穿旧城北门、钟楼、南门（为现北大街、南大街、长安路）。在这些轴线或延长线上，开辟城市广场、林荫大道，营建各类公共空间和标志性建筑。这样依托历史轴建成发展轴，既延续了城市文脉又展示了现代化城市景观，使新旧一脉相承。

在保护并突显古都的要素方面，西安大有可为。张锦秋从"城、宫、寺、苑"等角度进行了梳理和阐释。

首先是"城"。明清西安城是当今中国乃至世界上保护最完整、规模最大的古城垣，被誉为"世界上保存最大最完整的古城堡"。更有意义的是这座城池是在唐长安皇城原址上建设起来的。其西南角圆形城台是唐皇城城墙的一部分。西安市实施了城、河、林带、环城路、顺城路"五位一体的环城工程"。古迹的保护与利用，优化、美化了城市环境，为古城带来勃勃生机。此外，高新区、曲江新区结合城市绿带的建设，开辟了唐城墙遗址公园，有效地勾勒出唐长安西、南城廓，显示出唐长安城的宏伟规模。

张锦秋说："对一座城市而言，建筑是一种表达。我认为城墙和城门楼首先是保护，保护是有规定的，就是保护历史遗存的真实性和它的综合性。西安城墙应该是经过时间长河之后我们能触摸到的最原初的陕西历史文脉。"[①]一直以来，她始终关注着西安城墙的文保工作，见证了城墙的保护历程，她曾参与西城门箭楼复建，多次为南城墙综合治理工程出谋划策。

再是"宫"。唐大明宫遗址保护工程的建设，充分显示出这座比北京明清故宫大四倍的宫殿的完整布局和主要建筑遗址，世人为之震撼。

还有"寺"。长安曾经是佛、道文化发展重地。佛教八大门派中七个门派的祖庭在长安。香积寺、青龙寺、草堂寺、兴教寺、兴善

---

① 《城墙：西安城的骨骼和魂魄》，《西部大开发》杂志，2017年10期，138页。

曲江池遗址公园全景

曲江池遗址公园的"江滩跌水"

寺、华严寺、玉华寺等寺庙遗存得到保护。在市区，以大雁塔为标志的大慈恩寺、以小雁塔为标志的荐福寺都是唐代的皇家寺院，得到了较好的保护与展示。道教圣地楼观台在保护的基础上周围已建成道文化展示景区。

然后是"苑"。20世纪50年代西安就在唐兴庆宫遗址内以龙池为中心建设了公园。21世纪初在大明宫遗址范围内恢复了御苑太液池的水体和地貌。21世纪结合公园建设恢复了历史上传有帝王与百姓共享佳话的曲江水系。

说起西安，说起西安古城的保护、古都历史文脉的传承，张锦秋总是有话要说。她说，西安古城的保护，要着眼城市格局，科学区划历史时空。其本源来自梁思成关于古城的整体保护思想。梁思成说过："北京城是一个有计划性的整体……是中国（可能是全世界）文物建筑最多的城。"他提出要整体保护。在张锦秋看来，西安与北京的情况虽然有所不同，地面上可见的历史建筑寥寥无几，却有大量珍贵的地下遗址。西安也是一个具有计划性的整体，城市格局是第一位的。

　　在城市现代化进程中，历史遗存的文物古迹保护与不断发展的现代化建设，进行着城市空间的再分配与再利用。张锦秋时常在思考的是，实际工作中如何真正保护好文物古迹和历史地段？如何保护和延续古城的规划格局？如何保护并彰显古城风貌特色？如何在城市建设中继承和发扬优秀历史文化传统？她认为这些有赖于在规划、保护、建设管理各个层面上加以落实，而法规的制定和执行则是有力的保障。

　　凡文化遗产保护得好的历史古城，总是在城市规划建设中千方百计地使那些历史的坐标点得到彰显。其周边的建筑既是新旧的冲突点，又是古今的结合点。张锦秋认为，在各种途径中西安选择了传统与现代和谐共生的道路。在历史文化名城的环境中，建筑创作是多元的，而要求新建筑的风格、体量、造型、色彩乃至性质与历史文化环境相和谐这一基本原则是不可动摇的。在西安这类建设项目的规划设计和审批都从城市设计入手，凡符合城市设计思想或进行了不同程度城市设计的项目都会比较成功，反之则显得单薄或唐突。

　　她赞赏西安开创性地提出"历史文化风貌区"的概念，把保护与发展统筹考虑，贯彻了梁思成提倡的"以新护旧，新旧两利"的精神，同时也吸取了日本、西欧一些古都的经验。历史文化风貌区域面积大于古遗址面积，如唐长安历史文化风貌区可达84平方公里，汉长安历史文化风貌区可达36平方公里。在此基础上，根据不同的历史文化背景和特征，西安在规划管理上实行了风格分区。在古城范围内，建筑

1999年6月拜访罗马市规划局总规划师

高度、色彩、风格都有严格要求。在城南的高新区和城北的经开区、城东的浐灞区等新区，对其建筑风格就无特殊的控制。对历史文化特色突出的片区适当进行了风格分区。对现代建筑进入古城也要进行科学与遗产保护意义上的选择。西安在全城提倡"和而不同、唱和相应"，以求在统一中求变化，变化中求统一，彰显多元特色。

对于西安的建筑设计和城市规划的发展方向，张锦秋习惯了在不同场合从不同角度进行思索与阐述，翻来覆去地"念叨"，情真意切。她以欧洲罗马、雅典为例，向西安进一言。她说，罗马是古城，但真正古罗马时代的古迹并不很多，大量的建筑是文艺复兴时期建设的。这说明罗马在不断发展，不断建设，不断变化。罗马在城市发展的同时，使得传统得以延续成为"永恒之都"，整个城市的文化很丰厚。雅典比罗马的历史还长，古迹还多，但看雅典市区则索然无味；城市建筑也大多没有风格特点。那是因为希腊从古代一直到第一次世界大战长期被许多国家所占领，希腊的文化得不到延续；国家独立后又赶上国际现代主义思潮流行，以至城市中充斥着大量现代派风格的方盒子建筑。所以雅典的城市建设显得没有个性，缺乏历史文化的神韵，这是很遗憾的。

"可见，城市固有的历史文化传统是否延续得好至关重要，雅典和罗马是一对相反的例证。我们应该从雅典和罗马的事例中吸取经验和教训。我希望西安能成为'永恒之都'，在以汉唐文化为标志的古都传统文化之路上、在古城保护与更新的进程中走得更为持续，千万不要被那些似曾相识的摩登建筑所充斥。"①张锦秋说。

张锦秋始终把西安细细打量，从历史深处打捞出动

1999年在罗马考察

人的细节，并在现实时空凭借自己对建筑设计和城市规划的理解，绵绵用力，久久为功，以一系列的优秀建筑作品，参与并推动西安新的发展历程，塑造西安新的形象。西安是她的家，西安也是她施展才华和抱负的所在。西安之于张锦秋，张锦秋之于西安，是一个正向的关系，也是一个和谐的关系。

"张锦秋先生用唐风汉韵的建筑风格，为西安城向全世界交出一张独一无二的名片，用'天上一颗星，地上一座城'这句话来形容她最合适不过。其实，她就是西安最好的名片。"在央视《国家宝藏》节目中，"国宝守护人"、影视演员郭涛这般评价张锦秋。

长安城，张先生。

张锦秋成为西安的一位功臣。

1934年1月11日，鲁迅给日本友人山本初枝写信，其中有一段内容说的是"实物恐怕没有书本、画册和照片上看到的那样秀丽"，他当即想起一段往事，"我为了写关于唐朝的小说，五六年前去过长安。到那里一看，想不到连天空都不像唐朝的天空，费尽心机用幻想描绘

---

① 李沉：《弘扬文化传统 拓展城市特色：访梁思成建筑奖获得者、建筑大师张锦秋》，《建筑创作》杂志，2004年第3期，105页。

的计划完全被打破了，至今一个字也未能写出。"①西安市政府原副秘书长、西安市规划委员会顾问梁锦奎每次读到鲁迅的这段记述，总是觉得"情何以堪"，愧疚难言，为西安的步履蹒跚、老态龙钟而忧心不已。他认为，直至20世纪80年代，西安这座城市进入一个关键性的转折点。其中，张锦秋承担了重要的角色。

"张大师的作品，成为西安'重振汉唐雄风'的标志。三十多年来，从大雁塔景区'三唐'工程、陕西历史博物馆、青龙寺空海纪念碑院、黄帝陵轩辕大殿、钟鼓楼广场，到曲江大唐芙蓉园、世园会长安塔、大唐西市、大明宫丹凤门、临潼华清宫广场，每一项建筑都给西安带来辉煌与荣耀，令市民振奋，令外地羡慕，令国人自豪，成为'中华民族伟大复兴'的一条得力注脚。如今的西安，一扫千年颓势，焕发勃勃生机，古代文明与现代文明交相辉映，老城区与新城区各展风采，人文资源与自然资源相互依托，山川秀美，古风浓郁，远景恢宏。这一切，都与张锦秋先生的典范作品和专业秉持密切相关，功莫大焉。"②梁锦奎说。

长安城，张先生。

张锦秋成为西安的一个标识。

"当代中国恐怕没有哪个建筑师对一座城市的文化风貌，有如此深刻的影响，原因就在于张锦秋教授设计的每一座建筑，都充分尊重西安的传统文化和地域风格，所以一看上去就知道是为西安创作的建筑，是张锦秋教授设计的建筑。拥有这样的文化立场和文化理念，就不可能设计出'奇奇怪怪的建筑'，就必然形成自己独到的建筑风格，长期坚持创作，不但影响着城市风貌环境，也影响着社会民众审美，还影响着城市领导决策。每当和陕西省和西安市领导谈起城市文化特色保护时，他们都对张锦秋教授的建筑设计十分

---

① 鲁迅：《340111 致山本初枝》，《鲁迅全集》第十四卷，人民文学出版社，2005年，279页。

② 赵元超编著、金磊策划：《天地之间——张锦秋建筑思想集成研究》，中国建筑工业出版社，2016年，52页。

大唐西市入口广场

赞赏。"[1] 故宫博物院院长、中国建筑学会副理事长单霁翔认为,从张锦秋在西安的实践和她收获的实绩,可以确信的是,当代建筑师可以处理好继承与创新的关系,是可以大有作为的。

长安城,张先生。

张锦秋成为西安的一个故事。

中国工程院院士程泰宁说:"张总立足西安这片具有中国深厚文化底蕴的土地,利用她对中国文化的理解,利用她对中国传统建筑的谙熟,做了一大批很有特色的建筑,对建筑界、对西安这座城市产生了很大的影响,这一点我觉得是值得肯定和发扬的。前三四年,我去西安出差,想看看陕博,没有找张总,我打了一个出租去。在车上,出租车司机跟我讲,你们要去看陕博啊?那是张锦秋设计的!啊!当时,我想这个真是不简单了,出租车司机也知道张锦秋的名字。后来我们又去到兵马俑博物馆,讲解员在介绍时,说这是一个女建筑师设

---

[1] 赵元超编著、金磊策划:《天地之间——张锦秋建筑思想集成研究》,中国建筑工业出版社,2016年,31页。

计的,她没有讲名字,我们知道她说的是张锦秋。其实我知道兵马俑博物馆并不是张总设计的,是她加在张总头上的,这说明了什么问题?说明张总立足这片土地,她做了很多工程,而这些工程首先得到了群众的认可,产生了很好的影响,这非常不容易。其实一个建筑师就是要立足本土,立足于本土文化,勤勤恳恳、踏踏实实,做自己的东西,这一点非常重要。我记得1993年,我和张总从台湾开两岸交流会回来,在路上,她告诉我有人劝她去海南,张总说她不想去,我也跟她讲你别去。从城市来说,西安也许不如北京不如上海,当时的开放程度也不如海南,但是西安有它十分鲜明的文化特征,立足于这个地方一定能做出好的东西来。特色来自什么地方?特色就来自于自己脚下这块地方,这点我是蛮有体会的。所以我觉得张总所做的工程,从手法上、风格上也许没有普遍意义,但是她所走的这条路,立足于西安,锲而不舍地去探索、创造,这种精神具有普遍意义。"[1]

长安城,张先生。

张锦秋成为西安的一张王牌。

在摄影家柏雨果看来,张锦秋的建筑作品,"使我真切体味到一位杰出的建筑艺术家与我自己的生活和我所居住的这座城市的直接联系。她的作品已将人们传统概念中的'西安古城'产生了认知上的嬗变。渗透在这座'十三朝古都'土地上各个角落的用石头、钢筋、水泥铸成的'凝固的音乐'无不闪烁着她的才华智慧与艺术大家的风范。每当我徜徉其间,都不由自主地为我们西安有张锦秋而由衷的自豪"。[2]

长安城,张先生。

张锦秋成为西安的一个现象。

---

[1] 赵元超编著、金磊策划:《天地之间——张锦秋建筑思想集成研究》,中国建筑工业出版社,2016年,231页。

[2] 柏雨果、肖云儒主编:《光影大境——张锦秋建筑作品艺术摄影》,中国摄影出版社,2013年,219页。

东南大学建筑学院教授王建国说:"一个女性建筑师对一个城市的历史发展,有这样一个完整的、体系性的贡献,我觉得在中国是很少见的。传承与创新是一个非常经典的话题,其实我们过去讲了很多,也是一种道路的探索,到后来创作的风格来自民间,其实一直没有停止过对这个问题的探索,当然我个人认为张先生的作品应该讲,是在有一个非常坚实、厚重的理论指导下成体系性的作品的呈现,对三秦大地、西安做出了这么一个完整的体系,我觉得这个是绝无仅有的。我们在西安到处走能够体会到张先生作品的很多精华,或者说她创作的环境等。环境是我们体会最终的结果。"①

长安城,张先生。

张锦秋成为西安的一个骄傲。

韩国《PA》杂志1998年第12期发表苏州科技学院教授时匡的文章《孜孜不倦的耕耘者》。作者写道:"张锦秋女士'耕耘'的主要天地是中国著名的历史文化名城——西安,近3000年的历史古城在建筑上的沉积之深可以想象,然而现代经济的发展给城市带来的快速变迁在我们这一代建筑师身上的压力同样是沉重的。张锦秋女士热爱中国建筑,在从事建筑理论还是实践的选择中,她挑选了更为艰辛的后者,并为之锲而不舍地努力,其毅力和精神令人感动。中国有许多像西安那样孕育着光辉灿烂建筑文化的城市,在现代文明的冲击下迫切需要像张锦秋那样有责任感的建筑师去维护、继承和发扬,在西安和张锦秋的关联上,建筑师的责任和一个城市历史的需求达到了完美的结合。"②

长安城,张先生。

张锦秋成为西安的一个坐标。

西安建筑科技大学建筑学院教授王树声说:"张先生的创作始终根

---

① 赵元超编著、金磊策划:《天地之间——张锦秋建筑思想集成研究》,中国建筑工业出版社,2016年,42页。

② 同上书,228页。

植于西安的城市脉络。我本人的研究侧重城市，从我自己的体会，每一个城市都有特殊的脉络，例如历史脉络、山水脉络、感情脉络、生活脉络、文化脉络等，城市脉络的交织点、凝聚点往往就形成城市的标志性空间，成为城市文化的孕育之地。中国传统建筑与城市都特别强调'昭文'，重视通过城市的标志建筑和关键地段来传递一种文化理想和价值观念，把生活在这里的人的感情调动起来，使之成为凝聚人们生活和感情的场所，进而获得城市精神文化坐标的意义。张先生的建筑创作始终与西安城市脉络紧密地联系在一起，善于从博大深沉的城市脉络中寻找建筑的形式和意义，通过现代创作进一步揭示、强化和发展这些隐藏在城市背后和人们感情中的城市脉络，从而使得建筑与人、与城市更加紧密地联系在一起，引导城市文化和市民生活追求更高的境界。我想这就是张先生深受西安市民爱戴，她的作品能够历久弥新，与城市同久远的真正原因。因此，张先生的代表作品虽然孕育在西安，但根植于城市脉络，凝聚并激发市民感情生活的建筑创作理念具有普遍性意义。"[1]

长安城，张先生。

张锦秋成为西安的一个象征。

文化学者肖云儒说："翻开陕西、西安这本大书，无处不可以读到她。锦秋留在这块土地上的许多建筑精品，大部分都成为地标性建筑……她的历史和文化见识，她对当下生活的理解，她的人生坐标和美学追求，乃至她个人的质地、风貌、情感，都通过这些作品镌刻在这座城的东西南北。锦秋的建筑构成了西安容貌和陕西风格的重要元素，构成了秦人的生存环境，也影响着他们的气质和性格。……这块土地也塑造了锦秋。……这位女建筑师的作品回响着钟鼎之声，蒸腾着博大之气，常常将我们带进一种大境界中。这固然与她设计了众多庙堂题材，如帝陵圣庙、宫殿遗址以及皇家园林有关，却不能不说更

---

[1] 赵元超编著、金磊策划：《天地之间——张锦秋建筑思想集成研究》，中国建筑工业出版社，2016年，50页。

是她内在气质的艺术呈现。一位蜀地的女性，作品中却少有川中女子的秀魅和伶俐，有的是历史岁月的苍莽，庙堂文化的庄重，北方平原的浩渺静穆，无疑是十三朝古都和八百里秦川的文化基因起了作用。在古城生活工作了大半生，这座城市早已是她的精神故乡。古城与她，便这样'相濡以沫'，相互营养着、营造着、成就着，互融一体。"①

长安城，张先生。

张锦秋成为西安的一道光芒。

有人说："如果说标志性建筑是城市的眼睛，那么张锦秋就是西安的点睛之人。"②

长安城，张先生。

张锦秋成为西安的一个传奇。

有人说，四川人来到陕西，本身就有着潜在的冲突。"陕西人思考问题的时候，始终身上背了一个很重的背篓，总是考虑很多公共的东西，太使命、太忧患意识了，很沉重，包括你从陕西的文学作品当中也可以看出来他们的这种特点，这或许就是地域的文化差异。而四川人就要放得下一些，他就是玩，关注和满足自己内心的东西。"③张锦秋冲破了这个障碍，化解了这个矛盾。她以四川人的细腻、洒脱，以及对生活的热情，去担负使命、实现自我，让沉重的背篓也轻盈起来。

西安是张锦秋的后盾与底气，是张锦秋人生之路精彩而美好的一段历程。

她说："如果不是在西安，而是在北京或是南方，我都不可能作这些设计，是西安这方沃土培育了我。我愿意在有生之年继续为古都的建设贡献自己微薄的力量。"④

---

① 赵元超编著、金磊策划：《天地之间——张锦秋建筑思想集成研究》，中国建筑工业出版社，2016年，244页。

② 文爱平：《张锦秋：长安寻梦》，《北京规划建设》杂志，2005年第6期，188页。

③《空谷妙相 佛前众生——袁蓉荪访谈》，《中国摄影家》杂志，2018年第2期，58页。

④ 文爱平：《张锦秋：长安寻梦》，《北京规划建设》杂志，2005年第6期，189页。

在张锦秋看来，这里的"沃土"，指的是西安这座千年古都丰厚的历史文化，这就使得建筑创作的题材非常丰富，自己吸收的营养也有用武之地。同时，"沃土"还有另一层含义，就是陕西的人。陕西、西安的领导和百姓的关爱，让她很受感动，这也是她离不开这块热土的重要原因。张锦秋说过："我不是陕西人，但大家都把我看成陕西人了，我觉得很温馨，这个温馨不是抽象的，是实实在在感受到的，我已经融入了这片土地。"[1] 尽管她有过不少离开西安的机会，但还是觉得这里的历史文化"厚"，这里的人"亲"。基于一种熟悉而温暖的情感，张锦秋舍不得，就一门心思扎根下来。

她出门叫出租车，有司机师傅见了，就说："你是张锦秋吧？上上上，免费！"这一来让张锦秋都有点不好意思。有一次，张锦秋陪同来自台湾的建筑师吴夏雄参观秦始皇兵马俑博物馆。他们遇见一个刻图章的摊子，吴夏雄蛮有兴趣的，张锦秋就让他挑块图章，作为一个小纪念品。图章刻好了，她跟刻图章的师傅说，如果可以就落个边款，内容是"吴夏雄先生留念，张锦秋赠"。这把刻图章的师傅给惊住了：啊，您就是张锦秋啊！这个图章免费了，不收钱了！西安普通百姓对张锦秋的情感，把吴夏雄给惊住了。他说自己没有想到在大陆建筑师这么受关注，台湾建筑师就没有这样的社会地位！

"当一个城市中的一个刻印章的师傅看到张院士名字的时候说我免费送、当打车的司机说因为是张院士所以我不收钱时，这对一个城市来说不光是一个物质性的现象，而是到了一个城市中的市民都自发地在心里对张先生产生尊敬和敬仰。我觉得这个是非常少见的，一个人影响了一座城市，一个建筑师能够扎根在一座城市，是超越了建筑学本身的东西。"[2] 清华大学建筑学院教授单军说，张锦秋从文化、思

---

[1] 本社编：《建筑院士访谈录——张锦秋》，中国建筑工业出版社，2014年，119页。

[2] 赵元超编著、金磊策划：《天地之间——张锦秋建筑思想集成研究》，中国建筑工业出版社，2016年，40页。

想、价值观的层面上深刻地影响了西安这座城市。

"现代西安古城的大气恢弘与张院士的智慧、学识、功底、修养息息相关，感谢张院士让西安如此美丽、深沉、厚重，有历史感。"

"看了您的作品，感觉您太了不起、了不得了。感谢您把西安打扮得这样美！"

"锦秋院士是中国传统建筑艺术的当代集大成者。当下西安的厚重，大半来自锦秋院士的建筑作品。意欣欣然，向她致敬！"

"天地很小，世界很大，西安更大。"

2016年，在陕西历史博物馆举办的"张锦秋院士建筑作品展"现场，有人在参观展览后写下如是感言，慨叹一个建筑师与一座城池的动人牵手。

张锦秋与西安这座城市的相遇是一个美好的故事，也是一个可爱的故事，更是一个有温度、有力量的故事。

第三节　建筑之本：因地、因题、因时制宜

在大学里就读的是建筑专业，一辈子从事建筑设计工作，在祖国广袤的大地上留下了一个又一个的建筑作品，张锦秋与建筑之间有着深切的缘分。"在建筑言建筑"，对于建筑是什么、建筑不是什么、如何看待建筑、如何理解建筑这些本源性问题，她有着自己的思考和判断。她试图紧紧抓住建筑的"本"，用心固守，一心践行，不断丰富，着力拓宽。

"建筑是百姓生存的基本空间。""建筑是石头的书。""建筑是凝固的音乐。"张锦秋说，这是对"建筑"最为经典的定位，举世公认，充分表述了建筑的功能性、历史性和艺术性。自古以来建筑都反映着

不同时代、不同地域的物质文明和精神文明，是文化的形象体现。

张锦秋不太赞成建筑师讲流派，这容易把自己套住，因为建筑是分类的。她同意把建筑分成产品形式和地域形式。产品形式主要取决于它的技术和功能，跟计算机、电视机一样，火车站、飞机场，超高层建筑，突出的是特殊的功能和先进的建筑科学技术。各种形态的大跨度飞机场、体育场馆在中国可以盖，日本可以盖，美国也可以盖，这是产品形式。建筑的地域形式更多取决于地域的自然和历史文化特点，这就要考虑不同的地域特色、历史文脉。这两者是不同的类型，不能一概而论。

"全玻璃的玻璃幕墙能不能用？可以用啊，看你用在什么地方。我给市长们讲课的时候，有的市长就说，送来的方案一送十几二十套，我们眼睛都看花了。我说你先看大的分类，你们这个建筑是要突出它的大跨度、特超高的功能，这些功能要求和先进的技术确定了，你就可以选用产品形式，就是怎么先进怎么来。如果是文化建筑或者一定的政治性建筑、纪念性建筑，你就要适当考虑地域特点，建筑是分性质的；或者在文物保护建设控制地带，或者历史城区、历史街区，或者风景名胜区，你都要考虑地域文化。不能笼统说哪个好，哪个不好。"张锦秋说。

她以广州新电视塔，即"小蛮腰"为例。对于这个方案，张锦秋参加了评标，投了赞成票，并且极力主张。有人就说这是不是跟她在西安设计的一系列建筑风格太不一样了。张锦秋认为"小蛮腰"和广州的气质、珠江秀丽的环境合适，"我觉得不是说，我在西安搞传统和现代结合，我就到处都唱这首歌。不同的城市，不同的地域，不同的项目，它有不同的要求，要因地、因题、因时制宜"。[①]

"建筑创作也是环境创作"的观念，在张锦秋的脑海里由来已久。她说："中国建筑与环境是结合在一起的。这是我对建筑创作的基本态度。我的这个态度来源于我国优秀的建筑传统，我国优秀的传统建筑都是与环境作为一个整体来考虑的，不是孤立地考虑一栋房

---

① 本社编：《建筑院士访谈录——张锦秋》，中国建筑工业出版社，2014 年，151—153 页。

1998年国家大剧院设计竞赛的评委们

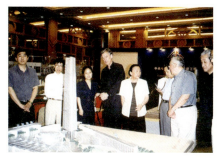

2002年中央电视台设计竞赛的评委们

2012年与矶崎新共同主持国家美术馆评标

子。……建筑与环境不能孤立地谈,它们是一个整体。不管工程大小,这是建筑师要注意的基本原则。"[1]

华清池大门是张锦秋在西安的第一个作品,是她辉煌建筑生涯的一个亮丽起点。多年以后,回顾设计的过程,她觉得跟自己在学校接受的

---

[1] 魏嘉:《植根于西安古都的建筑——张锦秋大师访谈录》,《建筑创作》杂志,2001年第3期,44页。

张锦秋手绘敦煌国际大酒店方案透视图

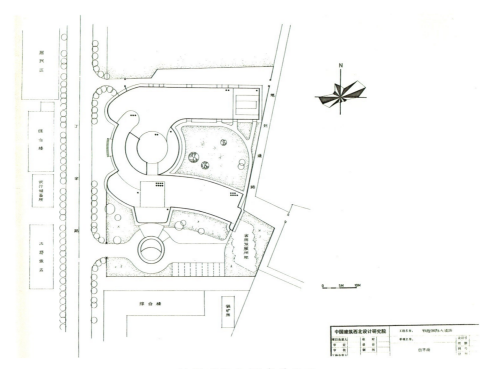

敦煌国际大酒店总平面

建筑思想教育分不开,"就是建筑的风格形式要跟它的功能和历史文化背景统一,不能是两张皮。西方现代派建筑也在强调形式追随功能。建筑是做什么用的,应该很明确,而不是形式决定功能。我到现在还是认为,建筑的形式不是天上掉下来的,首先要弄清是什么功能、什么性质、什么文化背景,你才能考虑形式。就是因为有这样的思想,所以我理所当然就觉得华清池的大门,应是一个唐风建筑。这样一种很直白简单的思想指导我完成了这项设计任务"。①

敦煌国际大酒店

在创作建筑时要构思环境,建筑创作要与环境相结合,这样的创作理念张锦秋贯穿始终。她主要的建筑作品都在西安,不过早期还主持设计过敦煌国际大酒店。在敦煌,设计与敦煌相匹配、相和谐的建筑,是她的创作思路。

"考虑到敦煌在汉唐盛期即为中西文化交汇之地,敦煌艺术融中西为一体而独树一帜。故大酒店方案的建筑风格,亦以传统与现代相结合为特色。采用了象征手法,以多处弧形实体与空间,抽象化的重楼、月牙形的水池以表现沙漠、莫高窟与月牙泉的流畅、浑厚、质朴的风格。因敦煌旅游季节骄阳似火,当地居民多开小窗。大酒店也一反宾馆多用大玻璃窗的处理,而采用小窗。色彩选用白墙蓝窗,以期与大漠一片黄色取得朴素明朗的对比效果。"②张锦秋说。

在为湖南株洲做城市规划咨询时,张锦秋说既然株洲定位为现代

---

① 本社编:《建筑院士访谈录——张锦秋》,中国建筑工业出版社,2014年,68页。
② 张锦秋:《敦煌国际大酒店》,《建筑学报》,1996年第12期,24—25页。

工业文明城市，那就抓住现代、工业两点做文章，尽管不排除加入一些园林元素、湘江流域元素甚至湖南文化元素，在园林当中建造部分景观建筑，但最关键的，这里应该是现代的，"不能像西安搞什么唐风啊、古风之类的。如果那样的话，就是文不对题，如果在株洲弄一个芙蓉园和紫云楼，别人就会笑话，芙蓉园和株洲有什么关系啊！"①

在设计实践中，张锦秋还擅长创造局部环境，力求让建筑与整体环境融合在一起。

在张锦秋看来，建筑不是单调的钢筋水泥个体，它有着独特的气质，与环境、习俗、历史文化相融合。陕南、陕北、关中各有特色，生活习惯和方式不同，建筑也不应该只是一个模式。比如汉中地处秦岭以南，是陕西的江南，有浓厚的两汉和三国的文化和保留至今的历史古迹，这里的建筑造型和特色应该与柔美的山水环境相和谐。

而在西安，张锦秋对"环境"更熟悉、更亲切，处理起来也更得心应手。在她的心目中，自己设计的建筑就像是一个个孩子，她希望孩子们与周边的环境友好、亲切，而不是格格不入。于是她在规划设计里对建筑的环境有着全方位的考量。这些建筑，是从土地里长出来的，与历史深处对话，与时代潮流相契合，是理解环境、保护环境、创造环境的优秀作品。

不仅一座建筑，就是一座城市的规划设计，也要注意处理好与环境之间的关系。

而与历史环境的协调，并不意味着放弃现代设计理念。她举例道，西安钟鼓楼广场设计建筑风格传统，但空间规划现代，地下空间的开发突破了传统的局限，空间感觉突显了现代气息和科学手段。这就是说，很多与历史名城或老城区风格协调的建筑，仍可以采用现代化的空间手法。

与此同时，要注重与规划的统筹协调。规划要有预见性和科学

---

① 屈湘玲、彭诚：《仰之弥高——张锦秋大师株洲侧记》，《中外建筑》杂志，2010年第3期，14页。

性，比如地下空间的设计要根据城市发展提早规划、城市管网系统早期入地可以少走弯路、房地产开发要科学配套社会服务设施而不能只考虑利益。张锦秋说："城市建设不是打草稿，不行就拆了重来。有一点偏差，调整就要付出沉重的代价。很多项目的成功经验我们要借鉴，教训要注意，不要重蹈覆辙。"①

其实，张锦秋说的是建筑要跟环境"适合"，与自然环境、社会环境、时代环境、历史环境、人文环境相适合。在美国建筑师罗伯特·格迪斯看来，"适合"是建筑最基本的原则。建筑必须与此时此景相适合，与未来改建相适合，与建筑的目的相适合。建筑师应该摒弃"为建筑而建筑"的想法，设计适合的建筑。"它与社会和环境密切相关，并且有着深刻的政治性。它与艺术和人类密切相关，又与科学和技术相互作用。它指的是既能满足建筑用途又能与周围环境相融合的建筑。……建筑应当以'适合'为中心——建筑的层次与组织、生长与形式都应如此。我们应该清晰大声地宣读'建筑师宣言'：适合（make it fit）。"②

张锦秋设计的建筑作品，被誉为"新唐风"。1992年1月，吴良镛在她的著述《从传统走向未来》的序言中写道："近十数年来改革开放，城市建设日兴，西安古都各项纪念性建设工程任务大增，亟须具有新时代精神，并富民族的、地方特色的优秀设计。张锦秋脱颖而出，主持了一系列重大工程，这些被名之曰'新唐风'的创作，得到了中外建筑界人士赞赏……"后来被建筑界广泛沿用。为何这么一个提法受到普遍认可？张锦秋是这样理解的："因为我做的项目设计都是根据题材、位置，以及文化背景和地理环境等构思完成的。而在西安，我做的很多项目都与华清宫、青龙寺、大雁塔、小雁塔等唐代历史遗产有关，为数不少，所以大家泛称其为'新唐风'。这是一个方

---

① 杨晶晶：《张锦秋：保护传承，无愧时代》，《中国建设信息》杂志，2015年第9期，33页。
② [美]罗伯特·格迪斯著、张淳译：《适合：一个建筑师的宣言》，山东画报出版社，2013年，5页。

面。青龙寺项目以后，我一直强调传统与现代结合要作多种探索，我也做了很多其他的项目。那为什么都被人称为新唐风呢？我理解，这是对我设计的一种宏观概括。其他像钟鼓楼、黄帝陵、群贤庄住宅等，人家都觉得看起来挺有历史文化的韵味，因此也都称之为新唐风。所以我觉得新唐风起先是针对有唐风的建筑，后来实际上就扩大到我做的所有跟历史文化有关系的建筑。"①

也就是说，凡是与陕西文化有关的建筑设计，着意关注如何恰如其分地体现历史文化特色、地域特色，将传统文化内涵、现代的功能技术与人们现代的审美观念有机结合，这种做法和思路被统称为"新唐风"。

尽管泛称张锦秋的作品为"新唐风"，她本人并不同意，也没有自称过自己的作品是"新唐风"，但张锦秋还是与"新唐风"紧紧联系在一起了。这是对她的建筑作品尊重环境、适合环境创作思路的一种肯定与赞赏。

她的学生赵元超在设计西安南门广场时，将这里定位为西安的心脏起搏器，把周围破碎的空间整合起来，设计了比较现代的建筑风格。张锦秋到现场查看，留下这么一句话，"感觉这些建筑和南门不是一家人"。赵元超当即对设计方案进行了修订，更多地注重历史的元素，成功链接了历史与现实。②

在环境面前，建筑不能喧宾夺主，也不是天外来客，它跟环境是融于一体的。而更大的环境、更厚的背景是民族传统与民族历史。

张锦秋认为，从本质上看，建筑艺术属于综合性实用艺术。由于它超大的尺度与体量，所以又在一般的工艺美术之外存在着建筑造型艺术与建筑空间艺术。这三者相辅相成，密不可分。

现在的问题是，大家都在讨论建筑形式，而把最具特色的空间艺术给忽略了。张锦秋说，有些西方人士认为中国传统建筑无艺术可言，单调、一律。而中国人却能看到寺庙、园林、民居空间形态的丰

---

① 本社编：《建筑院士访谈录——张锦秋》，中国建筑工业出版社，2014年，77页。
② 姜美娟：《建筑文化的守护》，《中国建设信息》杂志，2015年第14期，35页。

富多彩。建筑的空间艺术是中国优秀建筑传统遗产的精华所在。而传统建筑所表现的空间美是和传统的空间意识分不开的。虽然不同历史时期、不同地区、不同性质的建筑都程度不同地受着功能要求、技术水平、经济条件等的制约与影响，但更深层的起主导作用的仍是空间意识。传统空间意识有四个要点，即"天人合一""虚实相生""时空一体""情景交融"。传统空间意识和空间美不仅存在于建筑领域，实际上渗透于中国广大的城乡建设和风景园林之中。

张锦秋特别重视建筑的"情景交融"。她说，建筑的艺术氛围，不是光说好看就行了，而要表达一种思想、一种感情。这个"情"，与设计的实体打造出的空间景观应该有机统一。我们到一些名胜古迹参观，就会联想到当时是什么人在这个房子里活动，怎么用这个房子，当时这个建筑是一种什么样的情景。比如参观一座寺庙，这里的僧侣怎么做法事，怎么修行，怎么参禅打坐，自然就会产生相应的联想。去参观徽州的古民居，在赞叹民居艺术的同时，就会想到居住其中的人。那些徽商是如何离开家乡到远方行商，他们把老婆和闺女关在房子里，她们也就天天守在院落、绣楼里，等着远方的家人回来。这么一种孤寂的生活方式，自然与徽派民居的精致庭院、高高门墙，还有独具特色的风火山墙联系起来。实际上，这是通过观察建筑的方式还原当时的生活场景，怀想他们的生活。如果这个宅子的主人是文化人，里边可能还有精彩的历史故事。所以一个地方只是说这个地方有多好，风景怎么优美，没有把故事讲出来，没有讲到精彩之处，终究是隔靴搔痒。

"我觉得其实建筑就是历史。不同的建筑有不同的历史，如皇宫宫殿的历史，民居私宅的历史，一个小姐终生独居闺阁，一个文人毕生穷困乡里，所有的建筑都和具体的个人命运相连，和具体的故事相关。建筑师自己做设计时不想将来是什么人在里边活动，如何使用建筑等情景，是不行的。建筑师和作家一样应该先有构思，需要借助想象，让建筑本身在时空流转之中获得活的态势，通过使用者的演绎，完成对整个建筑功能和环境的塑造。所以，我觉得建筑师的工作非常像写小说，而不是一个纯粹的工匠，因为后者更多是在思考怎样建成这个房子。工匠的任务是保证建筑的完成度很高，而建筑师要考虑建筑里边活动的人，可能会出现什么样的情景交融的场景。"[1]张锦秋的这段论述，精辟、深刻，而且动人。

张锦秋的这个观点，与台湾建筑学家汉宝德的看法是一致的。他认为，建筑师要有以空间说故事的能力。建筑师设计建筑，就是提供一些空间为人所使用。建筑师构想这些空间的过程，事实上是在虚构一个故事。"以一个住宅来说吧。你要设计一座完全不同的住宅，实际上是要为这个家庭的主人、主妇以及他们的子女，构想一种生活。如果你为他们建造了一个壁炉，壁炉的前面是舒服的起居空间，是在构想他们全家围炉夜话的故事。如何你为他们建造了有天光的卧室、天光的下面是床，是在构想躺在床上看星星的浪漫故事。如果没有这些故事，建一座住宅，只是庸俗地显现主人的财富而已，找个匠人就好了，何必需要有文化修养的建筑师呢？"[2]

所以，"就建筑言建筑""为了建筑而建筑"是不可取的。看建筑要有一定的历史高度，不能就事论事。建筑创作要有大的视野，大的格局。"从建筑创作实践中我逐渐体会到建筑是人与人、人与城市、人与自然的中介。作为城市的主要组成，其文化取向当然应该与它所处的城市、环境相协调。优秀的建筑应该促进人与人之间的和谐、人与城市的和谐、人与自然的和谐。"[3]这是张锦秋建筑创作的经验之谈。

她反感把一个建筑项目只是看成一笔生意、一个产值，或者说是一个成名的机会："我们学建筑历史的，怎么看建筑，怎么评价建筑，都看它反映的民族文化、地域特色、艺术风貌以及它所反映的时代特色，中

---

[1] 本社编：《建筑院士访谈录——张锦秋》，中国建筑工业出版社，2014年，33页。
[2] 汉宝德：《给青年建筑师的信》，生活·读书·新知三联书店，2009年，22—23页。
[3] 柏雨果、肖云儒主编：《光影大境——张锦秋建筑作品艺术摄影》，中国摄影出版社，2013年，216页。

国的也好，西方的也好，都是这样的。所以在当下我们的建筑也不例外，实际也是历史长河中的一滴水珠。这是我对建筑文化的一个基本看法。"

建筑要有历史的眼光，也要有基于当下的现实观照。张锦秋说："建筑要服务于社会，也就是说不像画家或者雕塑家进行的个人创作，我这个作品你们不欣赏，我自己欣赏，可以在书房里挂着，在架子上摆着，都没有关系。但是建筑是一个社会财富的产品，它的社会性决定了建筑文化服务于社会的程度，就要得到公众的认可。当然在艺术史上，有很多艺术作品在创作的年代不被认可，然而在后世获得很高的评价。我觉得建筑不能这样，建筑要服务社会就要服务当代，得到大众的认可，这也是我的一个看法。"[1]

建筑的成色如何？一栋房子的价值如何评判？张锦秋道出了自己的标准："衡量建筑，最终要看它是不是增加了这个地区或者这个城市的民众认同感和凝聚力。在西安，我亲身感受到了这个力量。这不是说看到哪本理论书的论述，也不是引用哪个大师说过的话，这是我的切身感受。"[2]

"入乎其内，出乎其外"。张锦秋对建筑的里里外外摸了一遍，摸得通透，也摸得深刻。

回望自己的建筑设计生涯，张锦秋清晰地认识到，不管时代如何变迁，还是要坚持"实用、经济、美观"的建筑基本原则。尽管这些基本原则有着与过去不同的新内涵，但它们之间辩证的关系却是科学的、永恒的原理。张锦秋期待年轻的建筑师学习好先进的国外建筑经验，同时也要弘扬传统建筑文化的精髓，因地制宜、因时制宜、因题制宜地做好城乡大大小小的建筑设计，让更多符合"实用、经济、美观"标准的建筑在大地上生长出来。

---

[1] 赵元超主编：《长安寻梦——张锦秋建筑作品展实录》，中国建筑工业出版社，2017年，30—31页。

[2] 本社编：《建筑院士访谈录——张锦秋》，中国建筑工业出版社，2014年，124页。

第四节　建筑师之本：人永远是建筑的服务对象

对于不少人来说，张锦秋这个名字是放心的。作家贾平凹说，当初他知道"群贤庄"这个住宅小区是由张锦秋设计的，心里踏实不少，"张锦秋我是知道的，她是个大权威，陕西历史博物馆、法门寺博物馆、钟楼广场、唐华宾馆都是她的设计名作，由她设计肯定没问题"。[①]

这样的信任让张锦秋感受到一种责任，让她时刻想着要在人生道路上扮演好自己的角色。随着建筑创作实践和思考不断的深入，什么是真正的建筑师，如何看待建筑师的地位，如何定格建筑师的形象，建筑师的价值究竟何在，这些涉及本源性的问题在她的脑海中渐渐有了清晰的答案。

一、"以人为本"是建筑师的良心

在张锦秋看来，人永远是建筑的服务对象，是建筑的设计者、建造者、投资者和使用者。建筑师在设计中应该将使用者摆在首位。对于建筑创作而言，建筑师是创作的主体，建筑方案的形成、发展都受到主体意识的直接支配，而影响主体意识的其他外来因素，也总是通过建筑师才能体现在方案之中。在设计实践中，建筑师要想方设法将使用者的种种人性化考虑摆在首位。建筑创作应明确是为人而设计，不是为建筑师自己服务。人性的表现不应是一味突出建筑师自己，而应该更多地考虑广大群众。建筑师要有个性，但更要想着服务社会。西方文艺复兴倡导的人本主义，20世纪50年代苏联建筑师称之为"对人的最大关怀"，近年来西方建筑界针对现代主义的机械冷漠提出"人性化的设计"，在我国当代则称为"全心全意为人民服务"。虽然具体着眼点不同，但根本思想是一致的，都属于"以人为本"的

---

① 贾平凹：《西安有个"群贤庄"》，《新材料新装饰》杂志 2003 年 7 期，43 页。

范畴。在现代建筑的诸多流派之中，工业建筑也好，地域建筑也好，生态建筑也好，诗意建筑也好，最终都是为了人。

"当然，现实生活中，在流派的偏见、甲方的干预、设计者的能力等因素的影响之下，建筑师出现'主体的异化'或'主体的迷失'也时有发生。所以，我觉得把握'以人为本'必须从物质功能、艺术感受和精神作用上都倾心竭力。建筑师要坚持这个大方向也实属不易。无怪乎人们把坚持'以人为本'称作建筑师的良心。"①张锦秋说。

强调建筑师要"以人为本"，关键要理解好这个"人"是谁。是建筑师自己，还是建筑的使用者？

美国一位建筑师在一封书信中这般抱怨："生活于我会一直这么不加眷顾吗？我快绝望而死了！我的头快炸了！索尔·施维默女士正起诉我，因为我跟着感觉走为她设计的桥不符合她那荒唐的品位。对，就是这样！……我本想把她的桥设计得大气磅礴，每个方向都有火一般熊熊向上的放射状牙齿。但是现在，她失望透顶，因为这完全不合她的胃口！她就是个愚蠢的中产阶级分子，我真想扁她！我试着将不合她胃口的金属板硬塞回去，但它们还是像星星吊灯一样喷薄而出。我就是觉得它们很美呀！但施维默女士说她无论如何也接受不了。我管她接不接受得了呢！"②

张锦秋也谈到过一个例子。美国建筑师菲利普·约翰逊曾经很上心地把一个私人住宅设计成通透的玻璃房，但最后被女业主告上法庭。她的理由是这是自己的住宅，而不是展览馆。自己要的是生活，而不是当展览品。

"可见，如果建筑师过于坚持个性，而忽略了'为人服务'的原

---

① 李沉：《弘扬文化传统 拓展城市特色：访梁思成建筑奖获得者、建筑大师张锦秋》，《建筑创作》杂志2004年第3期，104页。
② [美]罗伯特·格迪斯著、张淳译：《适合：一个建筑师的宣言》，山东画报出版社，2013年，7页。

则，那必将走入歧途。为社会服务，不是没有个性，而是要求更高了；不是要建筑师变成庸人，而是要求建筑师植根于社会，避免片面性。这样的作品才能经得住历史的考验。"①张锦秋总结道。

建筑师应该做什么，不应该做什么，她有着基于个人经验的认真思考，也对新一代建筑师有着深切的期待。

"建筑师的设计实践无不是在许多前提条件的制约下进行的。首先，建筑是为满足社会需要而建造的。建筑师一般都得按设计任务书来设计。大型公共建筑、纪念性建筑对社会生活有重要作用，要由领导拍板定案。经济性的建筑要由投资者、经营者考虑是否赢利然后定案。古今中外莫能例外。这是社会的前提条件。工艺提出他们的程序，管理部门提出他们的法规和规范，这是理性的前提条件。材料、施工、各工种的配合，这是技术的前提条件。投资的多少是经济的前提条件。在这些前提条件的基础上，建筑师以自己的设计构思和表达方式提出相应的空间形态，这才是我们创作的设计方案。所有这些因素都是错综复杂、相互关联的。它们构成了建筑创作的基础和背景。不同的建筑、不同的环境、不同的时期诸因素各有侧重。一个建筑作品几乎总是产生它的那些因素互相融合、权衡的结果。对于体现传统文化的要求也是随条件不同而方面不同、程度不同的。同时，我们又要看到，在同一前提条件下，不同的建筑师进行创作，由于他们的建筑观不同，创作哲理不同，文化素养不同，思维逻辑不同，在设计上就既可能有高下文野之分，也可能各有千秋。"②张锦秋说。

在张锦秋看来，建筑师是艺术家，也是工程技术人员，从事的工作是服务性的，不要以为建筑师就比裁缝、厨师高级多了，其实大家

---

① 李沉：《弘扬文化传统 拓展城市特色：访梁思成建筑奖获得者、建筑大师张锦秋》，《建筑创作》杂志，2004年第3期，105页。

② 张锦秋：《继承发扬 探索前进——对建筑创作中继承发扬建筑文化民族传统的几点认识》，《建筑学报》，1986年第2期，25—26页。

从事的都是服务行业，只是服务的领域和方式有所区别而已。建筑师要意识到自己的任务是为使用者设计好的建筑，包括很好的学校，很好的住宅，很漂亮的文化建筑，塑造出文明优美的城乡环境，等等。建筑师不能把建筑当成是个人的作品。这跟画家和雕塑家是不一样的。画家创作一幅画可以说就是自己的作品，别人不喜欢，可以放在家里自己欣赏，与社会没有关系。建筑可不是这样的，它需要花费不少的资金，要利用一定的物质财富，包括土地，来实现建筑师的设想。这个资金和财富的所有者，不是政府就是企业或者个人，拿人家的财产来实施建筑师的构思，实施出来以后就不能一笔抹消。不能说这个建筑不好看，咱们把它拆除，建成之后，它就固定在这块土地上了，人家觉得不好看，路过的时候一眼就能看见。

"它是一个面对社会、面对公众的产品，是借助人家的物质财富给你创造实现想法的事情。所以我觉得建筑师应该有社会责任感，不能我想搞一个圆的，我想搞一个倒三角形，这是我个人的作品，我觉得这种观念是不对的。"[1]张锦秋说。

对于当前建筑领域的一些乱象，中国工程院院士、清华大学建筑学院教授关肇邺感到不可思议。他说现在常见的建筑作品，特别是国外建筑师设计的，过分强调设计者的个人风格。一些建筑师不论建筑是什么性质，放在什么地方，只做自己喜欢的这一套，把个人的标识放在第一位。"张锦秋做了不少建筑风格都非常一致，但那是建筑性质的需要、地点的需要、社会的需要，不是为了个人品牌，和他们完全不一样。"[2]

二、建筑师不能包打天下

张锦秋认为，从某种意义来说，一座建筑有如一件大型工艺品。

---

[1] 本社编：《建筑院士访谈录——张锦秋》，中国建筑工业出版社，2014年，163页。
[2] 赵元超编著、金磊策划：《天地之间——张锦秋建筑思想集成研究》，中国建筑工业出版社，2016年，230页。

1981年带队到扬州向鉴真纪念堂古建施工专家请教

它的成败得失不但取决于建筑师的规划设计，同时也有赖于工人师傅的施工操作。在总结青龙寺仿唐建筑设计时，她就提出，担负施工任务的西安市古建公司，在施工准备阶段和施工过程中组织工长和技术骨干专程赴五台山、扬州等地实地考察。这对于在青龙寺工程中恰如其分地表达唐代风格起了很好的作用。而且，"在设计准备阶段承清华大学莫宗江教授和建研院建筑历史研究室傅熹年工程师二位古建专家热情指导；在总体规划阶段承中国科学院考古研究所马得志研究员提供有关青龙寺发掘资料"。①

---

① 张锦秋：《江山胜迹在 溯源意自长——青龙寺仿唐建筑设计札记》，《建筑学报》，1983年第5期。

建筑创作，特别是大型工程的设计，不是一个人能完成的，往往是一个团队努力的结果，是集体合作，是集体智慧的结晶。

回想起担任陕西历史博物馆建筑师时，张锦秋说各个专业的工程师经验丰富，就像自己的老师一样指出不少问题，提醒建筑师有哪些是需要注意的，精准而到位。

自己主持设计的"大唐芙蓉园"，占地66.5公顷，建筑面积87120平方米。工程前期请了社科院的专家完成历史文化策划，请了咨询公司专家完成经营管理策划。在这两个成果的基础上，由建筑师综合协调，制定出工程的实施性详细规划，并经过专家评议和管理部门审定以后开展设计。

在设计唐大明宫丹凤门遗址博物馆时，张锦秋了解到，有不少专家学者对唐代城门进行过多项复原设计。其中以中国工程院院士傅熹年《唐长安大明宫玄武门及重玄门复原研究》《唐长安明德门原状的探讨》最为详实。张锦秋还参考了杨鸿勋、王才强对唐长安明德门的复原设计，王璐对唐丹凤门的复原设计。张锦秋说，这些科学、详实的研究成果为自己的设计提供了可靠依据。

而且，一个好的建筑设计同样也离不开开发商的支持与配合。古人云："七分主人，三分匠人。"说的是投资者在项目上有"生杀予夺"的绝对决策权。建筑师作为项目设计的最能动因素，需要跟投资者有效沟通，力争让形势向好。

张锦秋主持设计的群贤庄小区，选址在西安市南郊原唐长安"群贤坊"所在地。在中国式自然风致的人性化园林环境中，建筑简洁、雅朴，顶层局部跃层的做法不仅为住户提供了屋顶花园，还塑造出具有特色的小区天际线。

在具体设计时，按照原方案，南北干道两侧设计为三排五层楼的山墙相对。但在具体施工过程中，张锦秋发现这样空间显得单调、压抑，就建议两侧楼房四五层作退台处理，这样能使小区中心地段空间开阔一些，感觉有层次，增加屋顶花园，也丰富户型。当然造成的问题是相应减少了建筑面积，对开发商带来不少损失。经过几番交流，开发商为了提高小区品位和质量，坦然接受意见，按退台方案才得以实施。

张锦秋和同事深受感动。为了尽量减少开发商蒙受的损失，他们提出在不扩大楼间距的前提下，局部增加六层，将所有五层改为跃层单元。这样不仅使增加的面积大大超过因退台而减少的面积，并且创造出热销抢手的跃层户型。张锦秋说，这表明建筑师和开发商是要相互尊重、精诚合作的。

好的建筑师从来都善于摆正自己的位置，善于协调和沟通。

陕西历史博物馆是一组高度概括的宫殿式建筑，整个庭院采用中轴对称的布局，院落四周的崇楼簇拥着中央殿堂，整个建筑体现出了唐代建筑的简洁和大气。而建筑本身也与现代博物馆的功能紧密结合在一起。整个建筑在设计上没有沿袭皇家建筑惯用的红墙黄瓦，而是以黑、白、灰为主色调。当初张锦秋在进行色调选择时，决定以素雅为主，这样可能更接近现代的审美意识，更有一种永恒感。唐代的时候实际上屋顶都是灰瓦，还没有大量使用彩色琉璃瓦。

但是，陕西省有领导发表意见，说灰瓦是不是有点太穷气了？这是一个国家级博物馆，要有一点宫殿建筑的气势，应该选用黄琉璃瓦，这样感觉辉煌灿烂一些。

这引发张锦秋激烈的思想的斗争。不照办吧，这是省上领导提出来的。照办吧，黄琉璃违反唐朝的实际情况，唐朝没有黄琉璃瓦顶。后来张锦秋提出来一个折中方案，用铁灰色的琉璃，比普通灰瓦堂皇一些，但仍保持了唐代屋顶的基本色调。最终，张锦秋的建议被采纳了。

建筑师到底是个什么角色？2010年，在申报何梁何利基金年度奖项时，张锦秋是有顾虑的。因为这个奖项主要是针对科技类。建筑既创造物质财富，又形成精神财富，具有双重性。她个人感觉，当时的科技界可能认为建筑师的工作就是把建筑设计得漂亮一点，没有多少科技含量。张锦秋承认建筑主要是应用科学，采取什么结构，使用什么先进材料设备，这些都是人家科研的成果。建筑师主要是把他们的成果运用到建筑工程上，而不是去发明一个公式，创造一种理论，解决一个世界科技难题。因此，科技界大多认为建筑科技含量不高，而文化艺术界一般不把建筑当成艺术，认为搞建筑的都是匠人，建筑师的画很匠气，跟艺术家画的不一样。令张锦秋颇为意外的是，当年10月20日，她被授予何梁何利基金年度"科学与技术成就奖"。这是这个基金会的最高奖项。

1996年在陕西省美术馆工地

"评上以后，我觉得自己很荣幸，也受到了很大的鼓舞，这对我走的路也是一个肯定，首先不是对张锦秋这个人本身的肯定，而是对她走的道路的肯定。这一点让我备受鼓舞。但要说这样一个大奖成为我生活的分水岭或者拐点之类的，那是不可能的。无论生活还是建筑设计，我们都要一点一点、扎扎实实地过下去、做下去，生活和工作毕竟不是演戏。获大奖就是肯定我的方向，使我在信念上更加坚定不移。"[1]对于建筑师这份职业，张锦秋有着清醒的认知。

当年，梁思成设立清华大学建筑系，有一个打算是着重于实际方面，以工程地为实习场，设计与实施并重，以养成富有创造力之实用人才。作为一名建筑师，张锦秋富有"实地"意识。正如同济大学建筑与城市规划学院建筑系教授常青所说，张锦秋的建筑创作过程提供了一个重要启迪，那就是"尊重传统的建筑一定要亲地、在地，即使古代名胜只剩下遗址，也要在地去体会，在心底下去裁量，通过各种搜证功夫，找到历史遗风的感觉"。[2]

---

[1] 本社编：《建筑院士访谈录——张锦秋》，中国建筑工业出版社，2014年，157页。
[2] 赵元超编著、金磊策划：《天地之间——张锦秋建筑思想集成研究》，中国建筑工业出版社，2016年，43页。

事实是,"到工地上去"是她的一个口头禅。"芙蓉园施工的时候是夏天,张总不管天气状况如何,总会去现场看看。我记得我们去现场,张总就跟我们讲,女孩子到了工地,声音要洪亮,要解释得清楚,要给施工人员解释你的图纸,不要太羞涩,如果他们做错了,你要指出来,不能有丝毫的含糊。张总说去了工地,你跟现场施工的工人是一样的,去了你不能说你是设计院来的,撑着把伞或者躲在树底下听人讲解工程施工情况。"①张锦秋同事张小茹说。

为何张锦秋设计的建筑完成度都不错?那是因为她坚持在工地上。工地是她的舞台和战场。

张锦秋身上的精神劲头,中国建筑西北设计研究院总建筑师赵元超深有体会。在参加陕西省图书馆、美术馆设计时,张锦秋领着大家一起踏勘地形。面对着高低不平的坡地,她询问设计小组成员是否应该保留这片坡地。由于大家对西安历史文化知之甚少,不约而同地回答可以不必考虑。张锦秋意味深长地说,这可是现在仅存的一处唐长安城内的高坡。

"正是张总对西安城市文化如数家珍般的熟悉和热爱,这一历史地貌才得以完整保留,使新图书馆坐落在历史的高地上,成为一个知识的殿堂和西安又一个新地标。也同样,张总在图书馆、美术馆工地上,为了保护现场的植被,在大雪纷飞的现场一个一个圈定要保留的树木。我已经数不清为了图书馆、美术馆设计,张总到过多少次工地。而这仅仅是张总众多创作中的一个工程。"②赵元超认为,正是张锦秋身上这种对工作精益求精、一丝不苟的精神,这种对城市对历史的负责态度和社会责任,铸就了一个又一个精品。

---

① 本社编:《建筑院士访谈录——张锦秋》,中国建筑工业出版社,2014年,206页。
② 崔卯昕:《她向世界诠释中国建筑:"张锦秋院士在陕从事建筑创作40年座谈会暨〈长安意匠〉丛书——大唐芙蓉园首发式"侧记》,《建筑创作》杂志,2006年第11期,143页。

三、建筑师是个"多面手"

刚走上工作岗位时,张锦秋希望自己能成为一名称职的建筑师,每个项目都能切题,按照任务书要求满足业主,符合建设条件的实际,在建筑艺术上有所追求,能得到大家的认可。但随着越来越多地接触不同性质的项目,她慢慢体会到,此中学问越来越深,既没有一成不变的定律,更没有固定的工作方法。建筑师不要想着"一招鲜",有什么模式可以遵循,"因为你不知道下一个工程是什么样的,创新不能预设套路,后面这个项目要怎么创新,需要根据不同的题材,不能说下一个项目我也要象天法地了,这是不可能的事情。只有项目来了,结合具体案例才能出现创新的构思"。[①]

通过多年的实践,张锦秋逐渐认识到社会对建筑的需求是多样化的,如果一个建筑师不打算给自己画地为牢的话,就应该理解并适应这一大千世界的要求。回顾自己经手的设计项目,张锦秋总结出了三个类型:现代建筑创作的多元探索,在有特定历史环境保护要求的地段和有特殊文化要求的新建筑,古迹的复建与历史名胜的重建。这三类建筑设计的前提条件不同,设计的自身特点和发展态势也各不相同。正如不同的游戏有着不同的游戏规则,在设计时也应按着不同的原则和标准行事,具体的要求与评价也有着相异的标准。即使在传统建筑的继承与发展方面,也应该因地、因题而异,并无一定之规。

所以,在她看来,一个建筑师的建筑创作应该是多元的,因为一个城市乃至社会的要求本身就是丰富多彩的。建筑师只有站在历史的高度,从城市的视角来选择自己的平台,扮演好每台戏的角色。

张锦秋还特别强调建筑师要热爱生活,"你对生活都不热爱,不喜欢艺术,也不喜欢绘画,不看电影,不参加公共活动,生活枯燥乏味,设计出来的房子能好得了吗?这是就建筑师的个人修养而言。这

[①] 本社编:《建筑院士访谈录——张锦秋》,中国建筑工业出版社,2014年,146页。

样的话题讲起来很宽泛，我也没有总结出来个一二三四条的，是我简单直白的体会。要做一名优秀的建筑师，要热爱艺术，热爱大自然，富有生活情趣，这些都是必需的素养"。① 建筑师是一个职业，建筑师也应该是一位生活家。

四、建筑师要有宽阔的视野

"知己知彼，温故知新，已有科学技术的建筑师增加了本国的学识及趣味，他们的创造力量自然会在不自觉中雄厚起来。"② 梁思成说，这是研究中国建筑的最大意义。而张锦秋对"知己知彼"的理解是要有宽阔的视野。即便扎根西安也要有国际视野，立足本土也要放眼世界。

张锦秋很重视作为一名建筑师的历史感。她说："刚刚毕业来设计院的年轻人，我都跟他们讲，我说过去我们在学校——不是说我在读建筑历史专业研究生的时候，是说在本科的时候，建筑历史的课程比现在要多得多，无论西洋建筑史还是中国建筑史，也要比现在深。……像莫宗江先生给我们讲苏州园林，他常会结合一些具体的东西进行实例分析。现在我听说建筑历史的课程压得很少很少，其实我觉得要让建筑系的学生掌握更多的建筑历史，无论西方还是中国，古代的还是近代、现代的建筑历史都是非常重要的。只有知道来龙去脉，你当建筑师，才能站在历史的高度。你没有建筑历史的观念，只会从建筑杂志上抄，这阵子兴什么主义，那阵子追什么流派，你总在跟风，太肤浅了。不懂建筑历史，你就没有独立的判断——什么东西都要放到历史的长河里面来看看。"③

当然，张锦秋也不是一天到晚就研究周秦汉唐的历史，看博物馆的文物，而是也踮起脚尖朝外看，了解国外的建筑发展潮流。尽管没

---

① 本社编：《建筑院士访谈录——张锦秋》，中国建筑工业出版社，2014年，163—164页。
② 梁思成：《为什么要研究中国建筑》，《中国建筑史》，生活·读书·新知三联书店，2011年，11页。
③ 本社编：《建筑院士访谈录——张锦秋》，中国建筑工业出版社，2014年，161页。

2001年在莫斯科与市总建筑师和雕塑大师合影

有机会正式出国留学,但她重视出国考察、学习、交流,重视学习世界建筑的发展情况。她出国考察过不少地方,也在一些重要的国际会议上做过报告和交流,包括参加在巴黎德方斯举行的中法建筑交流大会、美国哈佛大学亚洲建筑发展论坛,到日本京都、四国地区和泰国曼谷进行学术交流。

在她看来,作为中国的建筑师,自然要立足于中国、扎根于中国的土地。"中外的思想我们都要吸收,包括西洋古典、现代的、当代的,有很多值得学习、比如说西方谈的场所精神,还有罗西的类型学,我觉得他们也是在探索,有些探索是比较深刻的。"①

张锦秋曾经前往意大利北部城市维琴察参观访问。这里距离威尼斯60公里,兴起于15世纪,那时随着制陶业、丝纺和纺织等工业的

---

① 赵元超主编:《长安寻梦——张锦秋建筑作品展实录》,中国建筑工业出版社,2017年,31页。

发达，诗人、艺术家、建筑师云集。城虽然不大，却殷实富足，环境优雅，一向有"陆上威尼斯"之美誉，所以一直流传着这么一个说法："如果你知道罗马、威尼斯和佛罗伦萨，而不知道维琴察，你不能说你了解意大利。"

张锦秋一行来到这里，主要是由于一个人的召唤。这就是安德烈亚·帕拉第奥（Andrea Palladio）。他是公认的文艺复兴大师，杰出的建筑创作、理论著述对文艺复兴有着重大贡献，对后世产生了重要影响。这个维琴察人，终生在这座小城从事建筑活动，果实累累，使得城市面貌焕然一新，并开辟了欧洲建筑的新方向。他深受当地百姓的爱戴，成为维琴察的骄傲。可以说，维琴察这座城市刻上了帕拉第奥的标记。

这里的市政广场建在罗马广场的旧址上，在老城中心，广场南边就是"巴雪利卡"，建于1549年。"巴雪利卡"又被称为"市民大会堂"，是当时市民进行公共生活和商业活动的场所。大厅部分的骨架早就已经建成。为了使其摆脱原来中世纪建筑的陈旧面貌，市政当局举行了设计竞赛，帕拉第奥的设计被选中。整个构图包含着方形和圆形、方柱和圆柱的对比，小尺度和大尺度的对比，虚和实的对比，既富有节奏的变化又和谐统一，堪称杰出的创造。这种构图，后来被称为"帕拉第奥母题"，成为欧洲后来几个世纪大型建筑的显著特征之一。维琴察的巴雪利卡是城市的标志性建筑，是帕拉第奥的代表作之一，也是他的成名之作。张锦秋获知，设计这座不朽的"巴雪利卡"正当帕拉第奥的而立之年。

在广场上，张锦秋看见一座雕像。走近一看，是维琴察市政府为帕拉第奥树立的全身雕像。这让张锦秋感慨万千。她说，自己早就知道意大利是一个珍惜人才、热爱天才的古老民族，自己在罗马圣彼得大教堂拱顶入口看到过米开朗琪罗的雕像，在万神庙里看到过拉斐尔的墓碑，在佛罗伦萨圣母大教堂里看到过伯鲁涅列斯基的墓碑和雕像。可是，在通常为帝王或教皇歌功颂德的市政广场上，看到了一位建筑师的雕像，让她对这座城市和这位大师有了非同寻常的印象。继

造访维琴察的圆厅别墅

而,张锦秋发现,这座城市的主干道被命名为帕拉第奥大街。

为何帕拉第奥赢得如此高的声誉?张锦秋试图寻找答案。

帕拉第奥的作品以庄园府邸居多,影响也最大。这些建筑是世俗的,它们反映出当时把世俗建筑摆在比宗教建筑更重要的地位,这是16世纪空前进步的建筑艺术特征。时世造英雄。帕拉第奥为故乡的小城,创造出一块世俗生活的乐土。沿街的府邸构图变化很大,个个都有创新,它们有一个共同的特点:就是材料普通,砖墙抹灰,局部斩假石表面处理,很少采用贵重的石料。因此帕拉第奥也常常被誉为运用劣质材料建造优美建筑的妙手。这就是说,帕拉第奥作为一名建筑师,是有人民情怀的。

而且,帕拉第奥是具有创造性的。他掌握了那些并非他所创造的古典法式,从中提炼出古典主义的精华,而将纯净的造型置于光线之下。他的建筑像钻石一样,冷峻而又闪闪发光,具有高雅的气质。他设计的建筑安详、稳定、简洁,几何性很强,其风格比其他城市里的府邸更为舒展,体现了文艺复兴建筑艺术中最受赏识的两种品质,即精确性和集

1993年在台湾参加海峡两岸第四次建筑学术交流会

中式平面。这赋予他的建筑以人性的光辉,使之成为古典风格的代表。

"与这座城市挥别时,天色已晚,四周的绿树显得格外浓重,景物随车行而远隐,思绪却袭上心头。我在想着帕拉第奥的作品和他终其一生的小城。大师从30岁设计了不朽的巴雪利卡,一直到72岁逝世,始终保持着旺盛的创新精神,受到世人的尊敬和爱戴。一个大师的作品集中在如此小的一个城市,却对建筑与环境产生了如此广泛的世界影响,实在难能可贵,真是发人深思啊!"张锦秋写道。[1]

在巴黎考察时,法国文化部的官员介绍巴黎怎么注重历史文化,怎么保护环境,这个城市如何如何和谐。而巴黎的蓬皮杜文化艺术中心声誉极高。楼板可以升降,墙可以平移,吊顶也可以升降,内部空间很灵活,可适应各种规模活动的要求。这个建筑的外形就像个工

---

[1] 张锦秋:《大师故里——维琴察》,《建筑师眼中的欧洲建筑美》,机械工业出版社,2006年8月。

厂，风道、管网暴露在屋顶和墙外。尽管有不少宣传说这个建筑很先进、有创意，但张锦秋有所怀疑，认为在巴黎旧城区出现这样的文化建筑不太合适。所以张锦秋就问法国文化部官员，既然法国注重城市文化的保护，为何在巴黎旧城区还出现了蓬皮杜文化艺术中心这样的建筑。这位官员回答道，这个方案报批的时候，巴黎的保护大法还没有制定出来。如果现在再想在旧城区建设此类建筑是不可能的了。这给张锦秋以启发，也就是说，不是大师的所有作品都正确，建筑要考虑左邻右舍的关系，还是一个和谐的问题。

"我觉得出国考察不是一般的观光。我在国内，在西安做项目，我也有国际的参照性，不是说我们就闭门造车。现在条件好了，年轻人每年都可以出去，旅游兼考察，我是很支持他们去的，不多看的话，我们就很闭塞。建筑这个东西，光看书本不行。"[①]张锦秋认为，对于一名建筑师而言，在世界各地行走是一种很好的学习方式，对于自己工作的开展大有裨益。

在欧洲考察时，张锦秋对这里的广场很感兴趣。看到教堂周围都是饭馆、商店，摆着桌椅，大家坐着聊天，喝咖啡，令人印象深刻。她就想到自己工作和生活的西安，这里的中心广场要摆脱过去的思维定式，不是非要搞成行政广场或集会广场，也可以是市民广场。在规划设计西安钟鼓楼广场时，她就想着也要让这里成为充满市民生活气息的公共空间。后来她几次赴日考察，这里的城市地下空间开发让她大开眼界。所以一接触钟鼓楼广场的题目，就立即想到了开发地下空间。

拥有了宽广的视野，建筑师更富有包容性和创造性。

"（20世纪）80年代中国建筑师对传统的继承和发扬是在改革开放条件下进行的。建筑师的观念较之50年代是有所更新的。这首先表现在对一元化禁锢的突破。人们开始看到，从哲学思潮来说当代城市建设体现了科学主义思潮和人文主义思潮的汇合。在这个汇合点

[①] 本社编：《建筑院士访谈录——张锦秋》，中国建筑工业出版社，2014年，128页。

上，物质的与精神的，传统的与革新的，地方性的与世界性的等两极的东西神奇地统一起来了，从而构成了一种洋溢着生命气息和生活朝气的综合美，越来越多的建筑师认识到当代城市景观的最大特征是综合美。这种美具有多元性和多层次性。因此，我认为即使在西安，我所追求的唐风只是多元化创作探索的一种途径。至于对其他风格的建筑，只要其时其地其题适宜，我都予以赞赏。"① 张锦秋说。

她还认为，建筑师不能就建筑论建筑。她是研究中国古典园林出身，古典园林涉及面广，包括总体规划，建筑不同年代的形式，不同的艺术特色，特别是跟环境的关系。建筑师要从事建筑创作，必须要有全面的观点，"必须把建筑放在这样一个多维的视角下来考虑。所以我觉得评价一座建筑也不能孤立地去评价，要有全面的考虑"。②

全面的观点、宽广的视野可以让建筑师"站得高"，而这并不意味着就可以大而化之地看待问题。"眼高"是一个层面的问题，而"手低"是另一个层面的问题。建筑师的具体实践还是需要苛求细节，从小处着手。张锦秋是个对细节敏感的建筑师，也是个对细节讲究的建筑师。

在中国工程院院士、深圳市建筑设计研究总院有限公司总建筑师孟建民看来，张锦秋的建筑作品给人的直观感受是雄浑、大气，但也不乏精致和细腻。③

"建筑的风格神韵往往也体现在材料和构件上。大至鸱尾，小到勾头滴水，它们的材料选择、细部纹样、加工做法都会在细微处见精神。因此，我们专为本工程设计了铺地方砖、加工了莲瓣覆盆柱础石，仿大雁塔门楣石刻设计烧制了鸱尾，仿青龙寺遗址出土的瓦件加工了滴

---

① 张锦秋：《城市文化孕育着建筑文化》，《建筑学报》，1988年第9期，22页。
② 赵元超主编：《长安寻梦——张锦秋建筑作品展实录》，中国建筑工业出版社，2017年，30页。
③ 赵元超编著、金磊策划：《天地之间——张锦秋建筑思想集成研究》，中国建筑工业出版社，2016年，35页。

水瓦当。就连门窗五金也避免采用现制的工业成品。"①张锦秋说这并非是好古成癖，而是因为这些构件往往处在引人注目的位置，或是近人的地方，稍有疏忽就会失之千里，心思用到则有锦上添花的效果。

在总结群贤庄小区设计经验时，张锦秋特别提及的一条是"细节决定成败"。她说，住宅本来就要解决居住者从物质生活到精神生活一系列"婆婆妈妈"的要求。但在过去"解决有无问题"的年代，这些矛盾都被"面积大小"掩盖了。随着全民生活水平的提高，人们对住宅的质量要求越来越高，甚至希望达到精致化的程度。把这种合理要求落实到设计中，就是要做到对细节的完美追求。细部设计是建筑设计方案的深化和优化，是建筑文化的展现，是技术、材料、工艺水平的表现，同时也是工程质量的体现。细部设计涉及建筑品质的方方面面，如安全、实用、经济、艺术等。

"当有人要求现代主义建筑大师密斯·凡·德·罗用一句话来概括他成功的原因时，他说：'魔鬼在细节。'他强调：不管你的建筑设计方案如何恢弘大气，如果对细节把握不到位，就不能称之为一件好作品。细节的准确、生动可以成就一件伟大的作品，细节的疏忽会毁坏一个宏伟的规划。大师的这种执业精神今天仍是我们的楷模。"②张锦秋写道。

张锦秋对细节的追求，她自己在用心，而其他人也读懂了。在建筑理论家张钦楠看来，张锦秋的厉害之处不仅反映在创意上，也反映在作风上，"这是一种一丝不苟，不是哗众取宠的，而是非常敬业的创作思想和作风，给我的印象特别深刻。这不仅是总体规划设计非常得体，而且在各个细节上都考虑得非常周到。像花园里的垃圾桶、座椅，都是精心设计的，而且跟总体相互协调。我觉得这样一种作风应

---

① 张锦秋：《江山胜迹在 溯源意自长——青龙寺仿唐建筑设计札记》，《建筑学报》，1983年第5期，65—66页。
② 张锦秋：《现代民居群贤庄》，中国建筑工业出版社，2007年，20页。

该在我们建筑界更多地得到推广"。①

中国科学院院士、中国工程院院士吴良镛也有同样的观感。他说,张锦秋的古典建筑素养很高,有她独到的慧识、聪明和技巧,"大师手笔包括建筑的细部处理等,别人也许就此止步了,她却能看到问题的不足,挖空心思,一定要处理好直到满意为止,这种追求完美的精神难能可贵"。②

五、建筑师要有定力

"在西部的漫长岁月中,我像一名埋头耕耘的农夫,一名专注登攀的行者,从来也没有想到在这垂老之年会获得如此殊荣。我深感这个大奖并不属于我个人,这是我和我的团队的光荣,同时也是献身于祖国西部大开发的建筑人共同的荣誉。获奖以后,我将更加努力和年轻人在一起,在祖国的沃土上为创造具有中国特色的和谐建筑开拓、创新、求实、奉献。同时,我也代表今年全体获奖人向祖国承诺:我们将继续在自己的工作岗位上勇于探索、努力创新,为祖国的发展、富强贡献自己一生的力量。"2010年10月20日,在何梁何利基金2010年颁奖大会上,张锦秋的发言饱满深情,简短有力。她用自己的实际行动证明,一个好的建筑师应该具有坚定的毅力。

生活在全球化的时代,建筑师有条件从古今中外建筑知识宝库中吸取营养。但张锦秋认为,作为当代中国建筑师,学习现代的、本土的尤为重要。建筑师切忌盲目追星和跟风。走自己的路虽然艰辛,但这是一条富有生命力的创新之路。

就西安钟鼓楼广场,有声音认为张锦秋的规划设计太平凡,不够震撼,张锦秋不这么认为。她说:"这个城市已经够伟大了,在她丰富

---

① 赵元超编著、金磊策划:《天地之间——张锦秋建筑思想集成研究》,中国建筑工业出版社,2016年,230页。
② 同上。

的历史文化和标志性建筑面前,我们的设计又怎么可以僭越呢?钟鼓楼广场的设计,应该是我有意识地进行城市设计的开始。在我们20世纪八九十年代的城市建设之中,城市设计是一种新的观念,而不仅仅是一种技术手段。这是一个观念上的突破,而不是某一个技术细节的提高。"①

作为一名职业建筑师,张锦秋以自己的建筑创作实践参与了西安这座千年古都历史文化名城的保护与建设。在全球化、城市化的大潮中,她深深体会到新与旧、保护与发展、传统与现代、地域化与全球化的冲撞是对建筑师的磨炼。在历史文化名城这种特定的环境中,建筑创作应该是多元的,形式是多样的,而要求现代建筑的风格、体量、造型、色彩与历史文化环境相协调这一基本原则却不可动摇,"基于'天人合一'的时空观与'和而不同'的创作观,我坚定不移地进行着'和谐建筑'的探索。主观上想以'和谐建筑'服务于古都西安的保护与发展,为创建和谐城市添砖加瓦"。②

张锦秋对古城西安情有独钟。凡是有可能影响西安古城风貌的建筑,她都是投反对票的。曾经有开发商找到她,说计划在西安钟楼北边的地段搞一个大型的商业建筑,目标就是要追求"新奇特",不仅在中国没见过,而且在世界上其他国家也没有见过的。慕名而来,希望张锦秋出马。张锦秋断然拒绝了。她的理由很简单,也很神圣,因为作为一个城市的建筑师是要对历史承担责任的。

好的建筑师是要有建筑历史观念的。张锦秋说,只有知道来龙去脉,你当建筑师,才能站在历史的高度。如果没有建筑历史观念,只会从建筑杂志上抄,这阵子兴什么主义,那阵子追什么流派,总在跟风,就太肤浅了。不懂建筑历史,就没有独立的判断。因为任何事物都要放到历史的长河之中进行审视和观察。

---

① 本社编:《建筑院士访谈录——张锦秋》,中国建筑工业出版社,2014年,113页。
② 岳天:《"天人合一"与"和而不同"——张锦秋院士论名城保护》,《中国名城》杂志,2008年第1期,60页。

听取吴良镛与周干峙二位老前辈指导

"我到工程院开会，工程院的很多老前辈，像我说的吴良镛先生、周干峙部长，他们都是我的老师辈。他们主要是搞城市规划的，他们说，张锦秋，你是个建筑师，你可是要坚持原则啊，不要拿原则做交易。"[1] 老师们的嘱托，张锦秋铭刻在心。

张锦秋坚守着作为一名建筑师的"本"，她对建筑师职业使命的透彻理解和矢志不渝的坚守，引发广泛的赞誉。

她回忆自己当时在陕西历史博物馆工地上，单位通知她赶紧回院，中国建筑总公司来了位领导，和她谈话，准备委任她承担设计院院长的职务，"我一听吓一跳，断然拒绝。我说我还是喜欢做建筑设计的工作，不适合做管理，也不喜欢做管理。……所以说，人生的道路上，不断要出现选择，有时是大的节点，有时是小的节点，这时候就要看你是随波逐流呢，还是有自己明确的目标，如果我随波逐流的话，就不是今天这个样子了。所以我觉得我这一辈子，当建筑师的信念非常坚定，欲望非常强烈，在这条道路上遇到各种情况需要自己思辨、抉择，甚至在短时间内当机立断，这就靠自己始终如一坚持这个目标"。[2]

西安市政府原副秘书长、西安市规划委员会顾问梁锦奎说，张锦秋敬重师长、尊重同行、提携后生、赤诚待人的品格风范堪称楷模。同时，她坚持原则，秉持职业道德，以理服人，不徇私情，得到大家

---

[1] 钟实：《女建筑大师张锦秋》，《中华建设》杂志，2005年第3期，24页。
[2] 本社编：《建筑院士访谈录——张锦秋》，中国建筑工业出版社，2014年，165页。

的信服和敬畏。这也是张锦秋为西安作的特殊贡献。许多项目，都可能存在设计与最后成品不一致的情形，这往往是设计方迁就建设方的结果。但到张锦秋这里，一旦设计通过，就不

2001年学习使用笔记本电脑

能随意变更。仅举两个例子就够了：没有她的坚持，大唐芙蓉园和大唐华清城就不会是现在的样子。

张锦秋的务实风范令人钦佩。曾经有人问她，如果从励志和成功学的角度，除了个人对事业的坚持和专注，是否还有一些影响事业道路的因素，包括具体的人和事，或者就是一本书、一个信念、一句话？一个建筑师的成功，是否有什么方法？

"你们是不是觉得应该有一本书、一个信念或者一句话？我不这么想。人生不是那么简单，生活是那么丰富，我就觉得不可能有那样的事情，绝对不是一个名人的一句话或者一个理念就能解决你所有问题的。就像一些名人、伟人传记里面写的那样，我是不大相信的。我就是一个普通的人，生长在一个普通的家庭之中，然后在一个伟大的时代背景下，我坚信要做一个对社会有用的人，要为国家、为民族踏踏实实做一点事情，这是一种基本的人生价值观。我不相信一本书主义，那是不存在的，或者是人们有意夸张。我更多相信人是在潜移默化当中接受某些影响，坚持做一些事情。"[1]张锦秋的回答让人有踏实的感觉。

张锦秋身上的责任、担当意识，令华南理工大学建筑设计院副院

---

[1] 本社编：《建筑院士访谈录——张锦秋》，中国建筑工业出版社，2014年，164页。

长倪阳感怀不已："我觉得张老师有一种自由的意志，她应该是非常自信、大气，包括她的作品非常宏伟、大气，显示出一个设计师的思想，她在某些方面非常坚持自己既有的思想，敢于对甲方不同的意见说不，能够坚持自己的思想是非常可贵的，因为我们很多时候都会为了一些工程而作出妥协，现在非常缺乏这种态度。"[1]

张锦秋给深圳建筑师汤桦的印象是"情怀"二字。他说，从今天的建筑设计的技术、手段来看，跟张锦秋的年代已经非常不一样了。我们有如此先进的技术手段，各种模拟的仿生技术，但是在技术的背后有一个东西更加重要，就是情怀。如果没有情怀，或者没有理想，那么一个建筑是没有灵魂的。"从今天看张先生的建筑，读她的书、听她的演讲，我深深体会到作为一个建筑师、作为一个建筑学的学徒也好，这一点是更加重要的，除了我们掌握所有的技巧以外，一个具有充分的理想主义的人文情怀的内心、一个灵魂是作为建筑师更加重要的一个组成部分。"[2]

张锦秋这样的前辈，对年轻建筑师提供了哪些启示？

在西安建筑科技大学建筑学院教授刘克成看来，张锦秋创作经历中体现出的稳定性、一以贯之的探索精神难能可贵。他说，张锦秋所走的路是梁思成开创的，在这条路上曾经走过很多人，但坚持下来的人却很少。就好像在掘一口井，人在某一阶段会怀疑这口井是不是还有前途，能否挖出水，有些人就会放弃。坚持是一件极不容易的事情，张锦秋在很长时间是一位孤独的行路人，但也是坚持才使她获得了今天这样的成就。

"其一，我们应当对民族文化充满自信，进行不懈追求。其二，我们应当对前辈传递给我们文化遗产采取一种更谦卑的态度，扎扎实实

---

[1] 赵元超编著、金磊策划：《天地之间——张锦秋建筑思想集成研究》，中国建筑工业出版社，2016年，29页。

[2] 同上书，42页。

地去学点东西，做些事。其三，不管我们身处何时、何地，坚持就会有希望。"①刘克成说，这就是张锦秋的建筑创作生涯留下的重要启示。

张锦秋建筑作品的魅力，只有亲临现场才能有更为真切、更为强烈的感知。在中国建筑设计研究院总建筑师崔愷看来，张锦秋的设计提供了一种环境的尺度、建筑的尺度，更是一种文化的尺度。

他为张锦秋深厚的文化自信所折服，"我觉得这一点是我们这一代年轻人特别欠缺的，我自己也有深刻的体会，张院士在中国建筑文化上的贡献是很大的，她几十年坚持在西安，在西北地区进行创作，持续不断地对汉唐风格的建筑进行研究和整理，是一种非常严谨的学术实践，跟国内其他地方一些廉价的仿古建筑完全不是一回事，这样的一种持续的研究和创作活动，实际上应该说是对历史文化的一种贡献"。②

"风格鲜明、成熟到位"，这是中国工程院院士程泰宁对张锦秋建筑作品的八字评价。他说，张锦秋的作品，不管是什么工程，都很成熟，整体的完成度相当高，有一种风格，一种自我表现非常充分的风格，体现出盛唐时期恢宏博大的文化气魄，"一个女建筑师能做出这么大气魄的建筑，我一直觉得是一个蛮有意思的现象"。③

何为一个成功的建筑师？《建筑评论》总编辑金磊的解读是仅靠才气的作品虽能构建奇伟，却常常少了生命恒久的温度。而用心血铸就的作品，倘若没有灵性般云絮的飞扬，恐难见天空的深邃与湛蓝。而张锦秋是能将两者交融并奉献出厚重建筑篇章的人，"其可贵之处源自她用心性滋养出有文化内涵的建筑创作，如靠'超然之境'使审美体验豁然贯通，学养、涵养、修养，使她能承受寂寞、潜心创作、真知净智；她有'笃实之悟'，所以时至今日还凭借特有的勤勉与创

---

① 赵元超编著、金磊策划：《天地之间——张锦秋建筑思想集成研究》，中国建筑工业出版社，2016年，233—234页。
② 同上书，232页。
③ 同上书，231页。

作激情，一项项提升着自己作品的文化内涵与思想深度"。①

　　天上一颗星，地上一个人。有时抬头望，面对浩瀚苍穹，张锦秋难免心潮澎湃。特别是在"张锦秋星"命名仪式上，她在致辞时将天文学和建筑学贯通起来。她说，这都是古老的学科。天文学在无限宇宙中观测研究已知的星体，探索追寻未知的奥秘，而建筑师则在历史的长河中为提高人类的生活质量不断探索，构建更加美好的家园："我们的工作的领域有着天壤之别，但我们矢志科学的精神是一致的，我们用自身的智慧和坚守以身许国的情怀是一致的。天地何其大，与君共勉之。"②

　　天地何其大，铺展着一个个令人景仰的建筑作品。中华何其大，站立着一个捍卫民族历史风华的建筑师。天地之间，张锦秋倾力于唤醒中华建筑魂。

---

① 赵元超编著、金磊策划：《天地之间——张锦秋建筑思想集成研究》，中国建筑工业出版社，2016年，46页。
② 同上书，16页。

第四章 走一条融通之路

融通就是缓解矛盾，软化对峙，让看似对立的双方协调起来，打破壁垒，消融边界。

融通的结果是既有旧的，也有新的，或者说更有新的，终究还是新的，是有本源性的"新"，是有来历的"新"。

融通意味着包容，意味着开放的胸襟，意味着不设防，意味着一种和谐的心境，意味着一种灵动的心态，意味着一种面向广阔天地的创造，意味着背负传统的重托硬要闯出一条新路来。融通是一种思想，是一种智慧，是一种见识，是一种价值观。

张锦秋深谙融通之道。她试图消除一些有形或无形的障碍，拆除人为制造的阻隔，让思想如清水一般，流动起来，贯通起来，激越起来。

"始终坚持科学与艺术相统一、传统与现代相结合的创作道路，一直致力于基于中国文化特色的建筑研究和设计实践，设计了一大批具有民族特色、时代气息、科技创新、科技与艺术完美结合的现代建筑，弘扬了中国建筑的核心理念。"2010年，何梁何利基金授予她"科学与技术成就奖"时的评语简约、精准、有力。

第一节 继承创新，传统与现代有机结合

"从哲学层面来看，一方面，现代性是有赖于传统而存在的。建筑伴随人类社会的发展是个永续不断的过程，戛然而止或陡然而生的建筑形式是不存在的。另一方面，在现代性的进程中，'传统'一直在遭受着现代的侵蚀乃至颠覆，但是传统并没有消亡。在这个过程中，传统与现代进行着激烈的对话，两者既冲突，又相互映衬。从中国百年来的现代建筑发展历程看，始终无法回避的是传统怎么继承，

现代建筑怎么发展的问题。"①如何看待传统与现代的关系，即继承与创新的关系，是建筑领域的一个无法绕开的话题。

台湾建筑师汉宝德致力于对传统与现代的问题进行梳理。他重点思考的问题是：我们有没有必要延续建筑文化的传统？我们要承续的传统要素是什么？我们要怎样传承这些传统？

"如果不这样想，难道打算把我们的建筑视为国际潮流中的一颗小石子，听任其随波逐流吗？"②汉宝德发问。

他尝试使用地方传统语汇兴建现代功能的建筑，其中有完全复古的形式，有局部传统语汇的形式，也有仅使用当地材质的作品，结果发现都有正面的回响，引起大众的注意，"我绕了一大圈，于五十岁的年龄，回到现代与传统如何交融的课题"。③在他看来，现代与传统形式的论述是一个永恒的话题。

原建设部副部长、中国建筑学会名誉理事长宋春华认为，传统与现代的结合虽然是个老话题，但常议常新。这个话题看似简单、清晰，但深入下去，特别是结合实际操作去考量，又挺复杂的，绝不是单纯的建筑师创作过程，而是涉及管理体制、决策机制等方面的一些问题。不过，讨论的前提是需要达成一个基本的共识，就是"承继与创新"的主体应该是建筑师。在这个过程中，建筑师必须树立起主体意识和责任感。

"要清楚地知道，建筑师是通过建筑设计的执业过程向社会提供服务并实现一种文化表达，这是很神圣的职业。对此我们要怀有虔诚和敬畏，要秉持坚守和执着，不可失职失责，不可浮躁图虚名，那些唯业主之命是从，只为赚快钱或急于成名，成了名又怕被别人忘了的

---

① 王军、常春东：《"成于中者形于外"——解读陕西历史博物馆现代性的四个范畴》，《建筑与文化》杂志，2015年第10期，58页。
② 汉宝德：《建筑母语：传统、地域与乡愁》，生活·读书·新知三联书店，2014年，2页。
③ 同上书，18页。

人，是很难在'承继与创新'的路上健步前行的。"①宋春华说。

而张锦秋就在这条路上健步前行。

"我所追求的是通过一些作品探索传统与现代结合的可能性，在创作实践中加深对传统的理解和鉴别。"在《从传统走向未来——一个建筑师的探索》的后记中，她写道。

"在国际化的浪潮中，我们一方面要勇于吸取来自国际的先进技术手段、现代化的功能需求、日新月异的审美意识。一方面要善于继承发扬本地区、本民族优秀的建筑传统，突显本土文化特色。努力通过现代与传统相结合，外来文化与地域文化相结合的途径，创造出具有中国文化、地域特色和时代风貌的和谐建筑。兼容并蓄，就得以大而广的气度来成就大而广的境界。"这是她在《光影大境——张锦秋建筑作品艺术摄影》中写下的感言。②

正如宋春华所说，从张锦秋的建筑设计生涯中可以感悟到，只有根植于本土文化的沃土，只有埋头勤奋地耕耘，才能汲取传统文化中的营养和精髓，并融入当代的建筑创作，推出具有时代精神和创新意义的精品力作。

事实是，欣赏张锦秋规划设计的建筑项目，一个突出感受是这些建筑是过去的，也是现在的，还是未来的。

过去，意味着有历史的风味，有隐隐约约的来处，有清晰的传承脉络，是有根底的；现在，意味着有时代的品相，有当代的气息，代表着此时此地的格调与风范；未来，意味着一种预见性，是可以和将来对话的。

而要实现走向未来，一条切实的路径是在传统与现代之间走出一条融通之路。"总括看来，我主张传统（民族的、地域的）与现代有

---

① 赵元超编著、金磊策划：《天地之间——张锦秋建筑思想集成研究》，中国建筑工业出版社，2016年，48页。

② 张锦秋：《感言》，柏雨果、肖云儒主编：《光影大境——张锦秋建筑作品艺术摄影》，中国摄影出版社，2013年，216页。

机结合。在传统方面，侧重于环境、意境和尺度；在现代方面，则侧重于功能、材料和技术。"①这是张锦秋建筑规划设计的一条基本原则，也是具体的方法论。

古慧今悟，借古开今，以故为新，以承养变，守正出新，知古鉴今……张锦秋深谙此中道理，并且以一个个建筑作品进行着艰辛的探索，力求打通古与今，让历史和传统在当下发出动人的声响。

回望自己走过的建筑道路，张锦秋说曾经是建筑领域的"革命大批判"，然后是世界上的流派纷呈，进入中国，再后来就是市场商业化的大冲击。"一个大批判，一个大纷呈，一个大冲击，建筑师的心很不容易沉下来。我，用今天的话说应该就是不忘初心，我在清华所接受的教育和我在清华树立起来的建筑理念，形成我现在的建筑观，就是一定要将传统和现代相结合，技术和艺术相结合，必须沿着这个路子走。"②张锦秋说。

张锦秋致力于传统与现代有机结合的探索，受到梁思成的影响与指引。"幸而同在这时代中，我国也产生了民族文化的自觉，搜集实物，考证过往，已是现代的治学精神，在传统的血流中另求新的发展，也成为今日应有的努力。……无疑的将来中国将大量采用西洋现代建筑材料与技术，如何发扬光大我民族建筑技艺之特点，在以往都是无名匠师不自觉的贡献，今后却要成近代建筑师的责任了。如何接受新科学的材料方法而仍能表现中国特有的作风及意义，老树上发出新枝，则真是问题了。"③梁思成说得明确而急切，要"在传统的血流中另求新的发展"，要"老树上发出新枝"。

通过阅读梁思成的著述，张锦秋发现，恩师对"传统与革新"这

---

① 本社编：《建筑院士访谈录——张锦秋》，中国建筑工业出版社，2014年，88页。
② 赵元超主编：《长安寻梦——张锦秋建筑作品展实录》，中国建筑工业出版社，2017年，29页。
③ 梁思成：《为什么要研究中国建筑》，《中国建筑史》，生活·读书·新知三联书店，2011年，7—8页。

个命题尤为重视。梁思成从历史学家的角度阐述了什么是传统，从传统的形成和发展进而说明在建筑的发展中继承传统的必要性和必然性。他还阐明了建筑传统的民族性、民族风格和民族形式问题，并指出建筑的形象会引起人们情感上的反应。他还着重论述了传统与革新的关系即是新与旧矛盾的统一，并反复强调这对矛盾中主要一面是革新。革新的目的是古为今用。革新的批判和取舍的标准是人民性。作为一个建筑家，梁思成清晰地看到随着生产力的发展，社会意识和科学技术都在不断演进，建筑美的法则也在起着相应的变化，而科学技术对建筑形式和风格也存在着不可否认的影响。

梁思成引证西方在文艺复兴之后建筑历史、理论的研究奠定了西方近代建筑创作的基础，使西方的近代建筑既吸取过去的经验又具有新的思想。他在谈到中国建筑创作途径时，认为新中国的建筑从实际创作中产生出来，需要经过相当长的摸索过程。每一次的尝试可能都还不成熟，有很多缺点，但这条路是一定要走的，方向是对的。他强调，建筑师努力学习遗产是创作的一个先决条件，开始阶段先掌握旧的规律，将来才能创造出更新的东西。但这绝不是要抄袭、搬用、使自己成为旧形式的奴隶，而是应该按照今天的需要，结合新材料、新技术去继承、革新、运用。他还对建筑师说，建筑艺术不能脱离工程结构和经济而独立存在，也不能脱离环境、城市而独立存在。建筑是许多技术科学的综合产物。建筑师的创作就是应该掌握情况、统一矛盾。

"梁思成先生的建筑创作思想和理论著述，代表着中国第一代建筑师探索传统与现代结合理论与实践之集大成。他的指导思想随着时代的发展而不断展示出其深度与广度。他指出的途径，随着中西文化的冲击、融汇而得以证实，并由表及里不断发展。他所积累的经验和阐述的见解是中国建筑理论的瑰宝，拂去历史尘埃更加光彩夺目。在改革开放、建筑创作空前活跃的今天，梁先生的建筑创作思想和理论著述仍然有着巨大的现实意义和深远的历史意义。在我们传统与现代

1977年5月在杨廷宝先生带领下考察承德古建（左起：吴观张、张锦秋、张德沛、杨廷宝、朱燕吉、杨家闻、汪德华、齐康、李哲元、洪青、丁大钧）

相结合的创作征途中，必将发挥越来越大的指导作用。"[1]张锦秋写有梁思成建筑创作思想学习笔记，其中这样说道。

她把传统与现代相结合视为"征途"。

在漫漫征途中，张锦秋首先着力解决一个意识问题，那就是需要明确传统和现代不是水火不容的关系。

她认为，传承并非简单的模仿，发展并不意味着与传统决裂。现代中国建筑要发扬民族文化、注重地方特色、强调时代精神，追求的是三者有机的结合。在张锦秋看来，不论对于我国建筑文化民族传统，还是对于外来的现代建筑的理论和实践，借鉴它们的发展途径，

---

[1] 张锦秋：《梁思成建筑创作思想学习笔记》，《梁思成先生百岁诞辰纪念文集》，清华大学出版社，2001年，100页。

比之引用它们的形式要重要得多。实践已经证明,就形式谈创新是得不到什么结果的。如果把追求西方新建筑的表面特征当作"时代精神",如果把我国古典建筑的外部形式当作"民族传统",那么两者的结合的确十分困难,甚至常常是互不兼容的。

"但是,如果我们从西方现代建筑和我国传统建筑的精神实质来分析研究,我们就会看到它们并不是绝对互相排斥,并不是一定要'你死我活'。它们之间有着许多相通之处。它们的结合点与交汇点往往正是创新的萌发点。"[1]张锦秋说。

这个观点,上海现代建筑设计(集团)有限公司华东设计院总建筑师汪孝安深表认同。他说,传统与现代建筑并不是一对矛盾体,尤其是中国的传统建筑,它的建筑要素、它的梁墙的建构逻辑、它与自然融合的空间组合理念、它的人性化建筑材料的构建,如砖瓦、木材、石材和细部的技术,与现代建筑空间的建构逻辑和理念有着异曲同工之妙。在一些中国传统建筑保护和再利用的项目当中结合现代的技术与手法,使得中国传统建筑也同样能够传递出独特改良的现代建筑精神。这在全国各地建筑师的一些实践中可以看到一些闪光点。传统建筑完全能够有效地与现代的生活方式、现代的建筑技术、现代的建筑文化形成和谐的对话关系。而张锦秋和她的团队的实践表明,中国传统建筑的空间组合理念、人性化的建筑材料、精致的构造技术等,完全可以在现代建筑创新的实践中得以传承。[2]

也就是说,首先在观念上不能禁锢自己,强行将传统和现代对立起来,抹杀两者之间构成互动关系的可能性。张锦秋说自己的建筑规划设计之所以突出唐风,主要是希望在西安保持盛唐文化的延续性,

---

[1] 张锦秋:《继承发扬探索前进——对建筑创作中继承发扬建筑文化民族传统的几点认识》,《建筑学报》,1986年第2期。

[2] 赵元超编著、金磊策划:《天地之间——张锦秋建筑思想集成研究》,中国建筑工业出版社,2016年,36页。

使地方特色更为突出，同时也是由于唐代建筑的建筑逻辑与现代建筑的逻辑有更多的相近之处。

"它那舒展洒脱的造型、简洁明确的构造、质朴明快的色彩较之明清以降的传统建筑格调更高，故而也有弘扬本源、涤荡繁靡之意。在现代化与传统的关系上，我力求寻找其结合点，不仅着手于传统艺术形式与现代功能、技术相结合，更着眼于传统建筑逻辑与现代建筑逻辑的结合，传统审美意识与现代审美意识的结合。在反映传统建筑文化上，我主张对古典建筑的艺术特征采用高度概括的手法，可省略、可夸张、可改造，亦可虚构，但绝不作违反逻辑的'变形'。在建筑空间环境的创造上，我追求景观与意境的统一，神形兼备、情貌相融，力求做到雅俗共赏——也可以称之为建筑空间环境的可视性与可思性的结合。"[1]张锦秋写道。

她充分认识到，建筑设计就是一条长河，向前奔流。传统以新的方式、新的姿态延续着，而现代也不是横空出世，而是与传统痛痒相关，是从传统厚实土壤中生长出来的一束鲜艳的花。

吴良镛在为张锦秋的著述《从传统走向未来——一个建筑师的探索》撰写的序言中说："锦秋文化根基来自传统，但用于实践不拘泥于传统，继续创新，走向未来，重要之点在于走向未来。"

张锦秋致力于传统与现代的有机结合，不是被传统所束缚，不是一味地沉湎在传统的温床上酣睡，关键还是要创新，突出新意，探索新的可能性。

有人问张锦秋，中国木结构建筑这么优秀，现在有很多传统风格建筑都不用木材了，好像有些离谱走样，没有中国味道。

张锦秋给予的回答是，中国传统木结构建筑很好，应该尽心地保护传承，但也有致命的弱点，它不是永久性材料。木材不是永久性的，可能遭遇白蚁蛀蚀、自然腐烂、干燥开裂，还担心有火灾。外国

---

[1] 张锦秋：《城市文化孕育着建筑文化》，《建筑学报》，1988年第9期。

石材的文物古迹有大量遗存，而中国的木结构留存很少。

她说青龙寺空海碑院是自己设计的第一个正正规规的仿唐建筑，文物部门也要求木结构，不用钉子，要一个个木构件搭起来。通过青龙寺空海纪念碑院的木构建筑，张锦秋把唐代建筑揉了一遍，从参观考察到寻找资料，建筑师和结构工程师密切配合，画出全套施工图，包括每个构件、每个节点的构造详图，还现场指导工人搭起来。

通过这个项目，张锦秋意识到这种纯木造建筑在当今并不适宜，特别在北方材料和保护都会遇到很

检查渼陂湖风景点现代木结构施工质量

多困难，还存在抗震规范、结构计算等问题，还是要尽量简化，特别要让结构现代化。提倡传统与现代相结合，对于一些项目采用唐风，是表现一种文化，而不是要套用唐的模式，所以张锦秋是不提"仿唐"的。在她看来，现代建设与文物遗产保护不能混同。在建设中要继承发扬的是优秀的传统建筑文化，但建筑的功能、科学技术手段甚至某些审美意识都应因时、因地、因题而有所发展创新。[1]

地域建筑、传统建筑要现代化，当然不能排斥新技术和新材料的应用。张锦秋说，除了一些文物古建的修缮、必须完整配套的历史建筑群，需要用原汁原味的木结构以外，新建设的传统风格建筑一般都不赞成一板一眼用传统木结构。所以体系、材料、技术，包括审美意识，都要与现代结合。2017年她在主持渼陂湖生态修复工程中几个

---

[1] 本社编：《建筑院士访谈录——张锦秋》，中国建筑工业出版社，2014年，76页。

风景点建筑设计时就突破性地采用了现代木结构。

通过工程实践，她认识到，地域建筑、传统建筑要现代化，首先应该在解决现代化功能、运用现代科技手段、符合人们日益更新的现代化审美观念上下功夫，而不是从形式的花样翻新上入手。

比如在传统建筑上，张锦秋就不太主张动不动就用彩画。她觉得红红绿绿的彩画不够现代，太繁琐。在这个时代，做工程能用钢结构的就用钢结构。钢筋混凝土结构原来用得比较多，但是现在来看钢筋混凝土结构也不是绿色材料。绿色建筑需要考虑建筑的全生命周期，钢筋混凝土建筑一旦遭到破坏，或者说这个城市发展了，建筑要改作他用，钢筋混凝土就成了不好处理的建筑垃圾，就是城市的负担。所以现在提倡钢结构，可装配，可以回收再利用，是可持续发展的，有很多的优越性。

张锦秋一直在探索用现代的方式来实现对传统的继承，包括对传统空间、传统审美、传统建筑理念的弘扬。

比如，在大雁塔景区的"三唐"工程中，她将传统庭院和现代功能结合，具体化为以功能区分为基础，实现化整为零与庭院布局相结合。"三唐"工程中的唐华宾馆，建在大雁塔东边。大雁塔是唐代的，所以她采用了简化的唐代风格，但是旅馆功能是现代的。

她主持设计的曲江宾馆，在大雁塔南边，距离大雁塔比较远，在景观上和大雁塔没有什么关系。于是，曲江宾馆就没有重复唐华宾馆的套路。

曲江宾馆总体布局撷取了"曲江"的意象，采取以水体为主景的园林化格局。湖的西、南二面为客房楼群，构成静区。湖的东、北二面是国际会议、健身娱乐、餐饮等公共活动的动区。整个建筑造型简洁、明快、现代，随功能不同自然呈平面错落和高低起伏的变化。楼间有游廊连接，起组织交通和丰富景观的作用。这是一个园林宾馆，但又是现代建筑。曲江宾馆探索了现代功能、现代形式与中国园林风格的有机结合。

在曲江宾馆漫步，你能感受到现代酒店式的简约与轻快，也能体味到古典园林式的气韵与格调。这是一个住宿、歇脚的地方，这也是

曲江宾馆鸟瞰

曲江宾馆中心园区

长安塔顶层可见钢结构、玻璃顶、活动百叶

一个放松心灵、感知美好的地方。

张锦秋主持设计的天人长安塔,是一个具有唐代方正气韵的高塔,却运用了最符合当代建筑材料与结构的形成逻辑。"如果说华清池大门的设计中,建筑师的角色是隐匿于传统的表达当中的,那么,长安塔设计中这种策略性的存在,使建筑师在塑造当代认同中拥有了更大的主动权。换句话说,通过诠释传统根基与当代创新的辩证,张先生的作品得以在塑造文化认同的方面与当代社会话语更为紧密地挂钩,甚至起到引导的作用。"①

在张锦秋的作品序列里,陕西历史博物馆就像是一棵大树。

"唐代建筑雄浑质朴的造型、简洁明确的构造、整体明快的色彩,特别是建筑艺术和功能、结构的高度统一,这些都与现代建筑的逻辑有着许多相通之处。本着这种精神,陕博挑檐下的椽子、斗拱不仅造型简洁,而且在结构上都是受力构件,构成屋顶坡势平缓、出檐深远、翼角舒展

---

① 罗晶:《明是陌生,为何熟悉?》,赵元超编著、金磊策划:《天地之间——张锦秋建筑思想集成研究》,中国建筑工业出版社,2016年,275页。

的造型，突出了洒脱的唐风特征；建筑的墙面根据内部功能需要，该实则实，该虚就虚，外形虚实变化对比与内部功能有机统一。"[1]张锦秋说。

在陕西历史博物馆的设计过程中，张锦秋注重探讨现代技术材料与当代审美意识的关系问题。她说："技术上的现代化势必带来现代化的审美意识，因此陕博作为现代化的大型博物馆不应该也不可能一板一眼地仿古。这里不仅用了现代的钢筋混凝土框架结构，还全面采用了现代化的建筑构配件和材料，力求具有时代特征，表现当代审美意识。如采用大片玻璃、预制大墙板，造型上突出了大体块的虚实对比。在色彩上一反传统古建浓丽的做法，采用黑、白、灰、茶的淡雅明朗色调。在细部处理上亦力求出新，如不锈钢管与抛光铜球组合的大门给人以传统钉板门的联想，而乳白面砖的铺贴图案则尽可能地反映出钢筋混凝土结构的构成。"[2]

如今的陕西历史博物馆，依然透着一股庄严与大气。其实，博物馆建筑自身与里边所展示的历史文物之间一直存在着隐隐的"角力"，看谁的力量更强劲、更饱满。而最终，陕西历史博物馆建筑的分量与陕西悠久历史文物的分量是匹配的、是适应的。建筑的风格与气势，容得下陕西文物的深邃与厚重。而陕西历史博物馆自身，也成了"文物"。传统与现代，是陕西历史博物馆的"一体两面"，友好地相处，和谐地共存。

"灰瓦白墙，飞檐高拱，崇楼藏宝一堂。走狮环翠，四隅竞辉煌。远眺终南雁塔，朝晖映，古韵新妆。恢宏气，东方文脉，千载砺锋长。"这一首《满庭芳》，是一位老先生专门写给陕西历史博物馆的。

"古韵新妆"，四个字，形象地道出了张锦秋毕生的追求。

"自从20世纪50年代'全面学苏'以来，我们建筑界形成了一种'一元化'的创作思想，这种'一元化'往往把建筑创作简单地归结为某一种形式而具有很大的排他性，非如此则不'民族化'、

---

[1] 张锦秋：《陕西历史博物馆设计》，《建筑学报》，1991年第9期。

[2] 同上。

不'社会主义化'、不'创新'、不'现代化'。现在越来越多的建筑师认识到了这种'一元化'的、非此即彼的创作思想是不对头的。不论是用以指导创作，还是以此评论创作，其结果都将是'千篇一律'而不是'百花齐放'。冲破'一元化'的禁锢，进行多元化、多方位的探索，'古为今用'、'洋为中用'、'古今中外一切精华皆为我用'，我们的创作道路才会越来越宽阔。"① 张锦秋说。

作为一名执业建筑师，又长期在古都西安从事建筑设计规划，张锦秋主张用现代的眼光看待传统，用现代的方法使用传统。

在这样的理念指导下，张锦秋的建筑作品，有传统的风味，更有现代的品格。她的建筑创作，已经从"仿"走向"创"、从"形"走向"神"、从"有法"走向"无法"，从对传统的自信走向对传统的自觉。她的探索给整个建筑行业创造了新经验，提供了新参照。

北京市建筑设计研究院有限公司总建筑师朱小地说，张锦秋的作品是当代建筑，而不是简单的传统建筑，如果讨论的话题只是停留在传统的回忆层面上，就没有真正理解她。探讨中国传统建筑的设计理念在当代表达的可能性方面，张锦秋是整个行业的一个表率。她考虑的问题，有可能超越了现在简单的此时此地的一个氛围，这一点令人印象深刻。②

张锦秋的具体建筑作品，在传统与现代有机结合上有哪些成功经验？建筑领域的专家有过不同的观察与思考。

她早期设计的阿倍仲麻吕纪念碑，创作原型为南北朝义慈惠柱和唐代石灯幢，但在视觉表达处理上则更接近于西方的构图法则，即基于前景、中景和背景严格区分的基础上营造出的空间感，"通过对纪念碑所

---

① 张锦秋：《继承发扬 探索前进——对建筑创作中继承发扬建筑文化民族传统的几点认识》，《建筑学报》，1986年第2期。
② 赵元超编著、金磊策划：《天地之间——张锦秋建筑思想集成研究》，中国建筑工业出版社，2016年，35—36页。

在基地南侧土坡的改造,使之略呈环抱之势,成为图面的背景来烘托作为主体前景的纪念碑。显然,这有别于传统东方多个视点所组织的画面感。从建筑设计专业领域来看,无论是从国内建筑学专业发展历程的视角还是从建筑师个人的创作经历出发,此设计经验都值得注意"。①

一进入曲江宾馆,清华大学建筑学院教授王贵祥的脑海里闪现出两个词,即"现代感""中国感"。

这个建筑群落,思维和空间是现代的,同时又有强烈的中国感。同样,他眼中的黄帝陵,有古典感,有中国味,给人以肃穆、宁静、庄重,营造出来的氛围让人沉醉。在他看来,张锦秋延续了中国几代建筑师的一个学术思路,就是要创造既是中国的、又是现代的建筑,"她也是我们中国建筑界的骄傲,至少在探索中国的现代的这条路上为我们晚辈作了一个尝试"。②

张锦秋的大唐芙蓉园设计,一个重要思路是古为今用、服务当代。

她说,古典园林与现代公园除却其内容的巨大差别外,游客的数量、活动的规模是最大的差异。读研究生时,她主要研究颐和园。当时发现这么大一个园林居然没有一处较大的公众活动场所,没有一个能开展稍微有点规模的群众性多功能活动的大厅。一到节假日总是人满为患、拥挤不堪。究其原因是因为在封建社会,这么大的山水园林只是为少数统治阶层服务的,所以建筑群的内部空间和园林的外部公共场所都不能适应现代社会群众性活动的需要。

而大唐芙蓉园是服务于当代的主题公园,有效的古今结合处理是设计的一个重点。

张锦秋规划了丰富多彩的广场体系,为主题公园的多功能服务提

---

① 王军、张婧:《解读西安阿倍仲麻吕纪念碑的五条线索》,《建筑与文化》杂志,2014年第8期,60页。
② 赵元超编著、金磊策划:《天地之间——张锦秋建筑思想集成研究》,中国建筑工业出版社,2016年,41页。

供基础。作为大型的现代化公园,为集会、展览、演艺所提供的大量室外公共场地是必不可少的。在大唐芙蓉园中的西、南、北三个大门内外都设计了便于大量人流集散的广场。紫云楼南北广场、仕女馆内外广场、杏园广场、"诗魂"群雕广场、擂台戏楼广场等在园林中构成了丰富的广场体系。

2016年央视中秋晚会在大唐芙蓉园举行。"如今在建成的大唐芙蓉园中可以开展多种类型的公众活动,它不仅是一个风景秀美的环境,更是一个能够在满足现代人对古典园林的文化精神需求同时,兼顾服务于现代社会需求的多功能设计,这是大唐芙蓉园的生命力所在。"[1] 张锦秋说。

在她的设计实践中,传统与现代之间的关系,不是简单的堆砌、拼贴,不是"物理变化",而是"化学反应",最终生成新的建筑,引发新的潮流。

"非为存留而守护,但为创造而再现。"这是19世纪法国伟大建筑师维奥里特·勒·杜克的名言。同济大学建筑与城市规划学院建筑系教授常青解读道,这里的"再现",不只是"复原",而是要有新意,在现代建筑中体现出古代经典的精气神。他说张锦秋就是这个时代"中国的勒·杜克",她把现代的理念和技术与古典的形式相融合,在中国现代建筑的多元探索中独树一帜。"张老师的这些作品让我们领悟出,在现代建筑中运用传统母题或元素,需要具备两种品质。一是要经典,我们在国内外看到太多的仿古建筑,大多平庸乃至不伦不类,又有几个能达到张老师陕西历史博物馆那样的经典高度呢。二是要有新意。"[2]

而"经典"与"新意"来源于"结合",有机的结合,科学的结合,完美的结合。

---

[1] 张锦秋:《历史文化名城视角下的建筑创作》,《中国名城》杂志,2011年第1期,5—6页。
[2] 赵元超编著、金磊策划:《天地之间——张锦秋建筑思想集成研究》,中国建筑工业出版社,2016年,43页。

张锦秋营造的"结合"之美,不少人读懂了:

"张院士的作品艺术与自然、人文与自然完美结合,是更富有中国文化特点的传承。"

"张锦秋院士作品能够发现城市的个性化文化,建筑个体与城市地域文化结合,希望看到更多优秀作品。"

"凝中华文化之精华,集现代文明之功能。"

这是几位观众在参观"张锦秋院士建筑作品展"之后的真切感受。

在文化学者肖云儒看来,"结合"意味着建筑师对建筑作品中各种矛盾关系的娴熟把握。张锦秋对此有高度的自觉性。她注意把握"和合"与"不同"的关系,将天人合一的环境观与和而不同的创作观在交融中付诸实践;注意把握"水墨"与"象征"的关系,将"水墨为上"的中国美学与现代象征主义组构到自己的建筑群中;注意把握"象天法地"的庙堂传统与"点化自然"的山林意识之间的无缝衔接与自如转换;注意把握好审美追求与实用功能的关系,以文化立意,以美学为品,以功能为用。

"锦秋运筹各类矛盾、操弄各种关系的智慧与技巧出自何方?所依凭的基本美学理念和美学手段又是什么?我以为是具有浓烈东方色彩的和谐文化观、和谐美学观和和谐建筑观。多年的设计实践使她体会到,当代城市艺术不可避免地具有多元性和多层次性,因此应当格外强调综合美、和谐美,只有这种美才具有多元性和层次性的特质。"[1]肖云儒说。

从张锦秋的建筑作品中,肖云儒看到的是"美",而哈佛大学设计学院原院长、教授彼得·罗看到的却是"优雅"。

"在今天中国的现代建筑视野中,尤其是当大型公共和商业建筑常常由国外建筑师设计的情况下,显然,对于这种以'面之体'为特

---

[1] 赵元超编著、金磊策划:《天地之间——张锦秋建筑思想集成研究》,中国建筑工业出版社,2016年,245页。

点、朝向传统的建筑学可以进行多方面的探寻。但是，很少有人具备如同张锦秋近期在西安的作品中所表现出的，对于'什么是真正的根本'这个问题确然的洞察力，以及在建筑完成过程中所呈现出来的优雅。"[1]彼得·罗如是说。

他表示，随着1978年历史性的对外开放，中国的建筑学面临着新的发展机遇以及现代技术与材料提供的可能性，开启了对于真实性的探寻之路。在随后各种发展方向的尝试之中，传统建筑学得以延续并在很多地方发扬光大。而在这种设计风格的实践者之中，最为卓著与坚持的一位就是张锦秋。

"有别于对于传统建筑的简单模仿，张锦秋的作品中包含着美学和材料的现代表达。沿着这个方向，在后来分别完成于1991年和1996年的陕西历史博物馆和西安钟鼓楼广场中，她在旗帜鲜明的传统保护与当代性的把握之间寻找到了一条清晰的路径。通过对于传统中国元素和现代语汇的整合，她的建筑学明确地指示出了一条可以一直延伸到未来的道路。"[2]彼得·罗写道。

这条路，是征途。对于将传统与现代相融合的探索、实践，张锦秋以为自己不过是跑好了属于自己这代人的接力棒。传统与现代的结合是各个历史时期建筑师都将面临的永恒课题。在每一个历史阶段这都是一项领域广阔的系统工程，也是一个需要几代人不懈努力才能完成的渐进的积累过程。她寄望于后来者，学习要扎实，创作要从容，追求要持之以恒。这是一股涌动的洪流，召唤着更多的建筑师投身其中，去搏击、去突破、去开创。

---

[1] 彼得·罗：《探寻"面之体"：张锦秋的近期作品》，赵元超编著、金磊策划：《天地之间——张锦秋建筑思想集成研究》，中国建筑工业出版社，2016年，263页。

[2] 同上书，262页。

第二节 文理兼备,艺术与科学深情相拥

2004年林徽因先生百年纪念遗像前留影

从小对文艺情有独钟的张锦秋,听从了父亲的教导,致力于建筑行业的学习与实践。原本以为这是"弃文从建",后来她发现建筑与文艺的共通之处。在她的人生经历中,"文"始终是在的。

文艺与建筑是共通的,或者建筑本身就是一门艺术,是梁思成的一个重要观点。他时常以文学为喻,来看待建筑。他说:"有一些'宫殿式'的尝试,在艺术上的失败可拿文章作比喻。它们犯的是堆砌文字,抄袭章句,整篇结构不出于自然,辞藻也欠雅驯。……我们要进一步重新检讨过去建筑结构上的逻辑;如同致力于新文学的人还要明了文言的结构文法一样。"又说,在中国从事建筑研究,有一步不可少的工作,就是明了传统营造技术上的法则,"这好比是在欣赏一国的文学之前,先学会那一国的文字及其文法结构一样需要"。[1]

梁思成谈建筑,文学总是一个重要的参照系。"设计人对于中国旧式建筑,见得太少,对于旧法,未曾熟稔,犹如作文者读书太少,写字人未见过大家碑帖,所以纵使天韵高超,也未能成品。"[2]

他还说,一个民族的建筑,和一个民族的语言文字一样,有一套全

---

[1] 梁思成:《为什么研究中国建筑》,《中国建筑史》,生活·读书·新知三联书店,2011年,9页、11页。

[2] 梁思成:《建筑设计参考图集序》,《梁思成全集》第六卷,中国建筑工业出版社,2001年,235页。

民族共同沿用、共同遵守的形式与规则,"在语言文字方面,每个民族创造了自己民族的词汇和文法。在建筑方面,他们创造了一套对于每一种材料、构件加工和交接的方法或法式,从而产生了他们特有的建筑形式"。①

作为梁思成的学生,张锦秋对他的这些论述颇为重视,充分接纳,并加以创造性理解和运用。在中国美术馆原副馆长谢小凡看来,在建筑是科学还是艺术的问题上,张锦秋自觉继承了梁思成、莫宗江的精神和行为。他说,张锦秋的建筑作品代表着技与艺的合一,而且是"形技"和"神艺",即形式上的技术和精神上的艺术。②

清华大学是张锦秋人生历程的关键站点。如何表达出自己对母校的情感?张锦秋有自己的方式。

2011年是清华大学百年华诞。张锦秋和老伴作为校友代表被邀请回到母校参加庆祝活动。分发的校刊中有一组报道,以每10年为单位,推选出一位校友,逐个记述他们的事迹,串联起清华大学的百年历程与辉煌。其中,1950年至1960年的这个时间段,被定为"好儿女志在四方",选定的代表是张锦秋,报道的标题为《到祖国需要的地方去》。文中写道:"母校百年华诞之际,张锦秋向年轻的清华学子提出了自己的希望:'爱国第一,历练品格,学术求精,开创未来。'她是这么说的,也是这么做的,这四句话不也正是她一生的写照吗?"

张锦秋说,20世纪五六十年代在学校受教育的这些校友,她不是最有才能的那一个。自己不过是适应了时代的要求,适应了社会的变化,持之以恒地做了自己应该做的事情。就这样,母校就给自己这么高的荣誉,这让她激动不已,"清华是我们这些莘莘学子的母亲,在她一百年华诞,也是我们毕业五十周年的日子,母校通过校刊有这样一个表示,就

---

① 梁思成:《建筑艺术中社会主义现实主义和民族遗产的学习与运用的问题》,《梁思成全集》第五卷,中国建筑工业出版社,2001年,191—192页。
② 赵元超编著、金磊策划:《天地之间——张锦秋建筑思想集成研究》,中国建筑工业出版社,2016年,38页。

像是她老人家用一只手轻轻抚摩我的斑斑白发,这胜过了千言万语"。①

在学校就读期间,她对颐和园后山西区的园林进行集中研究。随着研究的不断深入,她发现这里的地形规划使山与水的走向基本相同,水面的收放不仅与山形的凹凸吻合,并且沿岸山势平缓的地方水面则开阔,山势高耸夹峙的位置水面也就收聚,这就自然而然地使人工的山和水融为一体。这时,她引用的是清初书画鉴藏家笪重光在《画筌》中的观点:"山脉之通按其水径,水道之达理其山形。"

张锦秋善于从绘画的角度看待建筑设计的内在规律。她说,我国山水画中大都画远山着重表现峰头,画近山着重刻画山麓。因为当人们逼近大山时,实际上也只能看到山麓。这个绘画的道理,颐和园后山西区的设计者运用自如。他们在不可能加工出整座尺度较大的大山时,把小山处理得像大山山麓。由于巧妙地表现了大山的这个局部环境,游人通过这里就会有身临真山的感受。

而且,这里的景区道路规划设计主次分明,成功地运用了"对景设路""取境设路"和"以路造景"等手法,"虽然这些都只是艺术造景一方面的经验,但是可以看出,这些传统的造园技巧之对于中国园林,犹如立意布局、骨法用笔之对于中国画一样,是形成传统风格必不可少的重要因素"。②这样的表述,这样的视角,可以清晰见出梁思成的思想在静静地传承。

当初矢志研究中国传统园林,很重要的一个原因,是她发现中国园林有着浓郁的艺术气息,并且具有强劲的生命活力。"中国园林建筑是凝固了的中国绘画和文学。它以意境为创作的核心,使园林建筑空间富有诗情画意。我国传统造园的立意、布局和手法已在国内外现代建筑创作中被广为借鉴。"③

---

① 本社编:《建筑院士访谈录——张锦秋》,中国建筑工业出版社,2014年,159页。
② 张锦秋:《颐和园后山西区的园林原状及造景经验》,《从传统走向未来——一个建筑师的探索》,中国建筑工业出版社,2016年,104页。
③ 张锦秋:《继承发扬 探索前进——对建筑创作中继承发扬建筑文化民族传统的几点认识》,《建筑学报》,1986年第2期。

以"绘画的道理"来阐述"建筑的道理",突出两者之间的相通性,是张锦秋看待问题、思考路径的一个重要视角。建筑师要创新,首要的是对建筑的本体烂熟于心。她说这跟画家特别是擅长人物画的画家进行创作是一个道理。要创新需要首先了解人体,这样画出来的人物才符合人体的规律。如果画家对人体结构没有基本的概念,结果画出来的人物线条可能很流畅,形体却很丑。通过青龙寺工程,张锦秋把唐代建筑的要领吃透了,在这个基础上去发挥,去与现代结合,心里就有底了。学建筑,那就要扎扎实实地学,打好基本功。有了这个基础,再来谈怎么变、怎么创新。

"我不主张没有基础的人无凭无据做一个东西出来就说,我是创新。你是怎么创新的,你的创新点在哪儿?还有人说,外国人搞中国建筑的传统现代化最好,因为他脑子里没有传统建筑的框框,就是大概一个印象,所以他们就能够创新。我觉得这个说法很滑稽。是不是也应该请西洋画家来做国画的创新?"①

尽管毕生从事建筑行业,看似是一门单纯的工程技术,但张锦秋始终对文学艺术投入情感,从中汲取营养,丰富自己的业余生活和职业生涯。

民族艺术的精华令她痴迷。在碑林博物馆,张锦秋满怀深情地品读着李家村出土的唐代金银器。她说,尽管这些稀世珍品有着上千年的"高龄",但依然金光灿灿,宛如新作。每一件珍品,都让她沉浸在探宝的喜悦之中,这些栩栩如生的图形令她陶醉,欣喜不已。

"银底金花的器皿堂皇而素雅,金器则富丽辉煌。蔓花纹样枝条柔美,每个叶片的脉筋与叶尖的曲线都与之处于同一动势之中,似随风摇摆,似水中荡漾。成对的鸳鸯有的同向静立,有的相对展翅,似欲同飞,就在那薄薄微凸的厚度中竟刻画出如此丰满、多层次的羽毛。盘底的金龟似可脱出,金熊昂首颇具动态。就在这些小小的器皿上我看到了唐代艺术的勃勃生机和高度纯熟的技巧。"②在传统之大美

---

① 本社编:《建筑院士访谈录——张锦秋》,中国建筑工业出版社,2014年,75页。
② 张锦秋:《访古拾零》,张镈等著:《建筑师的修养》,中国建筑工业出版社,1992年,115页。

面前，张锦秋潜藏着的文学才华和艺术功力，尽情地展现出来。

张锦秋写道，虽然自己以往见过这些金银器的照片，但当面对这些珍品时才真正享受到它们内在的美。由于现代摄影技术和印刷技术的发达，许多人过分相信这类资料的真实性。其实纸面上的东西往往没有尺度、没有空间、缺乏质感、色彩亦不尽准确。所以，艺术珍品还是需要一睹真品。

就个人爱好而言，张锦秋更喜欢的是汉代石刻。她觉得碑林石刻艺术馆每一件汉代石刻艺术品都具有强烈的震慑力。特别是汉画像石，别开生面，简约的表现手法超过了其他任何雕刻形式。"画像石的题材各有不同。拙朴的农耕，欢乐的狩猎，疾劲的飞禽走兽，奔腾的水浪，飞翔的流云……所有这一切都构成了一种强烈的感染力，似青春少年的虎虎朝气，似早春万物的勃发生机，使人豁然心动、神驰天外。从汉代石刻我看到了一个开拓、建树、蓬勃的时代。"

在建筑言建筑。这些古拙的艺术珍品给张锦秋以新的思考与启发，"应该说艺术的发展并不像科学技术那样永远是今胜于昔的。中国的建筑艺术与雕刻艺术都从汉唐的雄浑、质朴转向了明清的华丽、繁缛。以希腊、罗马建筑与雕刻著称的西方艺术不也是到了十七、十八世纪走向了'巴洛克''洛可可'之风吗？艺术的技巧、技术手段是一回事，艺术的品位是另一回事。这就是一些具有现代审美意识的艺术家为什么要到传统艺术中去寻求灵感或借鉴的原因吧"。①

张锦秋写过几篇考察笔记，是游记，也是美文。她写敦煌莫高窟，一开篇气势就有了："大漠一展无垠，夕阳轻洒余晖，唯有一尊方形土塔矗立着，是它使这单纯得不能再单纯的视野具有了画意。徐徐下沉的落日不像往常诗人们形容的那般色彩绚丽，而只是泛着淡淡的、微弱的白色。在这万籁俱寂的时候我独步在鸣沙山上，举世闻名

---

① 张锦秋：《访古拾零》，张镈等著：《建筑师的修养》，中国建筑工业出版社，1992年，117页。

的敦煌莫高窟就在我的脚下。"①

她还重点讲述了当时自己在莫高窟最后一天的所见所闻、所思所感:"披着朝霞晨风,带着相机和速写本,我沿大泉河东岸北行。隔河望去,莫高窟在西岸的鸣沙山陡壁上一字排开,我像是在和它们一一告别。窟区以北就是秃秃的山壁。继续前行,我看见山壁上出现了大片斑斑黑点。当我走到这片山壁正对岸时才看清楚,原来那些黑点是一个个洞穴。就是它们!这就是'画工洞'!据说,敦煌的工匠们长年在洞窟中雕凿着、塑造着、描绘着他们的理想和信仰,每天晚上就回到这些直不起身的洞穴中就寝。日复一日,年复一年,就这样创造出了东方艺术的宝库。我伫立着,凝视着,眼睛模糊起来。我想数一数有多少洞,但哪里数得清啊!是穴居在这里的'卑贱者'创造了莫高窟的文明。他们是被迫的,还是自愿的?我不知道。但我坚信,莫高窟内那些充满生机的艺术品必然出自满怀创作热忱和虔诚信仰的人。我们的祖先为我们留下了不可泯灭的艺术之宫,那么,我们又能为后代留下什么呢?在大泉河畔我徘徊了良久,良久。"②浓郁的情感在字里行间散开、回旋。

张锦秋曾经前往意大利北部城市维琴察参观访问。这座城市是建筑大师安德烈亚·帕拉第奥的杰作。张锦秋以专业的眼光一边在这个城市行走,一边品读这些古老的建筑,一边注入自己的思考。

她后来写了一篇散文,开头就能见出她的描写功力:"这座文艺复兴的名城坐落在一片丘陵之间的盆地里,掩映在万绿丛中。红瓦素墙的房屋簇拥着巴雪利卡那绿色船底形大屋顶和旁边又瘦又高的钟塔,勾勒出小城极富特色的天际线。天边是淡紫色的阿尔卑斯山影,天上缓缓飘动着亚得里亚海灰白色的浮云,恰似一幅古典油画。我们的身心似乎也随之舒缓下来。"

---

① 张锦秋:《访古拾零》,张镈等著:《建筑师的修养》,中国建筑工业出版社,1992年,110页。

② 同上书,112—113页。

一种淡雅的文气，在张锦秋的笔端不断地蔓延、发散。她写道："当我们走出古老的奥林匹克剧场时，维琴察的天空多云转晴，金黄色的夕阳掠过红瓦顶洒落在石块铺砌的街道上。路旁三至五层的楼房高低错落，进退有致，顺着道路的微曲而转折，充满生活气息。"

张锦秋的形象思维让她品读城市显得可亲可近："从导游地图上看维琴察像一片树叶，帕拉第奥大街是主干，而那些小街小巷好似叶脉。大街长约500米，一端是奥林匹克剧场，另一端是一座古老的城门。大街上是熙熙攘攘的游人和机动灵活的自行车。大街两旁的建筑已显得古老陈旧，但文艺复兴时期立面造型的雕塑感，使它们在阳光下，仍显出勃勃生机。"

张锦秋熟谙为文之道，力图将浓郁的情绪、炽热的情感隐含起来，在清淡的气氛中表达着自己内心的想法："台阶上饱经风雨的仕女雕像仍楚楚动人地陪伴着我，站在廊前，环顾在暮色苍茫中逶迤的绿野山村，心也随之沉浸在蓝紫色的暮霭之中。"

结尾处，她写道："一阵汽笛声将我从沉思中唤醒，车到威尼斯已是深夜时分。渡船已在灯火阑珊处等待着我们。"

"院士美文"，写的是专业知识，也是一个人面对历史、面对自然、面对山河的喟叹与意绪。

"20世纪80年代茫茫的西北高原上，回荡着弘扬民族文化的壮丽乐章。'秦俑魂''唐乐舞''黄土地'，这些扎根民族文化、打向世界艺坛的作品使中外为之瞩目；西安的国画界继赵望云、石鲁为代表的'关中画派'之后，中青年画家推出一大批外观古拙而意蕴新巧之作；刚刚落成的大型城雕'丝绸之路'将现代构图与汉唐风格融为一体，形成了丝路起点的标志；西安的环城建设古今兼顾、综合治理，使古都风貌展现出新的光彩。作为生活在古都的建筑师，我们也奉献了一些具有民族传统建筑文化的作品，加入到古都传统文化复兴和再创造的行列里来。"[①] 1988年，张锦秋撰写了一篇题为《城市文化孕育着建筑文化》的文章，当年在中国建筑学会"建筑与城市"学术讨论

---

① 张锦秋：《城市文化孕育着建筑文化》，《建筑学报》，1988年第9期。

会上宣读并获奖，后来刊载于当年第 9 期《建筑学报》上。文章的开头，文字之间洋溢着动人的欢快与流畅。

有时，张锦秋还用诗词来传达自己内心的感受与思考。"碌碌长安客，匆匆会稽游。东山曹娥伴，先贤佳话留。兰亭非晋亭，曲水已易修。代谢人间事，莫为兴废愁。人杰地灵在，千古亦风流。"在浙江绍兴参观兰亭，她将自己的所见所闻、所思所想诉诸笔端：历史是一条长河，静水流深，挡不住，拦不了，且往前走。

喜欢阅读、醉心笔墨的张锦秋，当受邀主持设计陕西省图书馆、美术馆时，她深感有了用武之地。她的设想是这两座建筑要有典雅品格和文化品位，要有现代感。

图书馆面向东南的主入口，结合地形组织了一个极富文化氛围的半开敞空间。建筑檐部的形象具有一种飘逸、向上、充满活力的感觉。空廊的柱头、起翘的屋檐均抽象自汉代石造建筑构件，隐喻着中国最早的图书馆出自汉长安。美术馆为直径 60 米的圆形建筑，中心部位为四层通高的雕塑大厅，周围提供了开敞的展廊、尺度各异的展厅等。两个建筑通过采用相同的材料和色彩，相同的符号，如弧面、拱窗等的处理，在坡顶上共享圆形广场，在观感和功能上成为有机整体。

对于这样的文化建筑，张锦秋坚持雕塑、书法的一体化设计，选定罗丹的经典雕塑《思想者》置于图书馆的大台阶上。而且还在图书馆内部悬挂六幅新制碑刻，亲自选定古今中外有关治学的名言，邀请陕西的著名书法家书写，营造出浓郁的读书氛围。如今，这些诗句和书法作品、碑刻作品，已经成为陕西省图书馆的一景。

书法与建筑之间到底是个什么关系？张锦秋有自己的思考："每一次学习碑林的书法都引起我许多联想：书法大师的为人处世无不勤奋好学、刻苦求精、锐意求新。偶尔也联想到我们为之献身的建筑艺术，建筑布局如同书法的间架结构，都是空间艺术。建筑风格如同书法的神韵。建筑处理如同书法的用笔。如果我们建筑师也能像书法家学习书法那样学习传统建筑，掌握它的空间构图、造型特点、神韵风格，从中提炼概括出一些带有规律性的东西，进而创新，那么，十几年、几十年积累下来，我们从传统之中可以获得更为丰厚的果实，并进入新的境界。"①

张锦秋还对摄影艺术特别是建筑摄影颇为关注。她说："我们的建筑创作本来就是'遗憾的艺术'，从来不无瑕疵和缺憾。但摄影家用他们的'神镜'进行了艺术的再创作，提炼了我们的建筑形象，升华了我们的建筑意境。"②

在与日本建筑师的交往中，张锦秋发现他们喜欢赠送建筑作品影集。这些摄影作品所表现的建筑项目面积并不很大，设计手法也没有什么特殊的，但通过摄影的艺术手法将建筑表现得非常到位。这些照片不仅清晰，而且有情调，无论是大寺庙，还是小院子，甚至是一块草地上落下的几片树叶，摄影师都通过光影变化及其与周围环境的关系，将之充分地表现。这实际上是在强调用艺术的视角来表现建筑，而不是通常那样只是将建筑记录下来。建筑摄影不仅仅是建筑实录、建筑标准照，而且要艺术地表现建筑。

"我认为，我们现在的建筑摄影中，人文气息还要再浓厚一些，摄影中不仅要表现出建筑的结构、造型、色彩，还应该要具有视觉冲击力。但仅有这些还是不够的，因为无论是建筑自身，还是建筑与周围环境，都有着浓厚的人文色彩及历史文化，特别是在像西安、北京这样有着悠久历史文化传统的城市，建筑的人文气息与历史文化传统相融合的环境氛围非常重要。建筑摄影作品中适当地有一些人物，不仅是带有尺度感，更给人以一种场景的感觉。当然，这也是应该带有艺术氛围的，照片中人物的出现应有利于表现空间。比如表现西安钟鼓楼广场的照片中，人与棋盘状平面的结合是很有意思的。建筑摄影不

---

① 张锦秋：《访古拾零》，张镈等著：《建筑师的修养》，中国建筑工业出版社，1992年，114页。
② 柏雨果、肖云儒主编：《光影大境——张锦秋建筑作品艺术摄影》，中国摄影出版社，2013年，216页。

要单纯地表现建筑，城市中建筑师的创作也应成为他们特定生活中的一个场景，这样可以更好地表现出建筑与环境，建筑与人们生活的密切关系，从而更理解建筑在这其中的作用。"①张锦秋说，当前的许多建筑已经与风光、环境乃至旅游融合在一起了，建筑摄影要很好地表现建筑与周围环境的空间感，丰富取景视角，增加建筑的不同表现形式。

由于对文学艺术有着天然的亲近与热爱，张锦秋的心中埋藏着一粒粒饱满的种子。等到她有机会规划设计自己的建筑作品时，这一粒粒种子慢慢复苏，生发出蓬勃的力量。

张锦秋的建筑作品，富有文化格调和艺术品位，是需要花费时间来慢慢品读的。有一群摄影家专门为她的建筑作品出版过一部摄影作品集，名为《光影大境》。摄影家柏雨果说，张锦秋的建筑作品具有巨大的观赏价值，这为摄影人提供了新的创作亮点与丰厚的创作题材。而摄影集中的一幅幅作品，就是众多摄影家面对她的建筑作品所抒写的一首首情诗。摄影家热爱她和她的作品，故一年四季从春叶吐苞到大雪纷飞，都在不停歇地用相机描绘与记录这些建筑作品或风姿绰约或庄重典雅的面容身影。②

张锦秋主持规划设计的建筑，是工程技术的集大成，是从杂乱工地上立起来的一个个产品。同时这些也是建筑作品，是历史建筑，是现代建筑，更是文化建筑。所以，张锦秋是一个建筑师，是工程院院士，但她也是一位艺术家，一个文化人。

"张先生对中国文化怀有真挚的感情，具有中国文人的深厚学养和文化底蕴，这是她建筑创作的根基。张先生对中国文化是一种发自心底的真感情。建筑不仅有工程技术的属性，更有文化的属性。建筑师对建筑的理解和创作自然受到文化底蕴的影响。正是因为对中国文化的'真'，张先生不仅能从一名建筑师的专业角度把握建筑，更能

---

① 李沉：《建筑摄影应表现于文化和环境之间：张锦秋院士谈建筑摄影及其作用》，《建筑创作》杂志，2004年第1期，122页。

② 柏雨果、肖云儒主编：《光影大境——张锦秋建筑作品艺术摄影》，中国摄影出版社，2013年，219页。

从中国文人的角度深刻地理解建筑、创作建筑。始终把建筑创作放置在文化的坐标中进行价值判断,并不是仅仅局限在建筑本身,因此,张先生的建筑艺术中始终蕴含着一种'弘道'精神,一种文人的高度和境界。"[①] 西安建筑科技大学建筑学院教授王树声说。

在文与理之间,在艺术与技术之间,张锦秋长袖善舞,扫除了横亘其间的障碍物,实现了彼此之间的顺畅流动。

东南大学建筑学院教授韩冬青说,作为一名建筑师,张锦秋做好了两门功课。一是工匠精神,也就是"技术理性",要精通材料、构造这些内容。一是成为一个提笔写作的文人。建筑师也是文化的实践者、传播者,要有人文情怀,这又是超越技术理性的。两者的结合有难度,需要终生的努力。[②]

张锦秋以自己的努力抹平了界限,实现了自由流通。"张总用她的作品在这片曾经诞生过伟大唐诗的热土上用白话文继续书写着混凝土的诗作。"[③] 中国建筑西北设计研究院总建筑师赵元超总结道。

在他看来,以梁思成为代表的中国第一代建筑师构建了中国传统建筑的理论之树,而张锦秋用自己的作品探索了一条中国传统建筑的现代化之路。从1980年代的"三唐"工程、1990年代的陕西历史博物馆和钟鼓楼广场,到21世纪的黄帝陵祭祀大殿、大唐芙蓉园和天人长安塔,张锦秋用一个个感动城市、震撼心灵的作品提升着西安这座千年古都的文化品位,用现代的视野诠释着中国传统文化,表现了中国传统文化的强大生命力。

至今,张锦秋主持设计的陕西历史博物馆、"三唐"工程、西安钟鼓楼广场及地下工程、敦煌国际大酒店等已经被列为"中国20世纪建筑遗产"。

---

① 赵元超编著、金磊策划:《天地之间——张锦秋建筑思想集成研究》,中国建筑工业出版社,2016年,50页。

② 同上书,44页。

③ 崔卯昕:《她向世界诠释中国建筑:"张锦秋院士在陕从事趁筑创作40年座谈会暨〈长安意匠〉丛书——大唐芙蓉园首发式"侧记》,《建筑创作》杂志,2006年第11期,142页。

第三节　知行合一，理论与实践相辅相成

对于建筑规划设计，张锦秋全身心投入。她始终在场，在工地这个火热的现场，在实践一线的现场，也在学术的现场。

"每个项目对我们来说都是一个学习研究的过程，不是脑子里头有个现成的东西。但是我们乐在其中，因为可以把学术研究跟工程实践紧密结合。我自己有一个习惯，就是每一个工程完工以后，我都要写一篇文章，把自己当时的思路和怎么做的情况记录下来，也便于交流。"[1]她说。

张锦秋是一个勤于总结的人，她有天然的理论冲动、理论素养与理论热情，喜欢透过表象，自我设问"为什么"。同时她也是一个善于总结的人，能从纷繁的实践现场提炼出带有普遍性的观点。由于她的理论总结和学术概括是从实践中来的，是从一个接一个的建筑项目进程中升华而来的，所以她的理论观点是接地气的，是有针对性的，也是有创见的。

一、"和谐建筑"思想：和谐是建筑文化最基本也是最高的要求

从事建筑设计时，张锦秋注重处理与左邻右舍、自然环境和相关背景的关系。在这个过程中，她自觉地意识到要和谐。随着思考的不断深入，她提出了"和谐建筑"理论。

她逐渐发现，近二三十年，建筑和工程项目设计最主要的问题包括抄袭，西方的威尼斯花园、罗马城、夏威夷港在中国有遍地开花的趋势。还有一个就是千篇一律，高层建筑和现代建筑逐渐多了，南北方城市面目雷同。年轻建筑师设计一个项目，或者外国建筑师来到中国，想

---

[1] 本社编：《建筑院士访谈录——张锦秋》，中国建筑工业出版社，2014年，107页。

在中共中央党校作"和谐建筑"学术报告

着的就是要吸引人的眼球，追求给人留下强烈的印象，强化"视觉冲击力"，于是怪异的建筑形式都出来了。正是基于城市建设和建筑设计存在的问题，张锦秋意识到，从城市的角度来看要有和谐的追求。于是她提出了"和谐建筑"理论。有关内容的讲座，她在中共中央党校干部培训班、中国建筑学会、中国工程院、陕西省、西安市等各个场合都讲述过，得到普遍认同。

"和谐建筑，它不是以某一本书为来源，更多还是从一个建筑师的切身体会来说，在工作中结合具体背景下的项目工程，结合具体的环境而提出的，它不是孤立的，不是有一个框框，而是在做一个一个项目的过程中悟出来的。"[①]张锦秋说。

中国传统建筑文化的精髓就在于以人为本、天人合一、和谐共生的思想。在美学上，讲究虚实相生、时空一体、情景交融；在营造上，始终追求建筑、规划、自然环境三位一体，达到和谐城市、山水城市的境界。张锦秋发现，中国历史上的城镇无不呈现着蕴涵中国建筑文化特有的精神气质和艺术风格的和谐之美。

当代城市建筑体现了科学主义思潮和人文主义思潮的汇合。当代城市艺术的最大特点是综合美。这种美具有多元性和多层次性，其最重要的特性是和谐。在城市化高速发展时期，怎样保证城市的和谐特性，这有赖于和谐建筑。而和谐建筑本身应与城市和谐、与所处的自然环境和谐，并进而促进人与人的和谐、人与城市的和谐、人与自然的和谐。

---

① 本社编：《建筑院士访谈录——张锦秋》，中国建筑工业出版社，2014年，139页。

张锦秋理解的"和谐建筑"包括了"和而不同""唱和相应"这两个层次。

就"和而不同",她说现在的城市都是多元化的城市。城市是发展的,是动态的,是多元的,城市艺术也是多元的。多元的情况下至关重要的就是怎么能够和谐,多元而不和谐就是杂乱无章。为什么要和谐?中国自古就讲求和谐,这是中国传统的哲学理念,涵盖社会、人事到人的道德观念,城市建设、建筑环境的营造都讲究和谐。孔子讲"君子和而不同,小人同而不和",和谐是中国的一个基本观念。虽然孔子没有提及建筑,但是这个哲理就有普遍意义。就是说事物是很复杂的,它是多样性的。"和"指的是不同因素的协调统一,如果相同因素统一,那就叫"同",简单的雷同。现在要的不是"同",而是"和",把孔子的这个哲理延伸到城市建设上来,道理也是通的。在建筑艺术上,张锦秋提倡和谐,反对一律,主将吸纳百家优长,兼及八方精义。

如何实现和谐?就要"唱和相应"。《新书·六术》有言:"唱和相应而调和。"这是讲不同的因素怎样才能达到"和谐"的境界。就是说,虽然音有高低不同,只要有主次、有节奏、有旋律地组织起来,就可成为和谐的音乐。古人的智慧给后来者以启迪,有助于开阔思路,提高鉴别与创作建筑的能力。中国的自然观都讲有机,城市建设是人工环境,也应该是有机的,不应该是无机的、无序的、杂乱的,所以就要经过城市规划,经过功能分区确定这里是什么那里是什么,这条街上适合于布置什么类型的建筑、适合于哪些功能。城市设计跟建筑的关系,就要求实现"唱和相应"。要有一个整体的观念,而不是顽强地表现自己。

张锦秋发现,建筑师很容易对城市规划师不以为然,认为城市规划师不懂建筑,限制高度,限制色彩、色调,制约了建筑师的创作。在张锦秋看来,这种说法是错误的。一个城市是一个有机的整体,不能无序,城市规划就是要把这个大纲弄出来,等于是画画的轮廓,哪是山、哪是水,哪儿出现人物,这是布局。建筑师怎么画山,怎么画人物,都要在这个整体布局之下。建筑师不能自说自话，只关注自己的建筑设计，沉浸在设计理念先进、技术手段先进上，而没有充分尊重城市规划。

"一个是和而不同，你不要抄人家的，千篇一律，但是不同还要唱和相应，这就是我这个和谐建筑的基本理念，就是建筑和城市要和谐，建筑与自然要和谐，建筑跟建筑之间要和谐，还有建筑要促进人和人的和谐——因为建筑是让人使用的，如果建筑师的设计不合理，就会给人和人的关系制造矛盾。举个最简单的例子，比如说一个公共建筑，疏散通道很窄，不要说出火灾，就是出现拥挤事件，你撞我，我撞你，就可能出事故。这就是建筑师的责任，你有没有给人和谐相处创造条件，这是一个最低的要求。像在学校里面，除了教室以外走道能够给学生、老师提供宽松的交流空间，还要有一种自由的空间，为人与人、人与建筑和谐的关系创造条件。这说起来就很多了。所以建筑能够促进人和人的和谐，对社会的影响是很大的。"[①]张锦秋说。

促进建筑自身的和谐，张锦秋的解读是建筑是个复杂的综合体，涉及建造的功能目标、经济条件、技术水准、生态节能、艺术特色和社会意愿。建筑的成败得失往往取决于能否使这些因素达成有机平衡。她特别强调是"有机平衡"，并非平均用力，"半斤八两"。

促进建筑与城市的和谐，就是说建筑文化的创造首先有赖于城市规划的优劣。许多历史名城的总体规划，都采取新老分区的方式，各展风采。在分区详细规划中有着明确的要素控制，做到统中求变、凝聚特色。张锦秋有一个重要观点，即城市文化孕育建筑文化，建筑文化彰显城市特色。

建筑创作要实现因地制宜、因题制宜，需要区分好不同性质的建筑类型。张锦秋说，现代建筑的多元创作，主要在广大的城市新区，城市规划对建筑无特定要求，突出现代生产技术、功能的"产品形

---

① 本社编：《建筑院士访谈录——张锦秋》，中国建筑工业出版社，2014年，141—142页。

式"和强调反映所在地域特色的"地域形式"都可以发挥。

针对有特定历史环境保护要求和特殊文化要求的新建筑,如在历史文化名城的旧城区内、在文化遗产保护区周围的建设控制地带、在非法定保护的文化旅游景区,以及与历史文化主题有关的标志性建筑等,往往制约较多,也容易引发争议。张锦秋的态度是,有法定要求的依法办事,没有法定要求的在某些方面与保护对象维持一定的共同基因,实现和谐共生。而如何选择和体现这些基因,正是高低、文野之分的关键。

而古迹的重建与历史名胜的重建,按照文物保护政策规定,不允许在列入保护名录的古遗址上恢复重建。而我国在此范围以外的历史名胜还有不少。张锦秋说,中国自古就有不断修建或恢复名胜的传统,美好的历史故事和特色景观才得以流传。这些建筑设计尤其要注重历史性、科学性和艺术性,千万不可成为无根之木的布景。

促进建筑与自然环境的和谐,张锦秋认为有必要重温中国古代"天人合一"的哲学思想,认为人和自然本来就是一个有机整体。这里"天"是指物质存在的自然。天与人的关系"应之以治则吉,应之以乱则凶。强本而节用,天不能贫"。在西方,由于工业化高度发展,环境急剧遭到破坏,"生态意识"的价值得以彰显,把山川河流和动植物视为一个有机体,人只是其中的一个不可分割的组成部分。可见,城乡建设都要有保护生态环境的基本理念,已经成为中西方的共识。对已有的生态环境要在保护的基础上加以利用。对已遭到破坏的自然环境,则应进行修复,进而使环境质量得到提升。在我国大力推进可持续发展的绿色建筑及生态城市已迫在眉睫。

对园林情有独钟的张锦秋认为,建筑与自然环境的结合往往需要借助于园林。中国园林是建筑与自然环境的中介,是新建项目与各种保护对象的中介,是不同性质建筑的中介。园林这种"人工的自然"是和谐建筑不可或缺的伴侣。

张锦秋说,和谐是建筑文化最基本也是最高的要求。城市与建筑可以实现"古代文明与现代文明交相辉映,老城区与新城区各展风采，人文资源与生态资源相互依托"，走和谐共生的发展之路。判断一个城市的建筑是否先进和美观，要看它们创造的物质环境和文化精神是否有利于增强民族文化认同感和归属感，是否有利于巩固和发展自身的社会凝聚力，而建筑的和谐是实现这些的前提条件。

"和谐建筑"思想多年来就渗透在她的建筑创作中，而后，她又把实践中的体会经过梳理上升为理论。"在她的设计中，和谐不是简单的调和折中，而是对相异甚至相悖关系的创造性处理。其中既有中国文化的执两用中，中国美学的对称均衡，又有中国美学相因中的相犯，法度中的破笔，充盈中的飞白，对称中的倾斜。"[①]文化学者肖云儒说。

二、中国传统空间意识富有恒久价值

张锦秋重视传统空间意识，重视发掘空间美。建筑主要就是围合空间，室内空间，室外空间，说来说去都是空间。

"我国传统建筑所表现的空间意识至今生命力犹存。它与西方古典建筑由几何、三角所构成的透视学空间大相径庭，而与现代建筑包含了时间因素的四度空间有更多相通之处。但是按照传统空间意识所塑造的由阴阳、明暗、虚实、起伏所构成的节奏化空间在意境创造上更富有哲理性和人情味。传统建筑文化中空间意识是精髓所在。古人把这个层次谓之'神'，而单体建筑的形制、法式、形式只是属于'形'的较低层次。只有取其'形'而又得其'神'才被认为是上品。实践表明：在建筑创作中传统审美意识与现代审美意识的结合，'空间'是一个重要的领域。不论对现代的还是对传统的都需要我们更深入本质的研究和更为灵活的运用，需要积累，需要创造，需要更多的建设意识和肯定意识。"[②]在总结"三唐"工程设计经验时，张锦秋如

[①] 赵元超编著、金磊策划：《天地之间——张锦秋建筑思想集成研究》，中国建筑工业出版社，2016年，245—246页。

[②] 张锦秋：《传统空间意识之今用——"三唐"工程创作札记之二》，香港《建筑与城市》，1989年第4—5期，107页。

是说。她认为,"三唐"创作从某种意义上说,是对传统空间理论学习、实践的一次试验。

在张锦秋看来,传统空间意识,总体来说主要体现为"天人合一""虚实相生""时空一体"和"情景交融"。

她解读道,传统空间意识中"天人合一""天人感应"的思想在漫长的历史中得到了充分的肯定和发展。在建筑空间上往往表现为"因天时、就地利","虽由人作,宛自天开",肯定自然,顺应自然,在自然中寻找自己恰当的位置和姿态,而不是与自然相抗衡。一部中国建筑历史,大至城市,小至建筑单体,无不如此。《管子·乘马》讲到:"凡立国都,非于大山之下,必于广川之上。高毋近旱而水用足,低毋近水而沟防省。"《园冶·相地》指出:"园地惟山林最胜,有高有凹,有曲有深,有峻而悬,有平而坦,自成天然之趣,不烦人事之工。"即使规模宏大、格局严谨、依照礼制规范兴建的唐长安城,也充分利用了城内的六条高坡布置宫殿、百司和寺庙。不仅严密地控制了都城的制高地段,有利于安全,而且更加突出了这些建筑物的高大雄伟,丰富了城市立体轮廓。这种简捷自然的规划手法是出于对易经六爻的理解。

"传统建筑规划设计中崇尚强调自然界整体性及事物之间内在关系的有机自然观,运用易经哲理,讲究阴阳相合、主从有序,从而把人与自然、自我和宇宙加以统一。古人按照他们所理解的构成世界万物的五行相生相克的关系组织空间环境,造成人工与自然、群体与个体、主体与配体融会贯通、统一协调而又气韵生动的效果。传统空间布局之中先立宾主不仅仅是方法,而且是重要的意识。即以相地立基而论,'京都以皇殿内城作主,省城以三司衙署作主,州县以公堂作主,儒学以文庙作主,庙观寺院以正殿作主,绅士百姓以高屋作主,一院同居数户以锅灶为主……'(《阳宅总纲》)就连'园基不拘方向、地势自有高低'的园林之中,也有'凡园圃立基,定厅堂为主,先乎取景,妙在朝南'(《园冶》)的要求。这一系列宾主关系,形成了空间构图的脉络。所以中国建筑讲究在其位、取其势。传统建筑造成的空间美不但顺乎自然、雅俗共赏，而且往往体现出深奥的哲理和严密的逻辑，这与上述的这种有机的自然观是分不开的。"[1]张锦秋写道。

她进一步指出："人类也好、个人也好，在这个自然界要找到合适的位置。所以城市的选址，要靠近水，但是也要防止水灾，要选高一点的地方，但是要避免引不上水而干旱；建筑园林就更加需要利用自然了。这种有机的自然观，摆对了人和自然的位置，我觉得对现在的可持续发展具有很大的意义。"[2]

就"虚实相生"，张锦秋说，"虚实相生""计虚当实"，在传统空间意识中是一个很重要的观念，同时也是中国传统艺术观念。中国画论强调"虚实相生"，要求"无画处皆成妙境"，更重视虚境的艺术表现；书法讲究"计白当黑"，认为空白适当与间架结构有着同等的艺术价值；中国建筑艺术历来就是"计虚当实""虚实相生"，不但通过对建筑物的位置、体量、形态的经营有意识地去创造一个与实体相生的外部空间，而且实中虚、虚中实、内外交融，从而构成独树一帜的艺术特征。"虚实相生"的观念在古典建筑中从宏观到微观、从总体到单体都得到充分体现。

她举例说，人们到北京天坛，经过漫长的神道来到祭天的圜丘，三重圆台之上不是屋顶，而是一片虚无的天穹。它是把整个宇宙作为自己的殿堂。在这里完全没有金字塔那种在自然中反抗自然的意识，也没有哥特式教堂以技术手段去霸占巨大空间的姿态。相比之下，圜丘是那样无边无垠、空灵博大。中国传统的四合院从命名上就可以认定其建造的目标。无论中国东西南北方四合院如何变化，它们同样都是建筑实体与室外空间共生的基本单元。四合院以最高的效能组织了建筑和庭院结合的有机体，创造了能适应多种多样家庭生活的空间环境，经济实

---

[1] 张锦秋：《传统空间意识与空间美——建筑创作中的思考》，《建筑学报》，1990年第10期。

[2] 本社编：《建筑院士访谈录——张锦秋》，中国建筑工业出版社，2014年，133页。

惠、私密安适。园林建筑的每一个部分几乎都被赋予吐纳空间的职能。《园冶》中有言:"轩楹高爽,窗户虚灵,纳千顷之汪洋,收四时之烂漫。"杜甫有诗:"窗含西岭千秋雪,门泊东吴万里船。"连作为界定的墙,也要通过洞门对景、漏窗借景去摄取外部无限的世界。

"中国人之所以如此重视空间,重视虚,那是因为'虚实相生'不但是空间意识中的一个重要观念,同时它也是中国古代哲学的宇宙观念。古人认为宇宙就是阴阳的结合。老子说:'有无相生','凿户牖以为室,当其无,有室之用。'有室之用是当其无。无即是空间,是虚,是道,即是生命的节奏。正是由于虚实结合、虚实相生,中国的建筑环境就生长在宇宙之中,从而具有了活泼的生命力。"[①]张锦秋说。

谈及"时空一体",张锦秋传统空间意识中,空间与时间是不可分割的。春夏秋冬配合着东西南北,时间的节奏率领着空间的方位,在中国建筑空间构图中成就了节奏化、音乐化的"时空合一体"。

她特别重视老师梁思成的一段表述,即"中国的建筑设计和中国的画卷特别是很长的画卷很相像,用一步步发展的手法,把你从开头领到一个高峰,然后再慢慢地收尾,比较的有层次,而且趣味深长"。她说,老师深入浅出地阐明了一个道理:传统中国建筑总是由单座建筑组成院落,进而以院落为单元再组成有层次、有深度的空间序列,只有自外而内人们在运动之中随着逐渐展开的空间变化,方能了解这组建筑物的全貌与高潮所在。

比如说,中国的古典园林,总是按照地形特点把全园划分成若干景区,而每个景区又都有称之为"景"的风景点。人在其间活动,无论从内而外还是由外而内,都经历着一种时空连续的发展过程。人对空间内景物的感受,随着时间的逐步推移和视点视角的不断变化而节奏化、音乐化了。

[①] 张锦秋:《传统空间意识与空间美——建筑创作中的思考》,《建筑学报》,1990年第10期。

"当你在北京故宫沿着那条伟大的中轴线从正阳门向景山走去,当你到佛教圣地山西五台山的寺庙群间观光,当你在关中平原去瞻仰唐高宗与武则天的合葬墓乾陵时,都可以领会到中国建筑千变万化的空间序列所具有的强大魔力。这些人工的或人工与天然结合的空间美都是在时间中加以展开的。在中国的规划设计中组景布局成为行之有效的传统构图手法,而空间布局的序列安排则是传统中国建筑设计的灵魂。传统建筑空间经营中讲究动态系列布局,讲究阴阳刚柔变化,讲究四季晨昏的效果,这样就使空间艺术经过引申和扩展,平添了时间艺术的表现力。"[①]张锦秋说。

什么是"情景交融"?为了回答这个问题,张锦秋对陶渊明的《饮酒(其五)》进行了释读。"采菊东篱下,悠然见南山",说的是风景很好、很美。"山气日夕佳,飞鸟相与还",就是夕阳西下了,天慢慢暗起来,暮霭慢慢升起来,鸟也开始回巢了。这种景致,其中蕴含着动态与生机。"此中有真意",这就开始激发人的感情、思想活动了,有着自己的人生体验,甚至感悟到了一些哲学道理了。但"欲辨已忘言",想说清楚,却无法用语言来表达。张锦秋说,古人非常注重这种情景之间的自然交流,就是景色很好,还要看它是否能让人见景生情,能不能激发起人的情感与思维活动,光是景色不错,没有其他的感受,无法触发人的思想感情活动,无法拨动人的心弦,不能达到情景互动,就不一定是上乘的景色。这种景观能引起人的思想共鸣,这就是"情景交融"。文艺的最高境界不是"好看"与"漂亮",而是要引起人的思想情感的共鸣。中国的传统空间意识也是这个道理。

张锦秋说,中国人于有限中见到无限,又于无限中回归到有限,其意趣不是一往不返,而是回旋往复的。空间在中国人的心目中可敛可放,可流动变化。正如《文心雕龙》中所说:"目既往返,心亦吐

[①] 张锦秋:《传统空间意识与空间美——建筑创作中的思考》,《建筑学报》,1990年第10期。

纳。"于是在建筑空间艺术创造中出现了"小中见大""移天缩地入君怀""以景寓情、感物吟志"的意境追求。

比如说，北京故宫纯粹使用建筑语言表现了对皇权至高无上的颂扬。天坛则是用建筑与天空的结合创造了人与太空对话的神圣气氛。而在园林建筑中往往借助块石、勺水、植物乃至匾额，来充实和装点空间，创造更为深邃、曲折的诗情画意。

意境的创造追求"意在笔先"。先构思再画图，画图过程中再深化构思。清代王原祁说："意在笔先，为画中要诀。""若无定见……逐块堆砌，扭捏满幅，意味索然，便成俗笔。"可见，有无立意或立意之高下实在是雅与俗的分水岭。一些现代建筑"味不够、山水凑"，其弊病就在这里。再一个就是追求景观与意境的统一。中国山水画和园林历来要求"可望、可行、可游、可居"。对于当今的建筑创造来说，尤其要立足于生活。"可居""可行"而后"可游""可望"。景观从形式美引起快感的谓之"画境"。只有当景观能使人触景生情的才能升华到"意境"的层次。在张锦秋看来，景观与意境的统一才是建筑艺术创作的最高标准。

"中国传统建筑所表现的空间意识至今生命力犹存。按照传统空间意识所塑造的节奏化空间，较之一般建筑空间更富有哲理性和人情味。在建筑创作中传统审美意识与现代审美意识的结合'空间'是一个重要的领域。这还有待我们深入本质的研究和更为灵活的运用。"[①]张锦秋对建筑的传统空间美颇为青睐。

她说自己的建筑创作就是遵循了这些传统空间意识与空间美的观念。外国建筑理论也谈空间，他们也强调流动的空间、变化的空间、灰空间等，外国的理论谈场所感、场所精神、类型学，这些是外国的一套理论语言，其实跟我们也有相通的地方。但她是用中国的语言来

---

① 张锦秋：《传统空间意识与空间美——建筑创作中的思考》，《建筑学报》，1990年第10期。

表述这些美学的规律或者设计的理念,不需要用外国语言、外国理论来说,或去跟外国的什么空间理论挂上钩来说明自己的正确性。

"我就是一个中国建筑师,也是中国的文人,我就用中国话说我们中国的事,我干嘛非要用西方的这些专业词汇,我应该有我们的语言,有我们的表述的特色。"①张锦秋说。这样的学术姿态,让人感慨,令人钦佩。

对西方话语体系的痴迷甚至膜拜,是当下中国学术领域的一个集体性迷失,并且是沉溺已久的痼疾。探讨中国的学术问题,总是企图到西方话语体系之中寻觅学理上的依附,作为自己立论的准则,并甘之如饴,奉为圭臬。一旦发现"中国话"与之有差异,立马挥棒斥为"非科学"或"不成熟",而不去细致剖析两者之间的差异,是不是也有"相通的地方"。

当然,提倡说好"中国话"不是鼓励偏安一隅自我欣赏、自说自话,也不是倡导机械地照搬老祖宗的只言片语。"中国话"也时常有其局限之处,需要与现代语境相衔接,切入当代的肌理,重新唤醒内在的激情与蓬勃的活力。这个时候,就要敞开胸怀,去充分地交流,谦虚地借鉴。"中国话"应该是一汪活水,具有海纳百川的气度,关键是不随波逐流,清晰地知道源头在哪里,要流向何方。②

在张锦秋看来,西方的有些理论观点跟我们是相同的,但是用的术语不同。"所以学术术语要能够有一个很好的表述,让中西方的术语统一,把西方的规律学过来,看到它的精神,它的实质,我们的东西呢,也不能关起门来自我陶醉。就像在文学上,把中国的故事讲好,要让外国人听懂。……要提出能够反映中国文化、中国价值观和中国智慧的建筑理论体系。……要创造出源于自己属于世界的建筑文化。"③张锦秋说。

---

① 本社编:《建筑院士访谈录——张锦秋》,中国建筑工业出版社,2014年,136页。
② 王国平:《用"中国话"说世界的事》,《光明日报》2014年7月23日2版。
③ 赵元超主编:《长安寻梦——张锦秋建筑作品展实录》,中国建筑工业出版社,2017年,31页。

三、"城市设计"的主旨是创造更有意义的环境

1988年,张锦秋写过一篇短文,题为《城市文化孕育建筑文化》。在文章中,她写道:"西安是六大古都之首,著名的历史文化名城,80年代以来以旅游业的蓬勃发展为契机,这座内陆城市的经济发展和文化交流出现了历史上的第三个高潮,大大提高了城市在国内、国际的地位。这就自然而然地引起地方领导和各界人士对城市风貌、建筑艺术的关心和期望。一座具有民族传统、地方特色的现代化的文化旅游建筑不但具有较高的经济效益,而且对于城市风貌、文化环境和市民心理都有着积极的作用。因此,是城市文化孕育着建筑文化。"[1] 张锦秋表示,与其说是她对唐风的追求,还不如说是对大趋势的顺应更为确切。

在西安这座古都作设计,既要保持古都风貌,又需要创造西安新貌。保护与建设、继承与发扬构成了建筑创作的多元化背景。

"设计构思往往是沿着千年文化的脉络上下求索,而我着意突出唐风。我认为再现历史上某一时期的时代风貌和社会风情是不可能的,也是不必要的。正基于此,当6年前我设计的青龙寺空海纪念建筑在乐游原上落成时,并不讳言那是仿唐建筑;而最近在大雁塔旁落成的一组唐风旅游建筑——'三唐'工程,却是着意反映一个博大、辉煌、蓬勃的时代风貌,其中的唐华宾馆已开始超脱了仿古之风,而更有文化寻根之意,可以说半是追怀、半是展望。事实上,有创造意识的人进行文化寻根,其动机在于寻找一种文化走向未来的借鉴。这样来看唐风的追求,如阿倍仲麻吕纪念碑所体现的典雅、亲切的气氛,唐代艺术陈列馆所体现的严谨豪迈的风度,唐华宾馆所体现的朴素明朗、宁静深邃的情调,就都具有了特殊的意义。这里体现的是具有时代意义的历史精神,它有着强大的生命力。"[2] 张锦秋说。

---

[1] 张锦秋:《城市文化孕育建筑文化》,《建筑学报》,1988年第9期,21页。
[2] 同上。

"从阿倍仲麻吕纪念碑开始,张锦秋一路走来,不断探索,以后有了空海纪念碑庭院、'三唐'工程、陕西历史博物馆、西安钟鼓楼广场、大唐芙蓉园等一系列项目,最后是黄帝陵祭祀大殿。将这些项目串联起来,我们可以看到一条清晰的线索,空海纪念碑庭院较多地体现了建筑师对传统的尊重,'三唐'工程开始寻求唐风建筑与现代功能的结合,陕西历史博物馆将这种探索提升到一个新的高度,钟鼓楼广场又将视野扩展到城市公共空间,大唐芙蓉园则从人工城市回归到山水环境,黄帝陵祭祀大殿更是将中国建筑创作从形似提升到意念层次。"[1]在西安建筑科技大学建筑学院教授刘克成看来,张锦秋始终坚守中国建筑学的阵地,从师法传统到积极创新,不断探索中国传统建筑法则在当地进一步发展的可能性。

由单体建筑到群组建筑再到城市规划,张锦秋有着自我超越和不断开拓的魄力。单体建筑中她在探索传统建筑和现代设计观念的完美结合,同时她又在研究从单体走向群体,进而到城市设计等建筑界更为广泛关注的课题。

张锦秋说,塑造城市形象、提高环境品质,是当今我国城市建设中一个倍受关注的热门话题。古人有言:"食必常饱,然后求美;衣必常暖,然后求丽。"可见,在衣食温饱之后而求其美丽是自古而然的事。在实用满足的过程中,产生和发展了审美的需求,而优美文明的城市形象、和谐宜人的城市环境又进一步促进城市的发展。对内,可以优化人们的生活质量,使市民增强认同感、自豪感,有利于提高市民素质,增强凝聚力;对外,可提高城市的吸引力和感染力,有利于提升知名度,优化投资环境。美好的城市形象是现代化文明城市不可或缺的必要条件之一。

在工业革命、现代城市化浪潮的冲击之下,西方国家出现历史城市遭到不同程度的破坏、新建城市雷同与混乱的局面。面对这样的形

---

[1] 赵元超编著、金磊策划:《天地之间——张锦秋建筑思想集成研究》,中国建筑工业出版社,2016年,233页。

势，城市设计作为独立学科从城市规划与建筑学中分离出来。

张锦秋介绍道："一般来讲，古典城市设计侧重于视觉艺术，而现代城市设计拓宽了专业领域，引入行为、心理、社会、生态等多学科理论，强调城市设计以人为核心，研究城市人文环境、生活环境与自然环境的塑造。"[①]

什么是"城市设计"？美国城市规划专家凯文·林奇的解释是"专门研究城市环境的可能形式"。英国《大不列颠百科全书》提出："城市设计是对城市环境形态所做的各种合理的处理和艺术安排。"美国规划专家盖诺德·克兰进一步指出："城市设计就是研究城市组织结构中各主要要素相互关系的那一级的设计。城市设计在实践上并不能作为与建筑、地景及城市规划截然分开的一种设计。从成果看，最好将它作为前二者的一部分来实践，从程序看，则可为后者的一部分。"

张锦秋说，"城市设计"的主旨是创造更有意义的人文环境、生活环境与自然环境，通过改善空间环境质量，进而改善和提高人的生活质量，促进城市经济发展和振兴。这包括提高城市环境质量，要求城市形态脉理清晰、各城市要素之间协调、和谐，形象优美，城市具有可识别性。生活环境质量，包括生活舒适，市民的认同感、拥有感，平等参与的机会。简而言之，城市设计的目标是为人们创造一个舒适、宜人、方便、高效、卫生、优美、有特色的城市环境。

"城市设计"的基本原则是以人为本，要关心人，创造良好的、宜人的生活环境，精心塑造街道、广场等城市公共空间；是尊重自然，维护良好的城市生态环境，保护大自然，保护城郊空间的连续性，最大限度地实现人工环境与自然环境相结合；要维护历史文化上的连续性，城市是文化最集中的表现，城市建设本来也是文化的建设与创造，当前的建设既要与历史环境结合，又要给未来留有开拓的可能性；要重视城市建设的综合性与渐进性，城市设计付诸实施需要规划、建筑、园林等专

[①] 张锦秋：《城市设计的理论与实践》，《建筑》，2003年第5期，41页。

龙门景区前区鸟瞰图

渼陂湖生态文化风景区规划方案

第四章 走一条融通之路

东南望鸟瞰图

2016年与年轻人讨论西安渼陂湖生态文化风景区规划

业共同努力。在规划的主导下充分发挥建筑师、园林师、雕塑家的创造才能。由于城市建设是一个长期发展过程，必须为以后的修改、补充、完善留出足够的余地。张锦秋说，这些基本原则是衡量、评价城市设计方案优劣、实践成败的基本标准。

如何才能做好"城市设计"？张锦秋介绍了两种行之有效的理论。即"城市意象论"和"风水意象论"。前者是西方现代城市理论，比较侧重于城市本身的环境形态设计，后者是中国古代有关相地立基的专门学术，比较侧重于城市与自然环境的关系。

"城市意象论"是美国城市规划专家凯文·林奇提出来的。他把构成城市环境形态的名目繁杂的诸多因素，归纳为城市意象五大要素。

道路是纵向展开的城市景观，包括车行道、步行道乃至河道，是城市中绝对主导元素。一些主要的交通线都会成为关键的意象特征。如果主要道路缺乏个性，或容易互相混淆，那么就很难形成城市的整体意象。典型的空间特性能强化特定道路的意象。特殊的立面特征对于形成道路特征具有重要作用。甚至路面纹理、路边的种植都不可忽视。除了这些可识别性外，还应有方向性。起点和终点都清晰而且知名的道路能将城市联结为一个整体。

边界是城市或地区的轮廓，是除道路以外的线性要素。它们通常是两个地区的边界，相互起侧面的作用。那些强大的边界，不但在视

咸阳博物院鸟瞰图

觉上占统治地位，而且在形式上也连续不断。如沿河的城市轮廓、海上的城市景观、高架路形成的"空中边界"等。

　　区域是观察者能够进入的相对大一些的城市范围，是内部展开的城市景观，如居住区、市场、文化区、旅游区、公园、风景区等。决定区域的物质特征是其主题的连续性。通常一个区域应具有典型特征。而创造一个强烈的意象，必须对线索进行一定的强化。一些区域是内向的，一些则是外向的。

　　节点是观察者可以进入的战略性焦点，是人们往来行程的集中焦点，往往在路与路、路与河、路与林、河流与河流的交汇点。成功的节点不但在某些方面独一无二，同时也是周围环境特征的浓缩。有的是通过其空间形态，有的是通过其独特的单体建筑给人以深刻、难忘的印象。

　　标志是观察者的外部观察对象，如有影响的古今建筑、城市雕塑，也包括自然物。标志应具有唯一性，形式清晰，与背景形成对

2019年5月在咸阳博物院序厅工地

比，占据突出的空间位置，在整个环境中令人难忘。

"风水意象论"在我国历史久远。"风水"是先民求得生存"择吉避凶"的经验总结，充满朴素的唯物主义。但是由于古人对大自然规律的科学性认识不足，其间混杂了不少迷信的东西。今天，有必要剔除封建迷信的糟粕，揭示其科学的内核。张锦秋介绍说，风水意象有五大要素，分别是龙、砂、水、穴、位。

龙为主山，山之绵延去向为之脉，就是城市区域内主要山脉的走势和来龙去脉，故有寻龙捉脉、寻龙望势之说。

砂为环抱周围的地形地貌，就是城市周围地段的地形起伏，指主脉以外的山脉地形地势。

水可造就毓秀，可分界空间，为血脉财气，而吉地不可无水，一个城市要是没有水，就很难兴旺发达。

穴就是城市或建筑选址的落脚点，当城市规划师和建筑师勘察地形，确定项目选址即点"穴"。项目选址要恰当，很多项目很好，投资也很多，项目就是上不去，别人说风水不好，其实就是位置没有选好，应该搞商业的地方搞其他建筑，应该居住的地方搞商业，就是逆势而动，肯定有问题。出现的问题不是位置没选好，就是周边环境各方面因素没有考虑周到。

位即方位，就是方位要选择好。应该朝南的朝北了，恐怕效果就不会好。城市也是这样，主要的出入口本来应该放在南北向轴线，如果放在东西向，朝向不好，方位就不对。

张锦秋说，风水观念受中国传统的儒、道、释诸家哲学和中国传统美学思想的深刻影响，在不同地区、不同城市又渗入了当地的民风民俗，特别在研究中国历史文化名城的城市环境形态时，不从风水入手往往抓不住真谛，以致保护和利用都不得要领。

在她看来，中国这五个要素和西方的五个要素如果结合起来，就是完整、科学的理论体系。城市设计应该在这些理论指导下用科学的方法展开，这样有利于城市特色的塑造。如果脱离城市设计的科学理论框架，不坚持科学的方法，就不利于形成城市特色。

而如何实现城市的特色营造？张锦秋以为有这么几个着力点：一个城市最主要的特点应该是首先反映在对这个城市自然环境的认识和对待自然环境的态度上，从认识到保护，到与城市建设的结合，到如何利用，这些都反映城市的特色；城市历史文化延续性做得好，城市特色也就油然而生；城市特色表现在现代化的功能设施上，因为城市不光是给人看的，给人拍照的，而是应该以人为本，也就是说城市是为市民服务的，市民要在这里进行现代生活，这就要看城市的功能构成。

现代城市要富有特色，就要追求城市现代化。在张锦秋看来，城市现代化的含义起码包含三个层次：生态化，就是自然环境要优良；注重历史文化的传承，就是要有来路和纵深；城市建设的技术材料和手段本身要现代化。这三个层次的贯通才是完整的现代化城市，仅仅强调技术材料和手段的现代化是偏颇的。

对于历史文化名城的保护与建设，张锦秋尤为重视。她说这是一项系统工程。不论从策划研究、规划设计、营建修筑和运营管理的过程，还是从历史传统、文化内涵、艺术特色、现代意识的体现，都需要妥善处理好其间的关系。实践表明，相关因素的有机结合会达到事半功倍的效果。她特别强调要努力实现五个结合，即保护、恢复和利用与城市建设过程相结合，保护规划与相应的城市设计相结合，主体保护与周边环境的建设相结合,主体保护与历史街区保护相结合,物质文化遗产与非物质文化遗产保护相结合。①

而实际情况是这五个结合并没有真正落地。当前,我国城市设计和城市建设依然存在突出的难点和焦点问题。张锦秋总结出"五侧重、五忽略":侧重于经济的发展,忽略历史文化的保护与弘扬;侧重于城市的拓展,忽略生态环境的保护与修复;侧重于城市物质的建构,忽略城市精神文明的职能;侧重于城市外观效果,忽略基础设施建设;侧重于进度与数量,放松质量和品质的追求。

一个个击中要害。张锦秋的思考精准有力,不乏尖锐。

她发现,当前有些建筑忽视功能,甚至牺牲功能去追求某种形式,有些建筑片面追求"新、奇、特",远离了"实用、经济、美观"这一建筑设计的基本原则。并且此类现象并非只在建筑设计领域独有,城市规划的大广场、大干道,建筑装修的高标准、超豪华,也是很普遍的。针对这些普遍性问题,作为身处第一线的建筑师,张锦秋提出了自己的解决思路。

她说,现在许多有争议的建筑设计,虽然是由建筑师绘制的,但设计要求来源于各级主管领导的指示。什么"新、奇、特",什么"一百年不落后",这些提法大都出自各级主管领导之口。建筑设计单位的服务信条中多有"业主就是上帝"之类的语言,建筑师一个基本的职业素质就是"要善于领会与贯彻领导意图"。《园冶》的作者计成曾说园林设计是"三分匠人,七人主人",所谓"主人"即"能做主之人"。建筑设计也不例外。张锦秋说,要制止建筑实践中的不良现象,必须从有权提要求、有资格决策的人做起。

严格按基建程序办事也是当务之急。张锦秋发现,一些建筑设计超标准、超规模、超投资,在很大程度上是没有按基建程序办事。一

---

① 岳天:《"天人合一"与"和而不同"——张锦秋院士论名城保护》,《中国名城》杂志 2008 年第 1 期,59 页。

些重大工程未经立项、没有可行性研究报告就仓促上马；设计任务书本身缺乏科学的依据。考题就出错了，答卷自然难以正确。或者设计任务书一再突破，形同虚设，规模和标准一超再超，以致投资失控。谁来承担这个责任？张锦秋的回答很干脆：主要责任在建设单位，建设主管部门也有作为不作为的问题。当然，最根本的是我国的城市建设还没有建立起前策划、后评估的制度。

张锦秋的目光向更远的地方眺望，心中波澜起伏。

2016年1月7日在传统建筑年会上，她频频向与会者发问：如何用开创性的工作去创造城乡发展一体化的新格局？能否把传统建筑的形式风格的探讨提高到城市文化和地域文化的层次？怎么能把所做的每个规划、设计项目提升到人居环境、和谐美丽家园的范畴？

2018年大运河博物馆选址考察

2018年办公室讨论大运河方案

扬州中国大运河博物馆鸟瞰图

"张锦秋之问",一声声呐喊,深远,恳切,有力度,有回响。

"我们正在从就建筑论建筑的狭窄天地中走出来。从城市文化论建筑文化,我们的视野会更开阔。实际上这些年我们建筑师都已在开拓自己的活动领域,与姐妹艺术携起手来。我感到我们这一代建筑师不仅要研究建筑的科学性、技术性并在建筑形式上创新,而且还要努力去实现自身文化素养的提高,从城市文化中吸取营养,以促使我们的建筑文化兴旺发达。这也是一种历史责任。"[1]张锦秋说。

作为一名建筑师,张锦秋不放过与建筑、规划、设计有关的每一个角落。她在打量,她在凝视,她在比较,她在贯通,"叩其两端而竭焉"。她希望发生改变,她探索着新的可能性,她在引领新的潮流。

一个善于思考的人,一个敢于实践的人,一个勇于开拓的人。

一个迈步走在大道上的人,一个致力于开辟新路的人。

---

[1] 张锦秋:《城市文化孕育着建筑文化》,《建筑学报》,1988年第9期,22页。

尾声　新的征途

好的建筑师奉献的作品不是盆景，小里小气，仅供观摩，而是苗圃，以勃勃生机，激发和孕育着更为广远、更为灿烂的新希望。

张锦秋稳稳地站在好建筑师的序列里。

她所走过的路，引发不少人的赞叹，也吸引着不少人踏着她的足迹一起走——

"发扬长征精神，筑建富强祖国，学习院士风范，创建土木奇观。"

"一位建筑师与一座伟大城市的相互成就，追随大师足迹，感叹西安发展建设，我辈仍需努力！"

"设计是一种选择。先生选择了延续历史传统再生，是我们后来者学习的标杆。"

这些都是2016年"张锦秋院士建筑作品展"观众留言。

在大家的心目中，张锦秋是"院士"，是"大师"，也是"先生"。

"人老了，难免怀旧，时间一长，新'旧'就不断出现。在今后的日子里，我既要不忘初心，也要服从自然规律，在新形势下要转换好自己的角色，从台上转到台下，从场上转到场下，给年轻人当好参谋顾问，当好啦啦队。喜看新人辈出，河山展新颜。"这是先生在2017年春节期间写下的句子。

先生近年来几度准备封笔，但欲封而难止。还有她主持规划设计的保护世界文化遗产龙门的前景区、复兴秦岭涝河水系的渼陂湖生态区都尚在建设中。秦咸阳宫遗址坡下的咸阳博物馆竣工在即，特别是中国大运河博物馆刚刚奠基。

在张锦秋院士建筑作品展上，诗人刘元凯当场吟诵诗篇解读张锦秋建筑作品

位于江苏扬州的中国大运河博物馆，是国家文化公园的标志性博物馆。规划设计建设工作代表国家水平，充分体现在运河文化中的至高性、历史演进和规划理念的系统性、与相关规划和周围环境的协调性，做到历史文化与现代文明交相辉映、国家标志与地域特色有机融合、个体建筑与山水环境总体协调。

她闯出来的路，还有鲜花，还很宽阔。

83岁了，新的征程重新开启。

重装出发的先生，尽管现在步履蹒跚，但笑起来依然灿烂，还有一点点羞涩，还有一点点快意，尽情绽放着她的生命芳华。

她的家，洁净，明亮，一派书香。老式音响里跳跃而出的古典音符，清幽、淡雅，如款款流水，滋润着那些绿植，让整个房子洋溢着勃勃生机。

她就住在群贤庄小区，她亲手设计的作品。这里处处彰显着她的建筑理念，熟悉而亲切，是她真正的"家"。

从家里朝外望，她的西安正在吐纳着原色之美、簇新之美。这么一个伟大的城池，是她的生命所系，亦是灵魂所系。

抬头望苍穹，星星眨巴眼睛。

张锦秋年表

1936 年 10 月	出生于四川成都
1948—1954 年	上海市立务本女中（今上海市第二中学）
1954—1960 年	清华大学建筑系六年制本科毕业
1960—1966 年	清华大学建筑历史与理论研究生毕业（当时中国尚无学位制）
1966 年	分配至中国建筑西北设计研究院从事建筑设计
1966 年	实习生
1967 年	技术员
1970—1972 年	在河南太行山中参加"三线"建设
1974—1975 年	在陕西省三原县西阳农场给知识青年带队
1979 年	建筑师
1981 年	主任建筑师
1982 年	被评为陕西省劳动模范
1982 年	副总建筑师
1987 年	院总建筑师
1988 年	教授级高级建筑师
1990 年	被评为有突出贡献的中青年专家
1991 年	获首批"中国工程建设设计大师"称号
1993 年	当选全国八届、九届政协委员
1993 年	在中建西北院内创建华夏建筑设计研究所
1994 年	被遴选为中国工程院首批院士
1994 年	被评为建设部劳动模范
1996 年	被清华大学聘为双聘教授
1997 年	获准为国家特批一级注册建筑师
1998 年	被全国市长培训中心聘为教授

1998年	中国工程院水土建学部第三届学部常委
1999年	当选中国城市规划学会第二、第三届常务理事
1999年	当选陕西省科协第五、第六届副主席
2000年	当选为中国建筑学会第十届副理事长
2000年	中国工程院水土建学部第四届学部副主任
2000年	任西安市城市规划委员会副主任
2001年	获首届"梁思成建筑奖"
2002年	中国工程院水土建学部第五届学部副主任
2003年	当选中共十六大代表
2004年	当选第十届陕西省人大代表
2004年	获首届西安市科学技术杰出贡献奖
2005年	当选亚太经合组织（APEC）建筑师
2007年	任建设部历史文化名城专家委员会委员
2007年	任陕西省城市规划委员会专家组组长
2008年	当选第十一届全国人大代表
2010年	任中国中建设计集团有限公司总建筑师
2010年	获2010年度何梁何利科学与技术成就奖
2011年	获2010年度陕西省科学技术最高成就奖
2012年	获中国建筑学会特别贡献奖及当代中国百名建筑师称号
2014年	任中国勘察设计协会传统建筑分会名誉会长
2015年	国际编号为210232小行星命名为"张锦秋星"
2015年	被邀为澳门国际设计联合会"永远名誉会长"
2016年	中国工程院、中建总公司、陕西省文物局在陕西历史博物馆联合举办"张锦秋建筑作品展"
2018年10月	正式退休，被返聘为中国建筑西北建筑设计研究院顾问总建筑师

张锦秋建筑设计经历

序号	时间（年）	项目名称	承担工作
1	1958—1959	中国革命、历史博物馆	参加方案竞赛及施工图设计
2	1959	中国人民革命军事博物馆学习馆	参加方案竞赛及施工图设计
3	1970—1972	531工程	分部现场设计组长，承担办公楼计量室、机加工车间、医院传染病房楼方案至施工图设计
4	1973	喀麦隆文化宫	参加方案设计
5	1974	华清池大门	项目负责人、工种负责人、完成方案设计及施工图设计
6	1975	北京图书馆	参加方案设计
7	1976—1979	伊拉克体育馆（未实施）	工种负责人、承担方案设计、主持初步设计及施工图设计
8	1976	毛主席纪念堂	参加方案设计
9	1978	阿倍仲麻吕纪念碑	项目负责人、工种负责人、完成方案设计及施工图设计
10	1978	长庆轩（改扩建）	项目负责人、工种负责人，完成平、立、剖方案及施工图
11	1979—1980	陕西省体育馆	工种负责人、平剖面方案设计、主持施工图设计
12	1980	西北大学文史系教学楼	工种负责人、完成建筑方案设计及施工图设计
13	1980	西安南大街5号楼	项目负责人、方案设计、主持施工图设计
14	1981	青龙寺重建规划（未全部实施）、青龙寺空海纪念碑院	项目负责人、工种负责人、承担规划设计、碑院方案设计及主要施工图设计

续表

序号	时间（年）	项目名称	承担工作
15	1983—1989	陕西历史博物馆	项目负责人、工种负责人、方案设计、主持初步设计及施工图设计
16	1982	汉代华仓一号遗址复原设计	根据考古发掘资料完成全套复原设计
17	1983	杜公祠（大门 厢房）	项目负责人、工种负责人、方案设计
18	1985—1987	大雁塔风景区"三唐"工程	项目负责人、工种负责人（合作）、方案设计、主持初步设计及施工图设计
19	1987	扶风法门寺工程	规划设计、项目负责人、方案设计、主持施工图设计
20	1990	华清宫唐代御汤遗址博物馆	项目负责人、方案设计、主持施工图设计
21	1991	咸阳505科技大楼	方案设计
22	1992—1993	敦煌国际大酒店	项目负责人、方案设计、主持施工图设计
23	1993	北岛—爱丽丝大厦	项目负责人、工种负责人、方案设计
24	1993、1995、2000	大慈恩寺修建规划、玄奘三藏法师纪念院、大雁塔南广场	项目负责人、工种负责人（合作）、方案设计
25	1994—1997	西安财政干部培训中心（后改名西安国际会议中心、曲江宾馆）	项目负责人、方案设计、主持施工图设计
26	1995	西安钟鼓楼广场及地下工程	项目负责人、规划及方案设计人（合作）主持施工图设计
27	1995—1997	陕西省文体信息中心规划及省图书馆、美术馆	项目负责人、规划及建筑方案设计（合作）

续表

序号	时间（年）	项目名称	承担工作
28	1996—2000	西安博物院规划、西安博物馆	项目负责人、规划及建筑方案设计（合作）、主持施工图设计
29	1999	群贤庄小区	项目负责人、工种负责人、规划及建筑方案设计、主持施工图设计
30	1999	中国科学院地球环境研究所	项目负责人、方案设计、主持施工图设计
31	2000	净业寺山门	项目负责人、方案设计、主持施工图设计
32	2002	黄帝陵祭祀大殿（院）	项目负责人、规划及建筑方案设计、主持初步设计及施工图设计
33	2003	大唐芙蓉园	项目负责人、规划及建筑方案设计、主持施工图设计
34	2004	中国佛学院教育学院（后更名中国佛学院普陀山学院）	项目负责人、规划及建筑方案设计（合作）、主持施工图设计
35	2004	延安革命纪念馆	项目负责人、规划及建筑方案设计（合作）、主持初步设计及施工图设计
36	2005	临潼东花园改建	项目负责人、方案设计（合作）
37	2006	大唐西市	项目负责人、规划方案及主体建筑方案设计、主持施工图设计
38	2007	曲江池遗址公园	项目负责人、规划及方案设计、主持施工图设计
39	2008	华清宫文化广场（后更名大唐华清城）	项目负责人、规划及方案设计、主持施工图设计
40	2009	西安世界园艺博览会天人长安塔	项目负责人、建筑方案设计

续表

序号	时间（年）	项目名称	承担工作
41	2009	唐大明宫丹凤门遗址博物馆	项目负责人、建筑方案设计
42	2010	中华始祖堂（原名黄帝文化中心）	项目负责人、规划及建筑方案设计（合作）、主持施工图设计
43	2010	咸阳博物院	项目负责人、规划及建筑方案设计（合作）
44	2011	陕西师范大学教育博物馆	项目负责人、方案设计把关
45	2012	龙门景区前区概念规划	项目负责人、规划方案设计（合作）
46	2013	龙门景区前区修建性详细规划	项目负责人、规划及建筑方案设计（合作）
47	2013	龙门景区前区一期工程	项目负责人、方案设计把关、主持施工图设计
48	2014	秦始皇兵马俑博物馆大门	项目负责人
49	2015	彬县大佛寺石窟环境保护提升及周边文化旅游发展建设项目修建性详细规划	项目负责人、规划及建筑方案设计把关
50	2016	西安渼陂湖文化生态旅游区概念规划项目	项目负责人、规划方案设计（合作）
51	2016	龙门景区前区二期工程	项目负责人、方案设计把关、主持施工图设计
52	2018	彬县大佛寺石窟环境保护提升及周边文化旅游发展建设项目施工图设计	项目负责人之一、规划方案设计（合作）建筑方案把关
53	2018	中国大运河博物馆	项目负责人、规划及建筑方案设计（合作）、主持初步设计及施工图设计
54	2019	221工程	项目负责人之一

张锦秋获奖作品

1. 阿倍仲麻吕纪念碑

获 1981 年国家建工总局优秀工程奖，入选第四批中国 20 世纪建筑遗产名录

2. 青龙寺空海纪念碑院

入选第四批中国 20 世纪建筑遗产名录

3. 陕西省体育馆

获 1986 年陕西省优秀设计一等奖

4. 大雁塔风景区"三唐"工程

获 1991 年陕西省第五次优秀工程设计一等奖、1991 年建设部优秀设计二等奖、1992 年国家优秀设计铜奖、1996 年载入《弗莱彻建筑史》(*Sir Banister Fletcher's A History of Architecture*)、2009 年新中国成立 60 周年中国建筑学会建筑创作大奖，入选第二批中国 20 世纪建筑遗产名录

5. 陕西历史博物馆

获 1993 年建设部优秀设计二等奖、1993 年国家优秀设计铜奖、1993 年中国建筑学会首届建筑创作奖、1996 年被《96 国际获奖作品集》(*Award Winning Architecture International Yearbook 96*) 列为优秀作品、1996 年载入《弗莱彻建筑史》(*Sir Banister Fletcher's A History of Architecture*)、2009 年新中国成立 60 周年中国建筑学会建筑创作大奖、2009 年新中国成立 60 周年百项经典工程大奖,入选第一批中国 20 世纪建筑遗产名录

6. 扶风法门寺工程

获 1991 年陕西省第五次优秀工程设计二等奖、2009 年新中国成立 60 周年中国建筑学会建筑创作大奖

7. 敦煌大酒店

入选第四批中国 20 世纪建筑遗产名录

8. 大慈恩寺玄奘三藏法师纪念院

获 2001 年陕西省第五次优秀工程设计一等奖、2002 年建设部优秀设计二等奖、2002 年全国第十届优秀工程设计铜质奖

9. 西安国际会议中心·曲江宾馆

获 2003 年陕西省第十二次优秀工程设计一等奖、2003 年建设部优秀设计三等奖

10. 西安钟鼓楼广场及地下工程

1998年建设部优秀城市规划设计二等奖、1993年中国建筑学会首届建筑创作奖、1996年被《96国际获奖作品集》(Award Winning Architecture International Yearbook 96)列为优秀作品、1996年载入《弗莱彻建筑史》(Sir Banister Fletcher's A History of Architecture)、2009年新中国成立60周年中国建筑学会建筑创作大奖、2009年新中国成立60周年百项经典工程，入选第四批中国20世纪建筑遗产名录

11. 陕西省图书馆、美术馆

获2003年陕西省第十二次优秀工程设计一等奖；陕西省图书馆获2003年建设部优秀勘察设计二等奖、获2004年全国优秀勘察设计铜奖

12. 群贤庄小区

获2002年4月建设部住宅产业化促进中心"AAA"级认证、2003年建设部优秀勘察设计一等奖、2004年全国优秀勘察设计金奖、2004年中国建筑学会建筑创作佳作奖、2007年陕西省优秀设计一等奖、2008年全国优秀工程勘察设计行业建筑工程一等奖、2009年全国优秀工程勘察设计金奖、2009年新中国成立60周年中国建筑学会建筑创作大奖

13. 黄帝陵祭祀大殿（院）

获2004年中国建筑学会建筑创作优秀奖、2007年陕西省优秀

设计一等奖、2008年全国优秀工程勘察设计行业建筑工程一等奖、2009年全国优秀工程勘察设计金奖、2009年新中国成立60周年中国建筑学会建筑创作大奖

14. 大唐芙蓉园

获2005年陕西省优秀城市规划设计一等奖、2005年建设部优秀城市规划设计一等奖、2007年陕西省第十四次优秀设计一等奖、2008年全国优秀工程勘察设计行业建筑工程一等奖、2009年全国优秀工程勘察设计银奖、2009年新中国成立60周年中国建筑学会建筑创作大奖、2009年第二届中国环境艺术奖（设计奖）最佳范例奖

15. 中国佛学院教育学院

获2011年陕西省优秀城市规划设计一等奖、2011年全国优秀城乡规划设计一等奖、2013年陕西省优秀工程设计一等奖、2013年全国优秀工程设计一等奖、2019年中国建筑学会建筑创作大奖（2009—2019年）

16. 延安革命纪念馆

获2009年新中国成立60周年中国建筑学会建筑创作大奖、2009年新中国成立60周年百项经典工程、2011年陕西省优秀工程设计一等奖、2011年全国优秀工程勘察设计行业建筑工程二等奖、2019年中国建筑学会建筑创作大奖（2009—2019年）

17. 西安世界园艺博览会天人长安塔

获 2012 年中国建筑学会建筑设计金奖、2013 年陕西省优秀工程设计一等奖、2013 年陕西省住房和建设厅建筑结构专业专项工程设计二等奖（建筑结构）、2011 年中国建筑学会中国建筑设计奖（建筑结构）银奖、2017 年全国优秀工程勘察设计行业建筑工程一等奖、2019 年中国建筑学会建筑创作大奖（2009—2019 年）

18. 唐大明宫丹凤门遗址博物馆

获 2011 年第六届中国建筑学会建筑创作佳作奖、2009—2011 年度中国建筑优秀勘察设计（建筑结构）、2019 年中国建筑学会建筑创作大奖（2009—2019 年）

作者简介

王国平,男,1980年6月出生,江西九江人,毕业于北京师范大学艺术与传媒学院;光明日报主任编辑、文学评论版主编;入选2019年全国宣传思想文化青年英才;中国作家协会会员,中国作家协会报告文学委员会委员;获得徐迟报告文学奖、中国新闻奖、全国报纸副刊年度精品(一等)、中国报人散文奖等;著有报告文学《一枚铺路的石子》《当代焦裕禄:廖俊波》、人物传记合集《纵使负累也轻盈——文化长者谈人生》、散文随笔集《汪曾祺的味道》等。

摄影:计国忠